"十四五"职业教育国家规划教材

高职大学生心理健康与成长

（第五版）

冉超凤　黄天贵　主编

科学出版社

北京

内 容 简 介

本书以高职大学生心理健康与成长为主线，针对高等职业教育特点和高职大学生心理特点，从初识高等职业教育、新生适应、学习心理、人际交往、压力管理、挫折与危机干预、健康生活方式、健康人格、性心理与恋爱心理、互联网与心理健康、择业心理、常见心理障碍的防治与干预等内容，介绍高职大学生在学习和生活中常见心理健康问题的表现、引发原因和调适方法，帮助学生增加心理健康知识，更好地认识自己，提升心理健康水平。为帮助学生更好地了解自己的心理状态，在相关章节附有心理量表，供测试参考。本书理论适度，注重实践，具有较强的情理性、针对性、实践性、可读性和线下线上可操作性，为高职大学生及其他读者维护自身心理健康提供了自我调节的操作指导。

本书既可作为高职大学生心理健康教育的教材，也可作为大学生心理自我保健的读本。对于学生家长及心理学和心理咨询爱好者，本书也具有参考价值。

图书在版编目（CIP）数据

高职大学生心理健康与成长/冉超凤，黄天贵主编．—5版．—北京：科学出版社，2022.9

"十四五"职业教育国家规划教材

ISBN 978-7-03-073013-8

Ⅰ．①高⋯　Ⅱ．①冉⋯　②黄⋯　Ⅲ．①大学生-心理健康-健康教育-高等职业教育-教材　Ⅳ．①G444

中国版本图书馆 CIP 数据核字（2022）第 156482 号

责任编辑：朱晓颖 / 责任校对：王 瑞
责任印制：吴兆东 / 封面设计：迷底书装

科学出版社 出版
北京东黄城根北街 16 号
邮政编码：100717
http://www.sciencep.com

北京建宏印刷有限公司印刷
科学出版社发行　各地新华书店经销

*

2005 年 7 月第　一　版　开本：787×1092　1/16
2022 年 9 月第　五　版　印张：13 1/4
2025 年 8 月第 38 次印刷　字数：358 000

定价：39.80 元
（如有印装质量问题，我社负责调换）

《高职大学生心理健康与成长(第五版)》编委会

主　编　冉超凤　黄天贵
副主编　王正莉　刘　晓　邹　勇
编　委　(按姓名拼音排序)
　　　　陈　容　陈　阳　黄天贵　江奕其
　　　　刘　晓　刘　悦　冉超凤　石宇宁
　　　　王正莉　张　琴　赵山霞　赵夏鹃
　　　　邹　勇

前　言

《高职大学生心理健康与成长》一书自 2005 年出版以来，得到高职院校师生的厚爱，产生了广泛的社会影响和社会效益。有的学校以本书为基础，开发并建设了省级精品课程。本书第一版 2007 年被四川省教育厅评为"高职高专精品教材建设项目"，第二版被教育部评为普通高等教育"十一五"国家级规划教材、普通高等教育精品教材，第三版被教育部评为"十二五"职业教育国家规划教材，第四版被教育部评为"十四五"职业教育国家规划教材。

党的二十大报告将"健康中国"作为我国 2035 年发展总体目标的一个重要方面，提出"把保障人民健康放在优先发展的战略位置，完善人民健康促进政策"，并强调"重视心理健康和精神卫生"。为深入贯彻落实党的二十大对"推进健康中国建设"作出全面部署，加强高职院校大学生心理健康教育工作，使高职院校学生心理健康教育教学更加贴近现实和贴近学生，在成都航空职业技术学院、四川工商职业技术学院和科学出版社的大力支持下，作者决定出版本书第五版。

服务高职大学生的心理健康与成长，针对高等职业教育特色和高职大学生心理素质现状，为高职大学生"量心定做"心理健康教育教材是本书的宗旨；做好高职大学生心理健康知识和心理疾病科普工作，帮助学生建立"做自己心理健康的第一责任人"的意识和责任感，培养高职大学生理性平和的健康心态，使其能适应社会并不断成长，是本书的目标和任务。于是根据高职大学生特点和心理需求，本书第五版问世了。本书每一版都有它的特点，每一版都尽可能与时代同步、与学生同行。第五版新增的特点有：

第一，开篇"问题导入"，引导学生课前独立思考，课堂讨论分享，课外增进交流。

第二，简要直观地介绍了普通教育与职业教育融通的现代职业教育体系，力图使高职大学生消除迷茫，看到充满希望的前景。

第三，建立基于"互联网+"的网络学习平台，精简书中部分内容，对模块式样进行调整。借助基于"互联网+"的网络学习平台，新开设"在线学习"窗口，学生可以线上学习更多的学习资料、典型案例、拓展活动、影像视频等。

第四，给学生更多的心理调适技巧。

第五，为增强学生的公共卫生意识，增加了"珍爱生命，远离艾滋病"章节。

第六，使用权威部门公布的最新数据，对书中的案例进行了适当的充实和调整。

参与本书编写的作者是多年从事高职院校学生心理健康教育工作第一线的专家、学者，十分了解高职大学生，密切关注高职大学生的心理热点问题，并带着真切的关怀和爱心，基于高职大学生所特有的心理和发展规律，从适应、人际交往、挫折与危机干预、健康生活方式、学习、健康人格、性与恋爱心理、互联网与心理健康、择业心理、常见心理疾病的预防与干预等角度潜心研究并撰写了本书。

第五版教材基于对前四版内容的承传和创新，形成了以下特色。

（1）内容与时俱进，把高职大学生的心理健康与成长教育有机地结合起来，力求促进高职大学生健康发展；注重吸收国内外心理健康研究的新成果、新信息，反映当代高职大学生心理健康教育的新进展；融入了长期从事高职大学生心理健康教育工作者的经验和体会。

(2) 高职特色鲜明，指导性、适用性强。本书在认真研究高等职业教育的培养目标、人才培养模式和高职大学生身心发展规律、认知水平、心理素质现状的基础上，充分体现高等职业技术教育特点，服务于高等职业教育人才培养的总体目标。本书在编写中坚持理论联系实际的原则，努力贴近高职大学生的实际。每章在具体心理问题的调适上，都给出应对的方法和技巧，为学生维护自身心理健康提供了能够自我调节的操作指导。

(3) 形式新颖活泼，互动性、参与性强。本书每章坚持问题导向，由案例和问题导入本章重点、难点和热点问题，引导学生心灵求索，使学生带着问题和思考进入学习。每节由心理认知、心灵家园两个模块组成，从心理认知和实践操作上给予指导，同时设有"心灵悟语""心灵互动""情境聚焦""心灵咖啡""资料卡"等窗口，并设有相关的案例讨论、心理测试等思考与实践活动，构成教师与学生、理论与实践、课内与课外互动平台，激发学生的学习兴趣，调动学生的学习积极性和主动性。

(4) 自主性、开放性强，有利于探究性学习。本书与高职大学生的知识、能力、素质要求融为一体，理论以必需、适用、够用为度，使学生知其然更知其所以然，以提高学生的认知水平和维护自身心理健康的自觉性。在精简本书内容的同时，为让学生获取更多的心理健康教育知识和信息，设置了"在线学习"平台，打破了时空的限制，为学生提供更大的学习自由度，既便于学生在一定的时间内掌握必要的心理健康知识，又能帮助学生深化、拓展学习内容，使其依据某些问题进行自主学习、开放式学习。

本书由冉超凤、黄天贵担任主编，模块式样由黄天贵设计，编写思路和大纲由冉超凤提供。成都航空职业技术学院邹勇参与了本次修订的策划和讨论，提供了建设性的意见和建议，并参与了相关修订工作。参与各章修订的作者有：成都航空职业技术学院冉超凤（导论、第6章、第11章），四川工商职业技术学院黄天贵（第1章），成都航空职业技术学院江奕其（第2章），四川工商职业技术学院王正莉（第3章），成都航空职业技术学院陈容（第4章），四川工商职业技术学院刘晓（第5章），成都航空职业技术学院赵夏鹃（第7章），四川工商职业技术学院石宇宁（第8章），成都航空职业技术学院陈阳（第9章），四川工商职业技术学院赵山霞和四川水利职业技术学院刘悦（第10章）。四川工商职业技术学院刘晓和成都航空职业技术学院张琴负责制作本书教学PPT课件，供师生课堂内外使用。全书由冉超凤、黄天贵统稿、定稿。

在编写过程中，作者参考了国内外有关文献和资料，并借鉴了其中许多研究成果，在此一并向原作者表示诚挚的感谢。同时，感谢本书编委所在学校对本书编写的大力支持。

愿《高职大学生心理健康与成长（第五版）》与高职大学生同行，伴高职大学生健康成长！

作　者

2022年5月

目 录

导论 做自己心理健康的第一责任人 ··· 1
  0.1 心理健康与高职大学生成长 ·· 1
    0.1.1 科学的健康观 ·· 1
    0.1.2 心理健康 ·· 2
    0.1.3 高职大学生心理健康 ·· 3
  0.2 高职大学生心理特点与常见心理问题 ································ 6
    0.2.1 高职大学生的心理特点 ······································ 6
    0.2.2 高职大学生的心理矛盾和心理问题 ······················ 6
    0.2.3 影响高职大学生心理健康的因素 ························· 7
  0.3 走近高职院校心理健康教育，明确自身责任 ····················· 9
    0.3.1 高职院校心理健康教育的内涵 ···························· 9
    0.3.2 高职大学生增进心理健康的途径 ······················· 10
    0.3.3 建立健全高职大学生危机干预体系及其运行机制 ··· 13

第 1 章 转换角色与适应环境 ··· 15
  1.1 认识高等职业教育 ·· 15
    1.1.1 认识高等职业教育，维护心理健康 ··················· 15
    1.1.2 高职阶段是人生发展的新阶段 ·························· 18
    1.1.3 放飞理想从心理健康做起 ································· 19
  1.2 高职新生的角色转换与心理调适 ····································· 20
    1.2.1 高职新生社会角色新变化 ································· 20
    1.2.2 高职新生常见角色转换障碍 ····························· 21
    1.2.3 高职新生角色转换障碍产生的原因及心理调适 ···· 22
  1.3 高职新生的环境适应与心理调适 ····································· 25
    1.3.1 高职生活新变化 ·· 25
    1.3.2 高职新生环境适应不良的主要表现 ··················· 26
    1.3.3 高职新生环境适应不良的心理调适 ··················· 27

第 2 章 压力管理与挫折应对 ··· 34
  2.1 压力与压力管理 ··· 34
    2.1.1 压力的定义 ·· 34
    2.1.2 常见的压力源 ·· 34
    2.1.3 压力的反应 ·· 36
    2.1.4 压力管理 ··· 37
  2.2 挫折与挫折应对 ··· 38
    2.2.1 挫折及其原因 ·· 38

		2.2.2 受挫反应	40
		2.2.3 提高挫折承受力	43
	2.3	危机与危机干预	46
		2.3.1 危机及危机干预的定义	46
		2.3.2 校园暴力危机干预	46
		2.3.3 心理危机干预	46

第 3 章 保持良好的情绪 … 48

- 3.1 情绪情商与心理健康 … 48
  - 3.1.1 情绪、情感与情商 … 48
  - 3.1.2 情绪的基本分类 … 49
  - 3.1.3 情绪对身心健康的意义 … 50
- 3.2 高职大学生常见情绪困扰与调适 … 52
  - 3.2.1 高职大学生情绪发展的特点 … 52
  - 3.2.2 高职大学生常见情绪困扰的调适方式 … 53
- 3.3 培养积极健康的情绪 … 58
  - 3.3.1 高职大学生情绪健康的标准 … 58
  - 3.3.2 如何培养积极的情绪 … 58

第 4 章 做自己学习的主人 … 62

- 4.1 学习与高职大学生心理健康 … 62
  - 4.1.1 学习的基本理论 … 62
  - 4.1.2 高职大学生学习活动的独特性 … 64
  - 4.1.3 学习与心理健康的关系 … 64
- 4.2 高职大学生常见学习心理问题与调适 … 65
  - 4.2.1 学习过程中诸多心理冲突及其调适 … 65
  - 4.2.2 学习动机问题及调适 … 66
  - 4.2.3 注意力不集中及其调适 … 69
- 4.3 考试期间的心理健康 … 70
  - 4.3.1 考试期间常见心理问题与调适 … 70
  - 4.3.2 考试怯场及其调适 … 71
  - 4.3.3 "舌尖现象" … 72
  - 4.3.4 考试作弊及其预防 … 72
- 4.4 高职大学生学习方法和能力的培养 … 74
  - 4.4.1 制定明确的学习目标和学习计划 … 74
  - 4.4.2 学会科学管理学习时间 … 75
  - 4.4.3 优化学习的过程 … 75

第 5 章 培养成功交往的能力 … 78

- 5.1 高职大学生人际交往概述 … 78
  - 5.1.1 人际交往的基本含义 … 78
  - 5.1.2 高职大学生人际交往的功能 … 79
  - 5.1.3 高职大学生人际交往的因素 … 80

5.2 高职大学生人际交往常见心理问题与调适 ·················· 83
5.2.1 自卑心理及其调适 ·················· 83
5.2.2 孤独感及其调适 ·················· 84
5.2.3 嫉妒心理及其调适 ·················· 85
5.2.4 猜疑心理及其调适 ·················· 86
5.3 培养成功交往的品质和能力 ·················· 87
5.3.1 培养成功交往的心理 ·················· 87
5.3.2 遵循交往的原则 ·················· 88
5.3.3 学会共处的艺术 ·················· 89
5.3.4 掌握与人交往的方法和技巧 ·················· 90

第6章 塑造健康的人格 ·················· 92
6.1 人格与心理健康的关系 ·················· 92
6.1.1 人格的含义 ·················· 92
6.1.2 人格的心理倾向性 ·················· 94
6.1.3 人格的心理特征 ·················· 96
6.2 建立积极的自我意识 ·················· 105
6.2.1 自我意识的结构及其功能 ·················· 105
6.2.2 高职大学生自我意识的发展 ·················· 107
6.2.3 高职大学生自我意识的偏差及调适 ·················· 109
6.2.4 确立健康的自我意识 ·················· 112
6.3 矫正不良人格，塑造健全人格 ·················· 115
6.3.1 高职大学生人格发展中常见的不良品质及其纠正 ·················· 115
6.3.2 塑造健全的人格 ·················· 119

第7章 磨砺优良的意志品质 ·················· 122
7.1 意志品质与高职大学生心理健康 ·················· 122
7.1.1 意志及其特征 ·················· 122
7.1.2 高职大学生应具备的良好意志品质 ·················· 123
7.1.3 良好的意志品质对心理健康的意义 ·················· 124
7.2 高职大学生常见意志品质问题及其纠正 ·················· 125
7.2.1 高职大学生意志品质特点与现状 ·················· 125
7.2.2 高职大学生意志品质问题的纠正途径 ·················· 125
7.3 培养优良的意志品质 ·················· 128
7.3.1 建立积极的人生价值观 ·················· 128
7.3.2 优化个性 ·················· 129
7.3.3 将意志品质的培养融入日常生活中 ·················· 131

第8章 维护性与恋爱的心理健康 ·················· 134
8.1 高职大学生性心理的发展 ·················· 134
8.1.1 性的定义与本质 ·················· 134
8.1.2 青少年性心理的发展 ·················· 135
8.1.3 高职大学生的性心理特征及其表现 ·················· 136

8.1.4　维护性生理的心理健康 ……………………………………………… 137
8.2　培养和维护健康的性心理 …………………………………………………… 139
　　8.2.1　性心理健康及其标准 …………………………………………… 139
　　8.2.2　培养和维护健康性心理的途径与方法 ………………………… 140
　　8.2.3　正确看待婚前性行为 …………………………………………… 142
　　8.2.4　珍爱生命，远离艾滋病 ………………………………………… 143
8.3　高职大学生的恋爱心理 ……………………………………………………… 145
　　8.3.1　爱情与恋爱 ………………………………………………………… 145
　　8.3.2　高职大学生恋爱动机、类型与性别差异 ……………………… 146
　　8.3.3　高职大学生恋爱心理的困惑与调适 …………………………… 147
8.4　培养和发展健康的恋爱心理 ………………………………………………… 150
　　8.4.1　培养健康的恋爱观 ……………………………………………… 150
　　8.4.2　培养爱的能力 …………………………………………………… 151
　　8.4.3　培养健康文明的恋爱行为 ……………………………………… 152

第9章　互联网与心理健康 ……………………………………………………… 154
9.1　互联网的特性 ………………………………………………………………… 154
9.2　互联网与高职大学生 ………………………………………………………… 155
　　9.2.1　青年群体是我国互联网用户的主力军 ………………………… 155
　　9.2.2　互联网对高职大学生的积极影响 ……………………………… 155
　　9.2.3　互联网对高职大学生的消极影响 ……………………………… 156
9.3　高职大学生常见的网络心理障碍与调适 …………………………………… 158
　　9.3.1　高职大学生常见的网络心理障碍 ……………………………… 158
　　9.3.2　网络心理障碍产生的原因 ……………………………………… 160
　　9.3.3　高职大学生网络心理问题的调适 ……………………………… 161
　　9.3.4　高职大学生健康网络心理的培养 ……………………………… 163

第10章　职业选择与心理健康 …………………………………………………… 166
10.1　职业选择与个性特征 ………………………………………………………… 166
　　10.1.1　职业及择业含义 ………………………………………………… 166
　　10.1.2　影响职业选择的个性心理因素 ………………………………… 167
10.2　高职大学生择业中常见不良心理 …………………………………………… 172
　　10.2.1　高职大学生择业常见心理冲突 ………………………………… 172
　　10.2.2　高职大学生职业选择的心理障碍 ……………………………… 173
10.3　高职大学生择业求职心理调适 ……………………………………………… 176
　　10.3.1　树立正确的择业观，进行职业生涯设计 ……………………… 176
　　10.3.2　求职前的心理准备 ……………………………………………… 177
　　10.3.3　提早准备笔试 …………………………………………………… 178
　　10.3.4　沉着应对面试 …………………………………………………… 178
　　10.3.5　正确对待求职过程中的挫折 …………………………………… 179

第11章　高职大学生常见心理障碍的预防与干预 ……………………………… 181
11.1　常见心理障碍的识别 ………………………………………………………… 181

        11.1.1 心理障碍的含义 …………………………………………………… 181
        11.1.2 高职大学生中常见心理障碍的防治 ………………………………… 182
    11.2 高职大学生常见人格障碍 ……………………………………………………… 188
        11.2.1 人格障碍 …………………………………………………………… 188
        11.2.2 性偏好障碍及其防治 ……………………………………………… 191
    11.3 珍视生命，快乐成长 …………………………………………………………… 194
参考文献 ………………………………………………………………………………… 197

导论　做自己心理健康的第一责任人

> 人民健康是民族昌盛和国家强盛的重要标志。
> ——摘自习近平在中国共产党第二十次全国代表大会上的报告

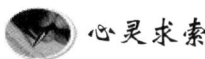
心灵求索

高职大学生在成长历程中，会遇到学习、交友、爱情、择业、就业、社会适应等诸多问题。如何处理好这些问题并健康快乐地成长？2021年底，在教育部召开的全国高校学生心理健康教育工作推进会上，教育部部长怀进鹏指出：把全面加强和改进学生心理健康教育工作作为培育担当民族复兴大任的时代新人的重要内容。这就要求每个高职大学生首先要有责任感，自觉承担起维护自我心理健康和发展第一责任人要求，不断增进自我心理健康，提升职业综合素质，为担当起民族复兴大任提供良好的身心素质保证。

问题导入

1. 健康的含义包括哪些方面？你怎样理解各方面之间的关系？
2. 你认同本书提出的高职大学生心理健康标准吗？如有意见和建议，希望你与老师和同学交流分享。
3. 高职大学生有哪些心理特点和常见心理问题？（提示：你可以观察和访问不同年级的同学，还有你自己。）
4. 你知道增进心理健康的途径吗？
5. 有人认为求助心理咨询是一种现代生活方式，你怎么看？
6. 什么是危机干预？在心理危机干预中，我们可以做些什么？

0.1　心理健康与高职大学生成长

心理认知

0.1.1　科学的健康观

1. 健康的含义

人类对健康的认识有一个随着社会的发展以及人类自身认识的深化而不断丰富的过程。

在人类社会初期，人们只关注如何与自然搏斗，以便维持自身的生活和生命存在，几乎没有健康的观念。随着生产力水平的提高，人类开始关心身体健康。人们普遍认为，身体是否有疾病是衡量健康与否的标准，这一观念持续了数千年。社会的发展和文明的进步，尤其是现代工业的发展和科技的进步，为人类认识自身提供了多种手段和方法，人类对健康的认识也不断地更新、扩展，并赋予其更丰富的内涵。1948年联合国世界卫生组织成立，同年《世界卫生组织宪章》生效，该宪章中指出：健康不仅是没有疾病和不虚弱，而且是指身体的、心理的和社会的良好状态的三维健康观。1978年国际初级卫生保健大会发表的《阿拉木图宣言》重申了上述观点，并指出健康是基本的人权。1989年世界卫生组织进一步深化了健康的含义（表0-1）。

表0-1 健康的含义

健康	躯体健康	人体的结构完整，生理功能正常
	心理健康	在身体、智能及情感上，与他人的心理健康不矛盾的范围内，个人心境发展最佳的状态
	道德健康	在稳定的道德观念支配下、表现出来的一贯符合社会道德规范的行为
	社会适应良好	能胜任个人在社会生活中的各种角色，能立足角色创造性地工作并取得成就，贡献社会，实现自我
	健康概念四方面之间的关系	躯体健康是其他健康的生理基础，心理健康与躯体健康相互作用，以心理健康为基础而发展起来的道德健康高于单纯的心理健康，社会适应良好是心理健康的充分体现

2. 健康的标准

为了帮助人们直观地认识健康，世界卫生组织规定了健康的十条标准：

(1) 有充沛的精力，能从容不迫地应对日常生活和工作的压力，而不感到过分紧张、疲劳；
(2) 处事乐观，态度积极，乐于承担责任，事无巨细都不挑剔；
(3) 善于休息，睡眠良好；
(4) 能适应外界环境的各种变化，应变能力强；
(5) 能够抵抗一般性的感冒和传染病；
(6) 体重适当，身材匀称，站立时，头、肩、臂的位置协调；
(7) 反应敏锐，眼睛明亮，眼睑不易发炎；
(8) 牙齿清洁，无龋齿、无痛感、无出血现象，齿龈颜色正常；
(9) 头发有光泽，无头屑；
(10) 肌肉、皮肤富有弹性，走路轻松、平稳。

0.1.2 心理健康

1. 心理健康的含义

心理健康是指生活在一定社会环境中的人，在高级神经系统功能正常的情况下，智力正常，具有协调关系及适应环境的能力和性格，情绪稳定，行为适度。心理健康不是指对任何事物都能愉快地接受，而是指在对待环境和问题冲突的反应上，能更多地表现出积极的适应倾向。因此，心理健康是一种积极向上的、高效而满意的、持续的心理状态。

资料卡

什么是心理

心理是人们对客观事物的主观反映。它通常表现为人们对客观事物的看法、态度、倾向和相关的行为，并伴随着情绪体验。这些反映，有的我们能意识到（在意识层面），有的我们不能意识到（在潜意识层面）。

2. 心理健康的标准

人的心理是极为复杂的，加之不同文化、不同群体和个体的心理也有所不同，因此心理健康的标准众说纷纭。世界心理卫生联合会提出的心理健康标准是：

(1) 身体、智力、情绪十分协调；

(2) 适应环境，人际关系和谐；

(3) 有幸福感；

(4) 在学习和工作中，能充分发挥自己的能力，过着有效率的生活。

0.1.3 高职大学生心理健康

1. 高职大学生心理健康标准

(1) 较高水平的安全感。勇于面对真实的自我、现实的环境，以及自我发展中的一些不确定的因素；自信乐观，能适应或改善自己的处境。

(2) 智力正常。这是高职大学生学习和生活的基本心理条件，主要是看其智力是否正常地、充分地发挥了效能。标准是：有较强烈的学习动机和求知欲望；智力结构中各要素在其学习和实践活动中都能积极协调地参与，并能正常地发挥作用。

(3) 情绪健康。积极情绪占优势。虽然也会有负面情绪，但一般不会长久，身心处于积极向上的状态；善于控制与调节自己的情绪，既能克制又能合理宣泄；情绪反应与环境相适应。

(4) 人际关系和谐。交往动机端正，乐于交往。交往中，尊重、信任、赞美、喜悦等正面态度和情绪多于怀疑、恐惧、嫉妒、厌恶等负面态度和情绪，能接受他人，悦纳他人；既有广泛的人际关系，又有知心朋友；交往中能保持独立而完整的人格，有自知之明，不卑不亢；能客观地评价自己和别人。

(5) 社会适应正常。能对现实环境做出客观的觉察和评价，能与环境保持良好的接触，维持自我与环境的良好秩序；当面对现实环境中的各种困难时，能根据环境的特点和自身的状况，以积极有效的方式应对，或改善环境适应自身需要，或改变自身适应环境需要。

(6) 意志品质健全。有明确合理的学习、生活目的，对自己行动的社会意义有正确的理解，并能支配自己的行为，使之与社会要求（法律法规、道德规范、学校的各项规章制度和团体规范）相互协调；能辨别是非真伪，信守原则，能排除不符合活动目的的主客观诱惑和干扰，为既定目标不懈地努力；勇于克服坏习惯，戒除不良嗜好，有较好的学习习惯和生活习惯。

(7) 积极的自我观念。能够立足现实看待自己，了解自己的长处与短处，并对自己有适当的评价。即使对自己有不满意的地方，也不妨碍感受自己较好的一面，悦纳自己。能真实地感知自己的需要、兴趣，了解自己的价值追求，能正确地评估自己的能力。设置的生活理想和目标符合自己的实际，把自己的需要、动机、理想、目标和行为统一起来，使自己的行为表现出一贯性或统一性。也能根据变化调整目标，"理想我"与"现实我"基本一致。

(8)心理行为符合高职大学生的年龄特征与角色。朝气蓬勃、精力充沛、思维敏捷、勤学好问，善于接受新事物，喜欢探索和创新，开朗活泼、举止言谈有修养。

2. 正确理解心理健康标准

(1)心理不健康不完全等同于不健康的心理。心理不健康是指一种持续的不良状态。偶尔出现一些不健康的心理并不等于心理不健康，更不等于患了心理疾病。因此，不能仅以一时一事而简单地给自己或他人下心理不健康的结论。也不要随便做不规范的心理测试，因为不科学的测试设置和解释可能会给你带来烦恼，影响自身的心理健康。

资料卡

心理健康水平可以分为五个等级，即心理健康状况良好、心理健康状况一般、轻度心理异常、中度心理异常、重度心理异常。

(2)心理健康与心理不健康之间没有不可逾越的鸿沟，两者在一定条件下可以相互转化。从良好的心理健康状态到严重的心理疾患是一个缓慢转化的渐进过程，反之亦然。所以，我们要关注自己的心理健康，时时给自己的心灵一些呵护。

(3)心理健康状态是一个变化发展的过程。对高职大学生而言，心理的发展会不可避免地出现一些痛苦和烦恼。但随着自我的成长、经历的丰富、经验的积累和环境的改变，这些痛苦和烦恼都会释然。所以，对成长中的烦恼不必过分在意，相信随着我们自身的成长，这些烦恼都可能成为我们人生经历中难得的收获。

(4)心理健康的标准是一个相对理想的尺度，它不仅为我们提供了衡量心理是否健康的标准，也为我们指明了提高心理健康水平的努力方向。只要我们不断发掘、发挥自身的潜能，都可以使心理健康达到更高的水平。

(5)不以追求完美的心态时时用心理健康标准对照自己。日常生活中，只要能够有效地学习和生活就是心理健康。如果正常的学习和生活难以维持，就应该及时自我调整或寻求心理帮助。

3. 心理健康对高职大学生成长的意义

(1)心理健康是时代对大学生的基本要求。国内外专家认为，21世纪人才应当具备的素质主要是健康的心理素质。2019年1月成都航空职业技术学院对毕业生所在企业作了人力资源意义上的调查。调查显示，用人单位选才时最关注的要素为道德品质、依纪律规范言行的能力、协调能力、心理品质、沟通能力、责任感、学习能力、基本职业技能、踏实、社会适应能力、爱岗敬业、尊重他人、团队合作能力、服从安排、创新能力。可见用人单位主要关注人才心理方面的素质，该调查结果与专家观点一致。

(2)心理健康是高职大学生自我成长的内在需要，是适应大学生活的基本保证。他们在大学期间，会遭遇种种困惑与冲突。由于他们在心理上尚未完全成熟，认

心灵悟语

假如从生命的起点直至终点，都拥有健康的心理，那么成功与幸福将伴随你一生。

识问题、自我调节和自我控制的能力还不强，在处理面临的困难和冲突时，往往会因为遇到挫折与障碍，而产生忧虑和烦恼，可能出现这样或那样的心理问题。这些问题，大多数都属于成长中的问题，虽然是不可避免的，但并不是不可解决的。心理健康的学生能正视这些冲突和挫折，面对冲突和挫折时，能更多地表现出积极的态度，及时地进行积极有效的自我调节，更好地适应大学的生活。因此，高职大学生要自觉培养自己良好的心理素质，为顺利度过大学时期提供心理保障，为自己健康成长提供心理动力。

(3) 心理健康是提高学习效果、提升学习能力的基础。高职大学生入学成绩整体水平不高，他们有着培养学习兴趣、养成自觉学习的习惯、提高学习效率、提升学习能力的任务。心理健康的高职大学生能坦然地面对这些问题，意志坚定，自觉性强，能有意识地培养自己的学习兴趣，主动积极地克服学习上的困难。同时，也能发掘自己的优势和潜能，拓展学习范围，不断提升自己的学习能力。

(4) 心理健康有利于良好综合素质的形成和发展。高职大学生的发展是德、智、体、美、劳诸方面协调而全面的发展。要实现这样的发展就需要健康的心理。有心理健康奠基，就能够正确地认识自己、接纳自己和管理自己，树立自爱、自强、自尊、自律意识；就能够做出负责任的决定并付诸行动；就能够努力认识了解周围环境并适应环境，自觉地接受社会道德规范和团体规范的约束，形成良好的道德品质和行为习惯；就能够积极参与集体和社会，在实践活动中获得更多培养和锻炼自己的机会，全面提高综合素质；就能够有效地应对问题、应对危机并增强能力与勇气，改善行为、化解负面的想法与情感；就能够追寻积极的人生。

(5) 心理健康有利于生理健康。人的身心是统一的，心理状态对身体健康有影响。中医有"喜伤心、忧伤肺、思伤脾、怒伤肝、恐伤肾"之说，现代医学更是明确提出了"心身疾病"的概念。如果一个人经常处在不良心理状态中，就可能导致生理上的异常，产生生理疾病。高职大学生正处在身心成长时期，周围的环境变化容易对心理敏感的学生产生影响。研究表明，经常的过度紧张和焦虑，会增加青春期高血压、胃病、痤疮的发病率。因此，消除各种不健康的心理因素，增进心理健康，将会降低患病率，提高身体素质，促进健康成长。

总之，多一分心理健康，就多一分成长，多一分快乐，多一分幸福。

 心灵家园

 深山寻宝

每个人都有很多心理健康元素，仿佛深山宝藏不为自己所知。下面是一张自我评价表，可以帮助你更清楚地发现自己性格中的健康元素。试着以10分为满分，给自己打一个分数。

心理元素	得分	心理元素	得分	心理元素	得分	心理元素	得分
诚实		合群		热情		友善	
整洁		谦虚		稳重		有礼貌	
助人		乐观		理智		进取	
勇敢		果断		自信		快乐	
好表现		有毅力		可靠		负责	
独处		谨慎		幽默		有朝气	
坚强		开朗		勤奋		认真	

小贴士 得分越高说明心理健康水平越高,如果得分低,那就要抓紧修炼哦。还能找出自己更多的心理健康元素吗?试试看!

0.2 高职大学生心理特点与常见心理问题

0.2.1 高职大学生的心理特点

(1)自我意识增强。表现为有个人本位意识,勇于张扬个性,自信心和自尊心有所增强,自我需要增加。懂得迎合社会赞许,功利行为增加,但急于求成。一旦某些需要不能满足时,又因怀疑自己的能力而自卑。所以亟待提高自我认知能力、自我评价能力和心理承受力。

(2)认知较丰富。主要缘于"网络搜索一下就知道",网络已然成为一种学习手段和生活方式。观念开放,但不是很善于思考,还未建立合理辩证的思维方式。

(3)精力充沛,但不明确学习与生活目标和日常计划,有时表现为迷茫、懒惰、无所事事或滥用精力。

(4)凡事希望独立自主,不愿受约束,但如果意志品质不够,自控力不足,易疏于自我管理,反而妨碍独立性、自主性的发展。

(5)需要的增加使得情绪体验丰富多彩。情绪的平和稳定与起伏波动兼而有之,前者多于后者。

(6)交往需求迫切,人际交往范围扩大,交往心理较以前成熟,交往能力有所提高,但由于对人际关系期望过高,有时可能陷入交往误区而烦恼。

(7)性意识发展迅速,异性交往愿望强烈。建立亲密关系是青年正常心理成长过程中的一个重要任务。因此,性意识的迅速发展以及与之相伴的恋爱问题,成为高职大学生心理发展过程中的一个重要内容,正确的性角色观念和性角色行为尚在建立中。

0.2.2 高职大学生的心理矛盾和心理问题

1. 高职大学生的心理矛盾

(1)理想与现实的矛盾。青年时期最富于理想,每一个学生都有自己的理想。但有的学生只有美好憧憬没有切实行动;有的学生把现实与理想错误地理解为非此即彼的两极,"做不到最好,不如不做",不肯踏实做事,却希望一鸣惊人。凡此种种,必然产生理想与现实的冲突。

(2)独立与依赖的矛盾。尽管高职大学生有强烈的成人感和独立意识,但还不能依靠自己的力量来独立解决学习、交往、生活中的所有问题,一时还难以摆脱对父母、老师甚至学校的某些管理制度的依赖,于是就有了独立与依赖的矛盾。

(3)轻松感与压力感的矛盾。进入高校,似乎从此

> 心灵悟语
>
> 一切的和谐与平衡,健康与健美,成功与幸福,都是由乐观与希望向上的心理产生与造成的。
>
> ——华盛顿

可以告别紧张的学习，松口气的思想油然而生。表现在行为上则是学习懒散、生活散漫、优哉游哉。同时又深知学业的重要和就业形势的严峻，于是又陡然生出压力感。

(4) 自尊与自卑的矛盾。大学生自身的文化层次使其成为同龄人中高自尊群体，但高职大学生在自尊之余又感到自卑，一想到自己高考失利，与本科失之交臂，自尊中又夹杂几丝失意和无奈。

(5) 强烈的交往需要与孤独感的矛盾。他们比以往任何时候都渴望被理解和接纳，但由于防范心理作祟，同学之间不易吐露真实情感，容易产生孤独感和寂寞感。

(6) 自我改变意愿与自控力不足的矛盾。高职大学生渴望改善自己的现状，但由于自觉性、坚持性、自控力不足，往往不能兑现对自己的承诺。

2. 高职大学生的心理问题

高职大学生的心理问题主要集中在以下几个方面。

(1) 学习问题。缺乏学习动力，学习习惯欠佳，沉迷于玩手机。
(2) 自我认知问题。自我认知模糊，不知自己该做什么，不知自己该怎样做。
(3) 恋爱与性心理健康问题。正确的性角色观念和恋爱中性道德义务不足。
(4) 求职择业问题。自身资历较低与期望值过高的矛盾导致职业定位不准。

0.2.3 影响高职大学生心理健康的因素

1. 环境因素

(1) 社会大环境因素。这是影响高职大学生心理健康的背景因素。当今高职大学生出生在深化改革开放、信息化高歌猛进的时代。他们是经济发展的受益者、网络时代的体验者。改革开放至今，人们的价值观念、生活方式发生了前所未有的巨大变化，给心理尚不够成熟的他们带来的心理冲击比以往任何一个时代都更强烈、更复杂。加之社会变化的周期缩短、幅度加大，没有给年轻的学生足够的时间和空间来认识、理解和适应这些变化。一旦社会适应不良，就可能出现各种心理问题。比如，传统文化与现代文化的冲突、社会价值的多元，有时让他们感到困惑、混乱；理想与现实的反差，使他们感到茫然；竞争的加剧、生活节奏的加快，使他们产生压力感、焦虑感；人与人之间的淡漠，使他们感到孤独；就业的双向选择及选择的自主性，加剧了他们的选择犹豫。

(2) 家庭环境因素。家庭是个体成长的第一个环境，童年时代在家庭环境影响下形成的个性对其一生的心理发展将产生深远的影响。教育心理学家一般认为，家庭教养方式有放任式、专制式、溺爱式和民主式四种。放任式往往会导致儿童产生任性、散漫、无纪律和顽皮等性格特点；专制式往往会导致儿童形成盲从、懦弱、胆怯、不灵活和缺乏自尊自信的心理倾向；溺爱式易导致儿童自私、依赖、任性、骄横和情绪不稳定等；民主式一般会使儿童形成热情、诚实、自信、自主、宽容的良好个性。父母的人格特征和教育方式对儿童人格的影响很大。父母表现出来的人格特征与行为方式更是成为儿童学习和模仿的直接榜样。我们在心理咨询中发现，大学生的人格表现、行为习惯及各种典型心理问题和心理疾病，常常有明显的家庭影响痕迹。

我国高职大学生相当部分为留守儿童长成，父母长期在外务工，自幼缺乏父爱、母爱。2019 年高职院校扩招 116 万人，其中 70% 以上的学生来自农村。这部分学生懂得生活的不易，自理能力强，学习努力，自主性强，性格较内向，人际沟通能力稍弱。另有相当部分来自中小城市，其父母多为国家工作人员或商人，家境殷实，父母对其宠爱有加。他们性格开朗活泼，为人乖巧，懂人情世故，人际交往能力强，学业前程多由父母安排，故自主性和学习努力程度稍逊前者。如何利用两类学生的心理优势，促进其共同成长，值得高职院校心理健康教育教师研究。

(3) 学校文化环境因素。学校文化环境主要是指学校的学习风气和文化氛围，它对高职大学生的心理健康有着直接的、深刻的影响。良好的学校文化环境有利于学习任务的完成，有利于丰富学生的业余文化生活，有利于充实大学生的精神世界，有利于大学生健康人格的塑造和发展。

2. 自身心理因素

高职大学生个体心理因素是影响和制约其心理健康的根本因素。具体说来有以下几点。

(1) 自我同一性滞后。心理学家埃里克森认为，人的自我意识发展持续一生，分八个阶段，每个阶段有必须完成的心理任务，否则会影响后续心理的健康发展。青少年时期(12~18岁)要完成的任务是个体多重角色的整合同一，弄清楚"我是谁"，明白自我的多重角色并协调之，实现自我多角色的同一并形成责任感，否则就容易形成自我同一性的混乱。高职大学生自我同一性滞后的表现为：他们当中相当部分人自我角色的认知、协调和自我监督能力水平不高，当面临许多新的角色和成年后的身份时，如高职大学生身份、人际交往中的角色、恋爱中的角色、未来职业身份，不知怎样履行自己的角色义务，更有甚者连自己是什么角色都浑然不觉，在处理自我权利与角色义务关系上时有冲突。所以，处在成年早期的高职大学生要完成两个心理任务：前一阶段尚未完成的自我同一和现阶段的学会建立亲密关系。

(2) 个性缺陷。面对同样的境遇挫折，不同的个体有着不同的反应，这与人的个性直接相关。有些大学生存在不良性格，如自卑、怯懦、孤僻、冷漠、固执、急躁、鲁莽、虚荣、任性、忧郁、自私等，还有的大学生存在人格障碍，如偏执型人格、强迫型人格等。这些个性缺陷都是有碍心理健康的。

(3) 心理承受力差。近年来高职大学生中独生子女增多。父母的过度保护使他们丧失了许多锻炼心理承受力的机会，缺乏必要的生活经验的积累。当他们进入高职院校独立地面对生活时，在学习、生活、交友、恋爱、择业等方面大大小小的挫折足以使他们中的一些人难以承受，以致出现心理问题。

如此种种生理的、心理的、社会的因素交织在一起，易造成有的高职大学生心理发展中的失衡状态。

了解自身的心理健康现状

1. 党的二十大报告提出，要重视心理健康和精神卫生。请你通过实际观察或走访学校心理老师或同学，了解高职大学生心理健康状况。

小贴士　你对调查了解的结果有何看法，对加强高职大学生心理健康有何建议，写下来吧，你会有一些领悟。

2. 对自己的多重角色的获得和付出做一个梳理。

小贴士 请用第二人称描述，你可能会有慧眼观照自我的客观。

0.3 走近高职院校心理健康教育，明确自身责任

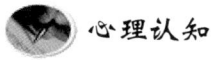
心理认知

0.3.1 高职院校心理健康教育的内涵

1. 心理健康教育的含义

高职院校的心理健康教育，是针对高职大学生的心理特点、心理需求和心理问题，通过有目的、有计划地普及心理健康知识，传授维护心理健康的技巧和方法，帮助高职大学生个人和群体树立心理健康观念，让他们自愿采纳有益心理健康的行为和生活方式，提高心理健康水平的过程。

2. 高职院校心理健康教育的目标

(1) 发展性教育。注重发展，开发潜能，提高大学生整体心理健康水平。通过心理健康课程、专题讲座、各种宣传活动，对全体学生进行心理健康教育，使学生正确认识自我，开发心智潜能，塑造健全人格，增强承受挫折和适应环境的能力，提高学生心理素质，帮助学生积极成长，顺利度过高职阶段，并为走向社会提供心理准备。

(2) 预防性教育。对部分有轻度心理问题的学生，通过个别咨询或团体咨询，协助学生认识自己，找出问题，克服障碍，健康成长。

(3) 补救性教育。对极个别有心理疾病的学生，界定问题，转介专业医院诊治，个别咨询，恢复期跟进辅导。

3. 高职大学生在心理健康教育中的任务

了解自身的心理特点和心理需求，并接纳自己；掌握心理健康的知识和增进心理健康的技能；在日常生活中有意识地营造积极心态，预防不良心态，学会调适情绪困扰与心理压力，提高心理健康水平；进而塑造自立、自信、自尊、自强的人格品质，成为自己心理健康的第一责任人。

4. 心理健康教育的内容

(1) 适应教育。内容包括生活适应、学习适应、人际适应、挫折及危机干预。

帮助新生认识和理解高等职业教育的性质及其在高等教育中的地位与作用、高职院校人才培养目标及就业前景，从而认同学校、认同自己，这是高职大学生心理健康的基础。

解决学生阶段性适应问题。既调整新生的消极情绪，更帮助新生建立积极合理的自我认知。调整情绪短时间内可以见效，是治标；建立合理认知，则可以带来久远而深刻的影响，是治本。所以，在适应教育中，把合理认知与调整情绪结合起来，标本兼治。通过适应教育，学生可以树立自主观念，规划自己的学习和生活，培养和提高独立生活的能力。在人际交往

方面，学生可以获得一些人际交往的知识和技巧，以新的视野看待自己与他人的交往。在交往实践中，逐步学会处理与同学和老师的关系，在良好健康的人际氛围中尽快融入新的集体，消除距离感和陌生感，产生安全感和归属感。在学习方面，帮助学生理解高职学习的特点，建立新理念，确立新目标。给予方法指导，使新生获得一些学习方法及支配时间的技巧，激发学习积极性。把握好学习与上网的关系，让网络为学习服务，学会做学习的主人。在挫折应对方面，通过心理课了解挫折的基本理论，了解危机干预的一般常识，掌握积极的应对方式，不仅有助于新生顺利度过适应期，而且有助于其今后的发展。

(2)健康人格教育。包括自我意识、人格和意志品质教育。通过健康人格教育，学生可以了解健康人格的理论常识，更加了解自己的个性特点，了解常见人格问题的调适方法，了解培养健全人格的途径。

(3)性与恋爱心理健康教育。这是学生良好性角色行为初步定型的教育。性心理健康教育可以帮助学生拥有健康的性知识、合理的性角色观和适度的性角色行为，学会发展健康的异性交往，培养正确的恋爱观与行为方式。

(4)择业心理健康教育。学生可以了解职业价值观和职业兴趣在择业中的作用，懂得正确处理职业倾向与外界职业环境和就业现状的关系；认清自己心理特质之于择业的长处和短处，发掘自己的潜能，提升就业能力和社会适应能力，为自己的职业生涯设计提供初步的心理学意义上的帮助。

0.3.2　高职大学生增进心理健康的途径

1. 学习心理健康知识

(1)上心理健康课。心理健康课堂是大学心理健康教育的主阵地、主渠道。通过课堂教学，学生可以获得系统的、科学的心理学基础知识和心理健康知识，可以了解常见心理问题产生的主要原因及其表现，学会一些心理调适方法。

(2)听心理健康专题讲座和报告，可以获得对某一心理现象更具体、更适时的理解。

(3)阅读有关心理学书籍，访问心理网站等，可以开阔眼界，从理论上提高自己。

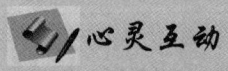

在学习心理健康知识时，要避免盲目对号入座。有的人读心理健康书籍，常会对号入座，看到书上心理障碍症状就觉得自己得了什么病，为此感到惊恐不安。其实，心理障碍的鉴定有严格的医学心理学标准，不能仅根据表面现象就轻易下结论，导致自己"莫须有"的疾病，使自己陷入困境而不能解脱。同学，你可别对号入座哟。

2. 积极参与有益于心理健康的活动

校园活动包括各种学术活动、文艺活动、体育活动等。校园活动是学生培养和提高自身综合素质的平台。参加校园活动，可以使脑力劳动和课外活动有机结合，使大脑得到休息和调节，有利于学习；可以激发艺术兴趣，开发文体潜能，有利于陶冶高尚的情操，培养健康的审美心理；可以学会展现自己、欣赏他人，从而体验自信、力量和愉悦。

3. 建立良好的校风、班风、学风

校风、班风、学风看不见却能感受得到，虽像空气一样无形，却能为我们的心理健康提供重要的精神环境。良好的校风、班风、学风，不仅能激发我们的学习热情，促进和保证学习任务的顺利完成，而且有利于丰富和充实我们的精神世界，有利于塑造我们的健康人格。相对一个学校的校风、学风，班风对我们的心理健康影响更直接、更具体。处在积极向上、勤奋好学、团结友爱、凝聚力强的班风中，就能获得安全感、归属感和力量感，就会感到心情舒畅；相反，就会感到孤独、寂寞、紧张、压抑。因此，同学们应为构建和谐的班风尽自己的力量。

4. 加强自我心理调节

"内因是变化的根据，外因是变化的条件。"无论心理健康知识还是良好的风气，都必须经过自我起作用，所以不断加强自我心理调节，是增进心理健康的根本途径。

（1）加强认知调节。认知方式在促进心理健康过程中起着根本作用，积极乐观还是消极悲观地看待事物，其心理反应完全不一样。

> **情境聚焦**
>
> 小Z和小D上网查期末考试成绩，小Z挂了一科，小D挂了两科。面对考试不及格，小Z垂头丧气，担心这次不及格要影响以后深造或找工作，他甚至觉得，自己考试不及格说明自己智力不如他人，今后不会有大的发展前途。如此这番一想，小Z自卑、郁闷、情绪低落。小D则相反，他想，考试不及格没什么大不了的，许多科学家、大文豪都曾考试不及格，况且我呢？不过啊，这次考试不及格，说明自己的学习还存在一定的问题，需要改进。失败是成功之母，回家认真复习，争取补考过关。小Z和小D由于对待考试不及格的态度不同，心绪完全不一样，小Z悲观，小D乐观。

（2）加强情绪调节。情绪对人的心理健康有重要影响，高职大学生要在以下方面加强情绪调节。首先，正视自己的不良情绪，如果不承认，长期压抑在心里，将会对心理健康带来不利影响。其次，学会和掌握情绪调节的方法。最后，学会宽容。宽容自己和宽容他人。不肯宽容别人的人既容易遭他人怨恨，也往往会使自己的身心受到伤害；不肯宽容自己的人则容易使自己整天处于自责、悔恨中，难以自拔。宽容不是不讲原则，而是以一种豁达的胸襟承认每个人都会有过错，不纠缠自己和他人的过错，以建设性的态度对待自己和他人的过错，并保持心情的愉快。

（3）加强行为调节。人的行为直接影响着活动效率及自我评价，在很大程度上对心理健康也有着直接的影响，所以行为的调节对心理健康有着重要作用。高职大学生应注意自己交往、学习、日常生活等行为的调节，使之能够适应学习和生活的要求，更好地实现自己所期望的目标，从而提高对自己的满意度，产生自信心和愉悦感。

5. 积极与人交流

常言道，听君一席话，胜读十年书。朋辈之间共同话题多，易沟通。积极交流，与同学朋友共享喜悦、分担忧愁，有利于增进了解、消除不良心理、培养积极的交往心理和提升交往的能力。

6. 寻求心理咨询帮助

1）心理咨询的含义

心理咨询是运用心理学的原理和技术，通过咨询者与来访者的交谈、探讨、协商、解释，帮助来访者找出引起心理问题的原因，寻求摆脱困境与解决问题的条件、途径和方法，进而帮助来访者提高环境适应能力，逐步学会以更加积极的方式对待自己和他人。心理咨询的实质是助人自助。

2）高职院校心理咨询的功能和任务

高职院校心理咨询有四种功能：疏导功能、保健功能、教育功能、发展功能。

高职院校心理咨询工作的根本任务是通过一系列的教育与服务，培养学生良好的心理素质，减少由于心理冲突而引发的适应不良，预防心理疾病的产生，提高心理健康水平，促进人格成熟完善，最终有助于学生全面发展。

资料卡

大学生心理咨询始于20世纪30年代的美国大学校园，并逐渐被人们广泛接受，目前已成为全美高等教育的重要组成部分。我国大学生心理咨询起步于20世纪80年代中期，历经三十余年，从无到有，由隐而显，并显示出强劲的发展势头。

3）高职院校心理咨询的具体目标

(1) 在学业上帮助学生奠定稳固的基础，顺利完成学业，为将来的工作和发展做好准备。

(2) 帮助学生认识自己、悦纳自己、欣赏自己，促进自信，建立健康的自我形象。

(3) 指导学生培养独立自主的能力，学会独立生活、自主判断、自己做主。

(4) 指导学生为人处世，有良好的交往能力。

(5) 指导学生与异性相处，并对恋爱、婚姻、家庭有正确的观念和态度。

(6) 引导学生建立合理的人生价值观，以及科学、健康的生活方式。

4）基于高职学生群的心理咨询对象

(1) 精神正常，但遇到了与心理有关的现实问题并请求帮助的学生。

(2) 精神正常，但心理出现问题并请求帮助的学生。

(3) 临床治愈的患有精神疾病的学生或经临床治疗症状缓解的学生。

5）心理咨询的原则

(1) 保密原则。未经来访者同意，咨询者不能以任何方式向任何人或机构透露来访者一切咨询信息。它是心理咨询中最重要的原则。因此，同学们可以放心地寻求心理咨询的帮助，你的个人隐私将得到无条件的尊重。

(2) 自愿原则。以来访者自愿前来咨询为前提，咨询者不能以任何形式强迫来访者接受或维持心理咨询。这是由心理咨询的自助性质和咨询的人际互动性质所决定的。因为心理咨询是帮助来访者自助，那么自助的前提必定是来访者意识到自己的问题，有自我改变的愿望和动机，并积极主动地寻求咨询者的帮助。忽视来访者的求助意愿和动机，或违背来访者的意愿的咨询将变成一种强迫性质的说教，背离了咨询的本义。

资料卡

根据美国心理学家协会的条例，以下几种情况来访者的信息不在保密之列：①来访者有自杀倾向，或经由一项测验显示来访者有高度危险时；②来访者有强烈伤害他人的倾向时；③法庭要求提供个案资料时。

(3) 尊重与接纳原则。在心理咨询过程中，咨询者要以来访者为中心，给予来访者充分的尊重，努力与其建立真诚、平等、信赖的关系；对来访者的心理与行为、观点与立场无条件接纳，用心去理解来访者面临的困扰和感受。

(4)价值中立原则。在心理咨询过程中，咨询者要尊重来访者的价值观念，不以自己的价值观念为准则对来访者的行为准则任意进行价值判断；不能以任何方式向来访者强行灌输某一价值准则，或强迫来访者接受自己的观点。当来访者的价值观与咨询者相冲突的时候，后者要暂时放下自己的价值观体系，认真倾听，了解来访者的态度、观点，在准确了解的基础上，予以接纳和理解，然后再引导来访者自己判断是非，最终做出自己的抉择。

(5)方案守法原则。在咨询过程中，咨询者和来访者共同制定的咨询方案不能包括直接或间接损害他人或社会利益的内容。

6)心理咨询的常见方式

(1)门诊咨询。它是指在专门的心理咨询机构或医院的心理咨询门诊进行的，心理咨询者与来访者面对面交流的咨询方式。门诊咨询中，咨询者不仅能够通过来访者的语言、语调而且还能够通过眼神、表情、动作等全面而详细地了解情况，因而能够更深入地为当事人提供有效的帮助。门诊咨询是最常见的、首选的心理咨询方式。

(2)电话咨询。它是利用电话通话的咨询方式。其优点是方便、快捷，隐蔽性、保密性强，因而深受当事人的喜爱。这种形式既可用于一般咨询，也常用于心理危机干预，故电话咨询热线又被称为"希望线""生命线"。

(3)网络咨询。网络具有极强的保密性、及时性，为心理咨询提供了无限的空间。通过网络，当事人能够真正毫无顾忌地倾诉自己的隐私，暴露自己的问题，从而使心理咨询者能够在尽可能短的时间内掌握当事人的基本情况，做出适时的分析判断，并可以通过实时交谈不断矫正其分析判断，做出切合实际的引导及处理。

(4)信函咨询。它是以通信的方式进行心理咨询。当事人来信提出自己咨询的问题，心理咨询者给予回信答复。其优点是不受居住条件限制，对于那些不善于口头表达或较为拘谨的当事人来说是一种较易接受的方法。但咨询效果会受当事人的书面表达能力、理解力和个性特点的影响。

(5)个体咨询与团体咨询。前者是一对一的咨询，后者是解决一组具有同质问题的咨询形式。

7)心理咨询的作用

(1)心理咨询可以帮助来访学生采取正确而有效的方式管理自己的情绪，使之消除消极情绪，建立积极稳定的情绪，避免产生各种情绪障碍，让学习和生活更愉快。

(2)心理咨询可以引导来访学生深入认识自己、发现自己，了解自己与周围的关系，使他们能更全面、更客观地看待自己，改变对自己的不良认知，重塑自知与自信。

(3)心理咨询可以为来访学生提供新的应对挫折的经验和机会。来访学生通过与心理老师的交流，可以找到更有效地解决生活和学习中种种挫折的方法，从而帮助学生摆脱烦恼和痛苦，提高应对挫折的能力。

(4)心理咨询可以帮助来访学生在人生重大问题上做出合理的选择，使之在人生的道路上少走弯路，茁壮成长。

所以，主动寻求心理帮助，是一种勇气，一种自信，一种充满现代文明气息的行为！

0.3.3 建立健全高职大学生危机干预体系及其运行机制

我国高职院校的学生危机干预体系始建于20世纪末21世纪初。随着高职院校生源的多元化,学生心理问题的严重性偶有增加。树立全员参与的理念,进一步建立或健全和完善学生危机干预体系并充分发挥作用就很有必要。

(1)进一步建立或健全和完善现有的校、院(系)、学生班级三级(或四级,含学生寝室长)心理健康教育工作网络和危机干预体系。

(2)坚持预防为主的原则,用学生喜闻乐见的形式在不同层面普及宣传心理健康知识和技能以及危机干预知识和技能。

(3)建立院(系)二级心理健康教育活动辅导站。重视广大学生在心理健康教育活动中的生力军作用,鼓励学生积极参与活动,通过活动获得积极的心理体验,降低危机发生率。

(4)重视班级心理委员和寝室长在危机干预中的作用。班级心理委员和寝室长与同学朝夕相处,他们是班级心理健康状态观察员、信息员,是学生心理危机情况的预警员、通报员,是患有精神疾病的学生康复阶段的护理员,充分发挥他们的作用对危机干预有重要的实际意义。

讨论:在心理危机干预中,我们可以做些什么?

第1章 转换角色与适应环境

> 智力的本质是适应。
>
> ——皮亚杰

 心灵求索

我梦中的大学是重点大学。然而高考前的一场疾病，让我与梦想擦肩而过。当我收到高职院校录取通知书的时候，有人对我说，高职大学生在社会上没地位，并竭力劝我复读，来年再冲刺重点大学。但在父母的劝说下，犹豫徘徊中我选择了高职院校，心中没有丝毫高兴。特别是当我收到一封封高中同学从重点大学给我的来信，畅谈他们的喜悦与感受的时候，我就更羡慕他们，心情就更加自卑、苦闷、消沉。我真想放弃高职的学习，我不知道我该怎么办。

——摘自一名高职新生的日记

问题导入

1. 什么是高等职业教育？
2. 怎样理解高等职业教育的性质、地位、作用和培养目标及其特点？
3. 高职大学生在社会上真的没地位吗？
4. 为什么说"放飞理想从心理健康做起"？
5. 角色转换需要经历哪些阶段？高职新生如何实现角色转换？
6. 高职新生的环境有哪些新的变化？
7. 高职新生环境适应不良的主要表现是什么？如何进行调适？

1.1 认识高等职业教育

 心理认知

1.1.1 认识高等职业教育，维护心理健康

1. 高等职业教育的性质

《中华人民共和国高等教育法》明确提出："本法所称高等学校是指大学、独立设置的学院和高等专科学校，其中包括高等职业学校和成人高等学校。"这就明确地把高等职业教育作为高等教育的一部分确定了下来。2022年4月，新修订的《中华人民共和国职业教育法》第三条规定："职业教育是与普通教育具有同等重要地位的教育类型，是国民教育体系和人力资

源开发的重要组成部分,是培养多样化人才、传承技术技能、促进就业创业的重要途径。"第十五条规定,职业学校教育分为中等职业学校教育、高等职业学校教育。高等职业学校教育由专科、本科及以上教育层次的高等职业学校和普通高等学校实施。

由此可见,高等职业教育具有高等教育和职业教育双重属性,是我国高等教育的重要组成部分,是高等教育发展中的一种类型,肩负着为我国经济社会高质量发展培养高素质技术技能人才的使命;在教育体系上属于职业教育,是我国职业教育体系中的高层次教育。

2. 我国高等职业教育的培养目标及特点

1)我国高等职业教育的培养目标

高等职业教育的培养目标是一个发展的概念。随着经济结构、产业结构、技术结构的不断变化,社会对高等职业教育必将产生重要影响和新的要求,面对这种变化,高等职业教育的人才培养目标也在不断调整和完善。我国高等职业教育培养目标的转变可分为五个阶段:培养实用型人才、培养高等技术应用型人才、培养高素质技能型人才、培养高端技能型人才、培养高素质技术技能人才。我国高等职业教育发展到今天,其培养目标已由培养实用型人才调整到培养高素质技术技能人才。

2012年《国家教育事业发展第十二个五年规划》指出"高等职业教育重点培养产业转型升级和企业技术创新需要的发展型、复合型和创新型的技术技能人才。"2014年《国务院关于加快发展现代职业教育的决定》提出"培养服务区域发展的技术技能人才"。2019年《国家职业教育改革实施方案》提出"高等职业学校要培养服务区域发展的高素质技术技能人才"等,这些新要求都进一步明确了高等职业教育培养目标是培养高素质技术技能人才。2022年新修订的《中华人民共和国职业教育法》第二条明确规定:"本法所称职业教育,是指为了培养高素质技术技能人才,使受教育者具备从事某种职业或者实现职业发展所需要的职业道德、科学文化与专业知识、技术技能等职业综合素质和行动能力而实施的教育,包括职业学校教育和职业培训。"又进一步从立法的高度,明确了我国高等职业教育培养目标是培养高素质技术技能人才。

2)高素质技术技能人才的主要特点

(1)人才层次的高等性。

在整个职业教育体系中,高等职业教育和中等职业教育属于两种不同层次的教育,高等职业院校人才培养层次的目标定位是高素质技术技能人才,高职毕业生必须具备与高等教育相适应的道德品质、基本知识、理论和技能,掌握相应的新知识、新技术和新工艺,以较强的实践动手能力和分析、解决生产实际问题的能力区别于普通高等教育;同时,与中等职业教育相比,除了其素质结构中的知识所占比重相对较高之外,其知识与技能的结合程度也较强,高职毕业生以较宽的知识面、较深厚的基础理论知识和较高的技术技能素质区别于中等职业教育。

(2)人才类型的应用性。

普通高等教育侧重于培养学术型、工程型人才,而高等职业教育重点培养高素质技术技能人才,受教育者应具备从事某种职业或者实现职业发展所需要的职业道德、科学文化与专业知识、技术技能等职业综合素质和行动能力。他们不仅具有从事某种职业或者实现职业发展所需要的职业道德,懂得某一专业的基础理论与基础知识,而且具有某一岗位群所需要的生产操作和组织能力，善于将技术图纸或工程图纸转化为物质实体，并能在生产中进行技术指导和组织管理，解决生产中的实际问题。他们还善于处理、交流和使用信息，指导设备、工艺和产品的改进，是一种专业理论够用、生产技术操作熟练和组织能力强的复合型人才。

(3) 就业去向的基层性。

高等职业教育是培养高素质技术技能人才的目标定位，决定了高职院校毕业生的基本去向是生产、建设、服务、管理第一线的基层单位和实用性很强的部门，具有鲜明的职业定向性。例如，工科类高职毕业生的主要去向为企业生产第一线，从事施工、制造、运行、检测与维护等工作；艺术类高职毕业生的主要去向为广告公司和各类文化部门，从事艺术操作工作；经济类高职毕业生的主要去向为财经部门或企业部门，从事基层一线的企业管理和财经管理工作等。高职学生所学知识的实用性和其基层去向是高职教育的生命力所在。

> 在线学习　2022 年 5 月 24 日，教育部举行"教育这十年""1+1"系列发布采访活动的第三场新闻发布会，聚焦党的十八大以来职业教育改革发展成效。本场发布会采用"云发布"的形式，全程线上发布。欲想详细了解高职教育改革发展成效，快去线上看看吧。

3. 高等职业教育的地位和作用

(1) 2022 年新修订的《中华人民共和国职业教育法》将职业教育确定为一种教育类型，从立法上首次明确了职业教育与普通教育具有同等重要地位。作为我国职业教育体系中的高等职业教育也是高等教育中的一种类型，与普通高等教育具有同等重要地位。

(2) 高等职业教育是职业教育体系中的高层次教育，也是我国国民教育体系和人力资源开发的重要组成部分，是培养多样化人才、传承技术技能、促进就业创业的重要途径。大力发展高等职业教育可以使更多的人接受高等教育，为全面建设社会主义现代化国家提供有力人才和技能支撑。

(3) 高等职业教育具有鲜明的职业性、地方性、实用性等特点，培养的毕业生"下得去、留得住、用得上"，深受基层和生产第一线的欢迎。高等职业教育在为地方经济建设和社会发展服务方面担负着非常重要的责任，对地方经济社会发展具有重要的意义。

(4) 发达国家纷纷把发展高等职业教育作为国家战略，作为应对危机、促进就业、迎接新技术革命挑战的重要举措。高职大学生是我国高素质技术技能人才的重要后备力量，是我国经济社会高质量发展主力军和生力军的重要来源。

4. 高职大学生的前景

2022 年新修订的《中华人民共和国职业教育法》规定：职业学校学生在升学、就业、职业发展等方面与同层次普通学校学生享有平等机会。用人单位不得设置妨碍职业学校毕业生平等就业、公平竞争的报考、录用、聘用条件。机关、事业单位、国有企业在招录、招聘技术技能岗位人员时，应当明确技术技能要求，将技术技能水平作为录用、聘用的重要条件。事业单位公开招聘中有职业技能等级要求的岗位，可以适当降低学历要求。同学们进入高职院校学习是明智的选择。普通教育与职业教育融通的现代职业教育体系，为你们撑起一片蔚蓝的天空，铺就一条提升、成才的大道(图 1-1)，为人人努力成才、人人皆可成才、人人尽展成才搭建了宽广的人生舞台。

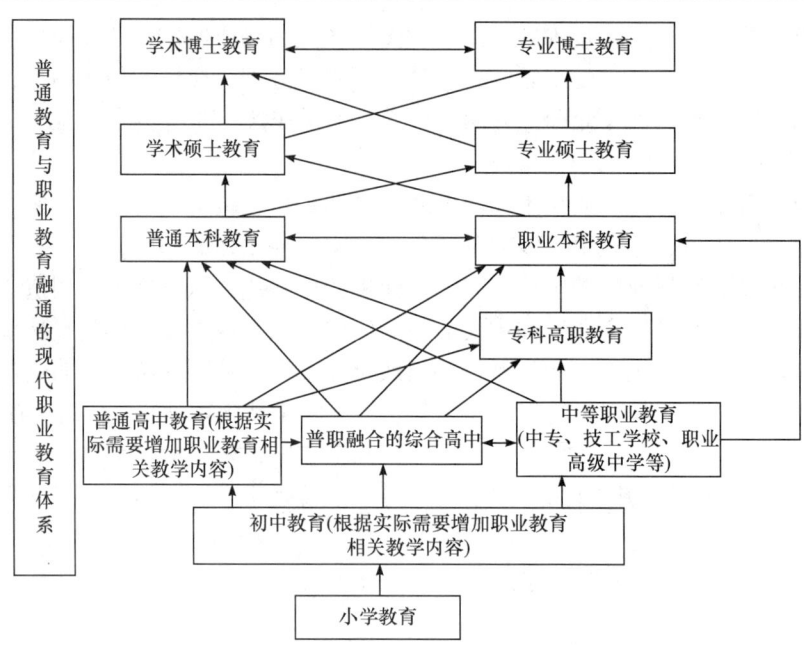

图 1-1 普通教育与职业教育融通的现代职业教育体系示意图(绘图：冉超凤)

在线学习 2022 年 4 月 20 日，十三届全国人大常委会第三十四次会议表决通过了新修订的职业教育法，并于 2022 年 5 月 1 日起施行；这是职业教育法制定近 26 年来的首次修订。新职业教育法共八章六十九条，明确职业教育是与普通教育具有同等重要地位的教育类型，着力提升职业教育认可度、深化产教融合、校企合作，完善职业教育保障制度和措施，更好推动职业教育高质量发展。大家一起在线上学习一下《中华人民共和国职业教育法》原文。

1.1.2 高职阶段是人生发展的新阶段

1. 高职阶段是高职学生掌握专业技能的黄金时期

高职大学生经历了小学、初中、高中十几年的学习生活，各项智能(认知能力、理解能力、思维能力等)因素已达到一定的水平，记忆能力强，为学习和掌握专业技能奠定了心理基础。未来工作岗位上所需要的专门知识和实际操作技能，要靠在高职阶段的学习训练和现场掌握。所以，高职学习阶段是学生开发智能、掌握职业技能的黄金时期。

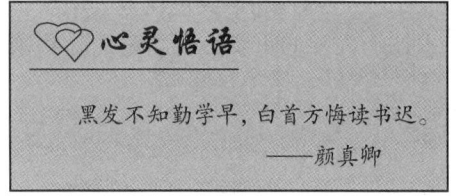

心灵悟语

黑发不知勤学早，白首方悔读书迟。
——颜真卿

2. 高职阶段是高职大学生全面和谐发展的重要时期

高职院校的设施、人才培养模式和师资队伍的特点，为高职大学生全面发展提供了重要的条件。学会做人，即成为思想端正、品德高尚、心理健康的人；学习专业知识，掌握专门技能，从而学会做事，即适应岗位要求，完成岗位任务，为社会做出相应的贡献；掌握追求真理、探索规律的方法，从而学会求知，即学会掌握知识与技能的金钥匙，提高分析问题、解决问题的能力；高职院校各种各样的群团组织和社团组织开展了丰富多彩的适合青年的校园文化活动，高职大学生在这些活动中能接受良好的集体主义教育，锻炼能力，增长才干，学会共处，即建立和谐的人际关系。

1.1.3 放飞理想从心理健康做起

1. 心理健康教育是高职新生入学后的重要一课

每一名高职新生所面临的都是一个全新的世界，自然环境、学习内容和方法、人际环境都发生了变化。初入大学的高职新生，可能由于环境生疏，常思念亲友以慰藉渴望交流的心灵。常常凭第一印象选择与自己相投的朋友，但不大注意理解别人，常因一两句话就闹矛盾。加之不善采取行动和解而是相互怨恨，从而陷入苦闷失落中。他们对自己专业不太了解，需要重建个人目标。新生如果适应不良，会

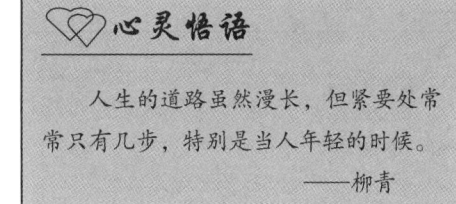

产生情绪低落、孤独、悲观等负面情绪，如果这些负面情绪长时间累积，可能会影响大学生的心理健康。专科/高职学制相对较短，能否在较短的时间内适应大学生活，对高职大学生在校三年的学习和生活起着至关重要的作用。为预防和克服在心理转型过程中的各种心理问题，高职新生必须重视"心理健康教育"这一入学后重要的一课，通过学习、交友、心理咨询等心理教育途径和方法，努力提高自身的心理素质。

2. 心理健康是高职新生成长、成才的重要前提

心理健康是其他各个方面全面健康的基础，心理素质是人才素质培养的基础，是关键所在。无数事实表明，一个人能否成才，智力因素固然重要，但更重要的是非智力因素，尤其是心理因素。新生进入高校之初的"迷惘""困惑"是正常现象，是个体"从平衡状态到打破平衡，再到重新建立新的平衡"的一种客观规律，是促进大学生从自我否定到不断自我完善的必然过程，也是个体在生活环境、生活内容、行为要求变更后的必然反应。高职新生的心理健康，对以后三年大学生活中的心理健康起到基础作用。因此，学校应有科学引导，开设心理健康课程，举办健康讲座、心理咨询等活动，鼓励高职新生积极参与其中，及时调整心态，走出心理困境，逐渐适应高职生活和人际环境。

3. 心理健康教育是高职新生顺利完成转变的重要条件

高职新生所面临的重要问题主要是适应新的学习和生活环境的压力。而三年级将是他们学习专业知识、建立密切的同学关系以及对未来做出选择、规划的重要阶段，这时的主要问题往往和专业学习、友谊与爱情、社会工作与未来前途有关，而这些问题的压力往往超过一年级时的情况。

实践证明，三年高职生活能否顺利地度过，与一年级大学生的心理健康基础直接相关，三年级学生中出现的问题往往与一年级的适应状况有着密切的联系。因此，高职新生的心理健康教育是高职大学生顺利完成两年或三年大学学业的奠基之举。有效地处理和控制一年级出现的各种心理适应问题，不仅有利于一年级问题的解决，而且也会降低高年级问题发生的频率。高职大学生如果能在一年级新生阶段打下良好的心理健康基础，当面临三年级的各种问题时就能更加容易、更加顺利地解决。相反，就会使压力增加。

 **心灵家园**

阅读与思考

在线学习 2022年5月24日，在教育部介绍职业教育发展情况的新闻发布会上，陕西工业职业技术学院毕业生邢小颖以《职业教育给了我人生出彩的机会》为题作了成长分享。大家一起在线上深入了解一下在清华大学当老师的职校毕业生邢小颖的成长之路吧。

议一议 从邢小颖的身上，你获得了哪些心灵感悟？高职大学生在社会上真的没有地位、没有作为吗？

1.2 高职新生的角色转换与心理调适

 心理认知

1.2.1 高职新生社会角色新变化

1. 角色与社会角色

社会角色是指与人们的某种社会地位、身份相一致的一整套权利、义务的规范与行为模式，它是人们对具有特定身份的人的行为期望，是构成社会群体或组织的基础。首先，社会角色是社会地位的外在表现，它通过与人们身份相符的一整套权利、义务的规范来体现人的社会地位。其次，社会角色还是人们对特定身份的人的行为期望，即希望具有特定身份的人做出与之身份相符的行为，如人们希望教师能教书育人，学生能刻苦学习。最后，社会角色还是构成社会组织的基础，如教师和学生构成了学校的基础，没有教师和学生的组织就不能称为学校。

角色可以有广泛的表现。它们可能是暂时的，如比赛的失败者；也可能在时间上是难以界定的，如子女、父母、配偶；或可能是永久性的，如男性、女性。因人际关系的不同，个体可以有不同的角色，人际和社会情境发生变化，个体的角色也会随之改变。所以，角色具有多样性和相对性：有些角色是自动获得的，如性别角色、年龄角色，称为自然的角色；有些角色却需要个体努力争取，如朋友角色、恋人角色，称为追求的角色。高职大学生的角色就是作为大学生个体在一定社会环境和人际关系中被期望的各种身份。高职大学生的角色也具有多样性和相对性，并且有些是暂时的，有些是永久性的；有些是自然的角色，有些是追求的角色。

2. 高职新生角色转换的四个阶段

（1）角色认知阶段。社会对每一角色都存在着期望，即希望某一特定角色能做出与其身份、地位相适应的行为，以实现该角色的特定功能，保证整个社会

 资料卡

自觉角色是指角色承担者明确意识到个人应承担的责任，并尽力地用行动去实践。不自觉角色是指角色承担者未明确意识到个人所应承担的责任，或有明确的角色意识却有意无意地不去实践该角色。

的有序运行。当代高职大学生的社会角色期望与要求就是：在具有必备的基础理论知识和专门知识的基础上，重点掌握从事本专业领域实际工作的基本能力和基本技能，具有良好的职业道德和敬业精神，适应生产、建设、管理、服务第一线需要，德、智、体、美等各方面全面发展的技术技能人才。在这一阶段，高职大学生个体的主要任务是正确认识和理解社会对高职大学生的角色期望与要求，对高等职业教育的地位、作用、培养目标以及高职大学生的权利与义务有正确的认识。

(2) 角色认同阶段。人的一生在不同的阶段总是要扮演不同的角色，成为高职大学生是人生一次角色的重大变化。对这种角色转换，高职大学生一般能够自觉认同，个人情感、意志、理性顺应变化，以求和谐发展。然而有的高职大学生也常常由于心理准备不充分，对新角色面临困难估计不足，思想上产生诸多矛盾，对新社会角色不认同。在这一阶段，高职大学生要努力克服角色认同障碍，不断提高对新的社会角色的认同程度。只有当个体与未来角色已经有了相同或相近的价值取向，渴望成为技术技能人才这个新的社会角色时，才会在其行为上表现出较强的学习自觉性和坚韧性，才可能主动地进行角色实践。

(3) 角色实践阶段。角色实践是个体在角色认同的基础上以实际行动来实现社会角色。这是角色扮演的实质性阶段，扮演成功与否要看同社会期望的一致程度。一般说来，角色实践同角色认同是一致的，即认同达到何种程度，就能做到何种程度。但在某些情况下由于受到外界因素的干扰，常常会使人感到"心有余而力不足"。在这种情形下就要求将角色认同与外界因素结合起来，调整行为以适应客观环境。在这个阶段，高职大学生从不自觉角色变为了自觉角色，能以未来角色为目标，认真学习知识、技能和相应的

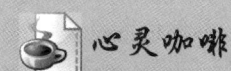

角色转换的四个阶段是递进的，只有前一阶段进行顺利，后一阶段才能顺利进行。若前一阶段进行得不顺利，后一阶段虽也可进行，但效果很差。这四个阶段在时空上常常是并存的，在顺序上是交叉反复的，不能机械地将其割裂。

行为规范，自觉实践"当代高职大学生"这一社会角色的各项规范和要求。

(4) 角色形成阶段。这个阶段就是要把社会角色的各项规范与要求转化为个人内心的要求、思想、情感、意志和信念，并通过行为稳定地表现出来，是角色转换中知识、情感、意志、信念综合作用的结果。这个阶段的高职大学生已经经历了相当的磨砺，并努力将自己打造成为社会需要和尊崇的高素质技术技能人才。他们目标明确，方法得当，意志坚定，通过参与社会活动，在社会角色和个性意志发展方面找到了很好的融合点，逐步具备了未来角色所需的知识和能力、职业素养，直至能完成未来角色所承担的社会任务，并能在相应的环境中自然而然地按未来角色的行为规范从事活动。

1.2.2 高职新生常见角色转换障碍

高职大学生个体在心理适应方面出现的种种问题，都可以称为角色转换障碍。角色转换障碍的内容涉及高职大学生的学习、生活、人际关系、自我观念等各个方面，主要表现为下面四种类型。

1. 角色固恋

角色固恋是指虽然个体在成长、环境在变化，社会期待个体的角色行为改变，但个体仍采用过去不适应的思想观念和行为模式应对当前环境，不能根据环境变化调整自己的行为，

刻板地沿用过去的角色模式。高职大学生产生的角色固恋实际上是由于他们没有认同自己在新环境中的角色，没有形成适应新环境的心理机制，因此，可以说高职大学生的角色固恋主要是一种角色认同障碍。例如，有的高职大学生到大学后，其思想观念、行为模式仍停留在中学生阶段，仍然用中学时期的学习方法来对待大学的学习，衣食住行仍依赖父母的安排，把自己定位于中学生的角色。有的高职大学生不能接受自己在大学里相对一般化或某些方面已经落后的现状，这是他们中学时优秀学生角色固恋的表现。

2. 角色混乱

高职大学生的角色混乱是指高职大学生个体在日常生活、学习和人际交往中的行为表现与人们所认同的、所期望的大学生角色行为缺乏协调；这些高职大学生不知道如何定位自己，对未来彷徨迷惑，不知所措，没有明确的目标和打算。个体感受到自己角色的改变，但不能确定自己的角色行为，是自我迷失的一种形式。角色混乱的个体在思想上处于迷茫和困惑之中，强烈地感到自我的不安全和不确定，甚至"找不着自我了"。高职大学生的角色混乱兼属角色认同障碍和角色行为障碍。例如，有的高职大学生在与异性交往中，感到对方对自己有特别表示，便产生了角色混乱，既想把对方当成自己的恋人来对待，又担心对方并不是这种意思而使自己尴尬，于是，行为举止显得很不自然，内心烦躁不安。又如，某些来自农村的高职大学生对自己不熟悉、不习惯的城市环境，也可能会产生角色混乱。

3. 角色冲突

角色冲突是指角色内部或角色之间发生了矛盾，从而使角色的顺利进行遇到障碍。角色内部的冲突是指由于一个人承担了多种社会角色，他无法很好地扮演每一种角色或不同角色的行为规范互不相容，使他左右为难。角色之间的冲突就是指不同角色扮演者之间的冲突。它往往缘于人们处于不同社会地位而产生的角色认知的不同、角色期待的差别、角色利益的对立及角色行为的失调。防止角色冲突要根据不同原因采取不同措施。高职大学生对由多种角色集于一身造成的冲突应采取"有所为，有所不为"的策略，确定主要角色，适当减少乃至舍弃次要角色。若是角色行为规范互相冲突，则应做到在一种情境下只扮演一种角色，不要用 A 情境中的准则去规范 B 情境中的事，使自己勉为其难。对不同角色间的冲突就需要相互沟通，互相谦让，大事讲原则，小事讲风格，尽量避免冲突升级。

4. 角色失败

角色失败是指角色扮演者无法进行角色扮演，不得不中途退出或尽管没有退出角色，但已被事实证明角色扮演失败。角色失败是角色失调中最严重的情形，往往会给个人造成重大打击，给社会带来不利影响。但角色失败也不是一无是处，它至少可以证明某一个人不适合某一角色。不过这并不意味着这个人不能扮演其他角色。爱因斯坦作为父亲或是失败的，但这并不妨碍他成为一名伟大的科学家。所以家庭和社会要关心角色失败者，帮助其找到适合自己的位置。高职大学生个体也不能被暂时的失败击倒，而要深刻反省，挖掘潜力，走出一条适合自己的道路。

1.2.3 高职新生角色转换障碍产生的原因及心理调适

1. 高职新生角色转换障碍产生的原因

(1)心理丧失感大。考入高职院校，是个体在心理达到成熟之前所经受的一次至关重要的人生转折，个体要面对环境、学习、人际、生活等各方面的巨大变化，面临着重大的心理丧失感。高职新生的心理丧失主要包括丧失了对家庭的完整的依赖，丧失了对教师督促指导学习的依赖，从事事由大人做主到常常要自己拿主意，从由教师制定学习目标、学习计划到自己独立去适应新的教学风格和学习方式，从中学时代的好友如云到初入大学的孤独失落。这些都是他们所面临的众多"心理丧失"。心理丧失感是高职新生出现角色转换障碍的客观原因。

(2) 社会阅历不足。高职新生普遍存在社会阅历不足的问题，他们缺乏一定的社交技巧和生活能力，没有形成适应特殊环境的行为模式，应变能力有限，不知道在大学里认同哪些角色，采用什么样的角色行为，从而体验到更多的负面情绪，有可能造成角色混乱或角色固恋。例如，不少大学新生都将大学里的辅导员看成是中学里的班主任。首先就在思想上把自己定向成了中学生，如果不能及时转变观念，就很容易产生角色固恋。同时，中学生社会实践活动较少，接触生产、建设、服务、管理第一线的技术技能人才机会很少，社会和媒体对这类人才的重视和宣传不够，学生在入学前时对这类人才缺乏认知；对未来角色的能力、地位、作用、身份及行为规范缺乏深入了解，难免产生对未来角色的认知障碍。

(3) 怀旧心理。个体在不满现实的时候，倾向于怀念过去，甚至达到迷恋的程度，这就是人们的怀旧心理倾向。高职院校的一切对高职新生来讲都是新鲜的，特别是对高职大学生角色的新体验，会令高职新生产生一种新的责任感与使命感。但当真正开始进入新生活之后，就会发现自己对新环境、新角色还有诸多不适应的地方，此时就会产生怀旧情绪，怀旧感在新生入学的一段时间里表现相当突出。在适应环境过程中，如果遇到某些麻烦，当自尊受到伤害、自我价值受到质疑时，就更容易怀旧，因为他们都有比较辉煌的过去。那些成功经历是高职大学生建立自尊、自信的基础，也是他们产生自豪情感的源泉。几乎每个人都乐于在一定时间幸福地回味自己的过去，这并不是异常表现，只有当个体沉迷于过去，极力逃避现实，怀旧倾向严重影响其有效地应对现实生活的时候，才是不正常的。怀旧倾向是某些高职新生不去面对现实的心理机制。

2. 高职新生角色转换障碍的心理调适

(1) 要有正确的自我评价。自我评价是个体对自身认知程度的反映，正确认识自我是高职大学生转换角色的前提。高职大学新生要摆正自己的位置，尤其要认清自己进入大学后的新位置：既不过高估计自己的实力，仍旧死守着以前的成就；也不要因为强手如林而将自己贬得一文不值，全面否定自己；要以平等的态度对待自己和他人；要接受现实，正视现实，以平静的心态分析环境，分析自己，从新环境中找到自己的成长点，创造一个更丰富的新生活。

(2) 要明晰适当的角色意识。高职新生有没有合适的角色意识，会在很大程度上影响自己的角色转换。例如，个别高职新生没有独立生活的角色意识，一切还要依靠家庭的支持，至于适应社会生活、学会独立，认为那是高职毕业以后的事情。以此为思想基础，显然是不能适应高职生活的。因此，如果个体在思想上预先为自己设定了不适当的角色，如孤独者、自卑者、失落者、不能适应高职生活者，那么，他就会有意无意地为这种角色提供证据，而不管这样的角色是多么让自己讨厌。这种行为从深层次上讲还是个体的一种防御，并且可以使个体的"弱者"形象得到强化，博得别人的同情和关注。角色意识是个体观念上的问题，不解决好，就难以实现角色改变。

(3)学会正确运用心理自卫机制。比如，运用"合理宣泄"，把个人的忧虑、烦恼和不平向自己信任的老师、同学、朋友宣泄一番，可以减轻角色转换带来的心理压力。恰当的"自我安慰"，可以缓解角色转换带来的心理冲突。"转移"，能使你避开引起自己不良情绪的人、事和环境，把情绪转移到新鲜的事情上，有利于接受新的角色。"升华"与"补偿"，是让自己把原有冲动和欲望导向更加崇高的方面，适应新的角色要求，奋发图强，创造人生新的价值。给自己积极的"心理暗示"，会逐步建立起积极的自我形象，树立信心，增加勇气，于是，本来不容易的事也许就会变得容易起来。当然，自我暗示不是盲目行事，如果不从自身条件和客观现实出发，只会适得其反。只要你相信，你是自己心理的主人，你就会成为自己的心理医生，角色转换障碍就可以得到克服。

心灵家园

阅读与思考

斯芬克斯之谜

古希腊神话中，庇比斯城的人得罪了天神，天神震怒。天后赫拉为了惩罚庇比斯城的人，在庇比斯城外的峭崖上降下一个名叫斯芬克斯的人面狮身的女妖。她向每一个路过悬崖的庇比斯城人提出一个谜语："什么东西在早晨用四只脚走路，中午两只脚走路，晚间三只脚走路？"凡猜中者即可活命，凡猜不中者一律被吃掉。过路的庇比斯城人全被斯芬克斯吃了，庇比斯城人陷入恐惧之中。终于，俄狄浦斯路过此地，会见了女妖，并猜中了这神秘奥妙之谜，谜语被猜中后，斯芬克斯就从巍峨的峭崖上跳下去摔死了。

思考 斯芬克斯之谜的谜底是"人"。一旦人们能够正确地认识自己和他人的生命历程，任何法术也就失去了全部的魔力。人的自我，也就是真正意义上的现实人就能确立，而不会受什么魔法来控制。那么，你是否真的认识了自己呢？你是否能够回答"我是谁"这个问题呢？

拓展活动

一般来说，大多数高职新生都能正确进行角色定位，顺利适应角色的转换，然而，在角色定位过程中也有着与健康个性发展相悖的情形。例如，一些学生往往情绪化地强调自己学习、恋爱、生活、交往等方面的个性，忽视或轻视社会规范的约束作用；一些学生有时过于强化自己的独立意识，对社会规范具有反叛性，对社会角色期待具有逆反心理。当一些学生的激情与社会期待相忤时，会做出一些不听劝告、不顾后果的傻事和错事，也使自己感到屈辱、愤怒和无奈。这样不仅不能满足社会的期望，也辜负了父母对自己的希望，自己曾经树立的理想也会变成镜中花、水中月。

思考 你能举几例高职新生角色转换中的常见心理障碍，并谈谈如何进行心理调适吗？

1.3 高职新生的环境适应与心理调适

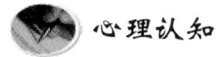
心理认知

1.3.1 高职生活新变化

1. 生活环境的变化

生活环境的变化体现在生活方式、生活习惯、生活范围等方面。从生活方式看，中学阶段普遍是就近入学，大多吃住在家里，不少人拥有自己的独立的生活空间，起居靠父母安排，尤其在高考阶段，考生更是"重点保护对象"。进入高职后，完全的集体生活，住宿舍吃食堂，日常生活起居、衣食住行都要自己安排和选择，腹饥自择食，冷暖自换衣，患病自求医，

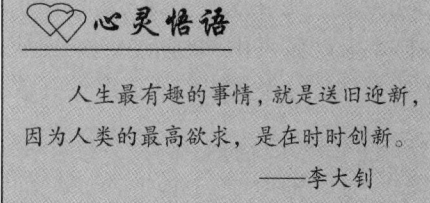
心灵悟语

人生最有趣的事情，就是送旧迎新，因为人类的最高欲求，是在时时创新。
——李大钊

花销自掌握，学习和生活上的事情都要自己独立安排与处理。这种改变对缺乏独立生活能力的学生来说是严峻的挑战。从生活习惯看，由于我国东西南北饮食环境、语言文化、风俗习惯等方面的差异较大，高职新生的个人生活习惯，如饮食、作息、卫生等也将随着学校所在地区的不同而发生极大的变化。从生活范围看，中学生活的主要内容是学习，课余活动被压缩得很少，基本上是从家门到校门，生活领域较窄；而进入大学，则如闯进"大世界"，生活领域大大拓展，内容丰富多彩，学校社团种类繁多，如果你有爱好和特长，可以加入这些社团，能从中学到很多东西。

2. 学习环境的变化

学习环境的变化主要体现在学习任务、教学形式、学习内容、学习方法的变化。从学习任务上看，中学教育是基础教育，学习任务主要是学习科学文化基础知识，为学生的升学或就业做好一般性的准备。而高等职业教育是给学生以高级的、专门的应用技术技能教育。高等职业教育不仅要使学生学习基础理论、基本知识，掌握基本技能，还要使学生学习最新的科技文化知识，掌握反映现代科学的最新成果，培养学生独立探求知识和分析问题、解决问题的能力。从教学形式上看，中学以教师课堂教学为主，学生巩固知识的方式是做题，各个教学环节都由老师具体安排，督促检查也十分严格，学生对老师和课本依赖性较强；高等职业教育的显著特点是在教师的指导下以自学为主，学生有更多的学习自主权，不仅课上所学的内容要靠学生自觉消化吸收，而且整个知识体系也要靠自己去架构、填充和完善。从学习内容上看，中学的内容重在打基础，高职学习的内容特点是宽、深、新："宽"指所学的课程门数比中学要多，一般要达到三十门之多，涉及的领域十分广泛；"深"指内容比起中学要深得多；"新"指高职的学习要把握最新知识和最新成果。从学习方法上看，比起中学来，高职课堂讲授时间相对少，更多地在于课堂外的自学和实习，这就要求学生要自觉学习，不断提高自学能力。

3. 人际关系的变化

人际关系的变化主要体现在人际交往的对象、人际交往的范围、人际交往的要求等方面。从人际交往的对象看，中学时代的交往对象是家人、同学、一起成长起来的伙伴、老师；进入高职后，脱离生活了十八九年的熟悉环境，一切都是新的，新环境、新伙伴、新师长等，这都需要高职新生重新认识。从人际交往的范围看，中学生活比较单一，社会交往被限制在极小的范围之中。进入高职后生活领域扩大，人际交往的范围扩大到学习、生活、娱乐等各个方面，同学之间、师生之间相互交往，各年级之间、不同专业之间相互往来，大大拓宽了视野。再加上参加各种社团、社交活动，结识朋友的机会也就更多，交往的范围就更广。人际关系也较中学更为复杂。从人际交往的要求看，中学时代有父母的照顾和强大的学习压力，心无旁骛，无暇他顾，对友谊和感情的渴望不那么强烈；进入高职后，没有了学习的重压，时间上又比较自由和宽裕，迫切希望走进社交场合，结交更多的朋友。在这种情况下，大学生的人际交往呈现出前所未有的开放态势。

4. 管理环境的变化

管理环境的变化主要体现在教学管理、管理方法、管理系统等方面。从教学管理看，中学实行学年制，必须读满三个学年，修完所有的课程，经会考合格才能毕业。高职基本实行学分制，可以不受学年限制，根据自己的实际情况，可以跨系、跨专业、跨学科选修，只要修满学分就可以提前毕业。从管理方法看，中学阶段，面临严峻的升学压力，在学校有老师的严格管理，事事由老师安排，在家有家长的严密监督，而大学则无论是教学管理还是日常管理都与中学不同，更强调学生自我管理、自我教育、自我服务和自我约束，许多活动由学生自己组织。用一句流行的话说，颇有点"自己当老板"的味道，全权安排自己的时间、金钱，决定自己的发展方向。但是，高职大学生有其特殊身份所规定的内涵，要当好"自己的老板"，必须有一种责任意识，对自己的行为和选择负责。做每一件事前，都要多想一想，这样做会带来什么后果，不要"跟着感觉走"，做到思维指挥行动，而不能以行动指挥思维。有的时候，在我们感觉"占了便宜"时，实质上是"吃了亏"，比如，庆幸自己旷课没有被老师发现，其实没去上课损失最大的是自己。从管理系统看，中学的管理都是通过班主任实施，而大学的管理则属于"全面管理""网络管理"，学校各个职能部门都要参与，如思想教育管理、学籍管理、公寓管理、社团管理、课外活动管理等。

1.3.2 高职新生环境适应不良的主要表现

1. 人际关系不良带来孤独与压抑

在全新的环境中，高职新生面对的都是一些生疏的面孔、陌生的身影，在多种情况下，虽然彼此都有新鲜感，渴望交流沟通、相互理解、获得友谊，但因为彼此陌生，互相存有戒备心理，过头的话不敢说，过分的玩笑不敢开，谦让多，嬉闹少，都在"试探"对方的性格，加上缺乏人际交往的经验与技巧或性格内向孤僻而不会交往，造成与他人难以沟通，孤独和压抑感随之而来。由于人际关系的不适，许多同学会产生一种失落、无奈的感觉，转而怀念起过去的中学时代，甚至感觉大学不如中学，进而把情感投向以前的同学、朋友和老师，而对现在的班集体置身事外，频频地与异地的老同学通信、打电话、上网聊天，从而陷入网络不能自拔，陷入疯狂写信、收信的怪圈。

2. 时间安排不当带来空虚与忙乱

从中学学习压力中解脱出来的高职新生在思想及行为上都有轻松感，主要表现为：学习上有不同程度的懈怠，放松了对自己的要求，将更多的精力投入到学习之外的其他活动，认为到大学就应该轻松轻松、痛痛快快地玩了，加上高职不像中学管得那么严格，自由度较大，由自己支配的时间多，于是一些自觉性较差的同学放松了对自己的要求，拼命地玩或无所事事地消磨时间。这导致他们不知不觉失去了奋斗的目标，失去了前进的动力，不知道如何利用时间，开始沉溺于手机、电子游戏、网络小说之中。不愿学习，上课听不进去，"没劲""无聊"成为口头禅，变得无所适从。经过一段时间后，特别是第一学期结束，考试成绩不理想时，紧张甚至焦虑又随之而来。

3. 物质需要的剧增带来拮据与尴尬

近年来高职大学生经济意识日益浓厚，许多人关注钱物，消费上讲究时髦、享乐，来自富裕家庭的大学生穿着显得阔绰，出手大方，有的甚至"挥金如土"以炫耀自己，处处显得高人一等，是新生之中的"贵族"。相比之下，更多的是来自普通家庭或并不宽裕的农民家庭的高职大学生，他们穿着打扮并不显眼时髦，家里每月寄来的固定生活费使他们显得囊中羞涩。为了避免被人看不起，有的新生不得不省吃俭用，买新衣服包装自己。在这类新生中，有的人更加用功学习，发奋努力，去争取奖学金，参加勤工俭学获取经济上的补充；有的人却感到苦恼、困惑，慢慢地滋长了爱慕虚荣或自卑情结。

4. 对高等职业教育认识的偏差带来自轻与自弃

在一部分高职新生眼里，高职学生就是以前的落榜生，就读高职院校是上不了"正规"大学的一种无奈选择。这些看法给高职大学生的心理留下较大阴影，他们接到入学通知时，有一种"总算也进了大学"的心理，一方面为自己成为大学生而庆幸，另一方面又常把自己与本科生相比，总感到低人一等，常处于一种失落与压抑状态，产生严重的自卑心理，致使一些入了高职院校门的学生在他人面前不愿承认自己是高职大学生，逃避现实，自暴自弃，对学校、对自己缺乏信心，学习动力不足，进取意识薄弱，得过且过的心态普遍存在。

1.3.3 高职新生环境适应不良的心理调适

1. 客观看待自己

(1) 积极悦纳自我。一个人首先应自我接纳，才能为他人所接纳。悦纳自我就是要平静而理智地对待自己的长短优劣、得失成败，要乐观开朗，以发展的眼光来看待自己。既不以虚幻的自我来补偿内心的空虚，自欺欺人，也不消极回避自身的现状，更不能以哀怨、自责甚至厌恶的态度来否定自己。对待自我正确、健康的态度应该是：心平气和地接受那些自己不可改变的东西，努力地改变那些自己可以改变的东西。高职新生要认真分析自己的优势所在，对自己的能力、性格、优缺点做出客观的评价，做到有自知之明，扬长避短，在自我悦纳的基础上，培养自信、自立、自强、自主的心理品质，从而发展自我，更新自我。

心灵咖啡

一位美国心理学家在调查之后,认为人生最重要的事情是自爱。自爱的内容:第一,对自己了解、关怀、尊重、负责;第二,在承认差距、不完美的同时保持自信;第三,自爱自信的人要对自己和自己的行为负责,这是自爱的关键,是一个人最重要、最基础的素质;第四,保持开放的心态,即以发展的眼光看待环境和人,根据周围的变化及时调整自己,从自爱的角度讲就是对自己的表现持一种开放的心态。

(2) 不过分追求完美。不对自己提出过高的要求,避免理想自我与现实自我的差距过大,以形成接纳自己的积极态度。一个人应该有理想,但千万不能抛弃现实生活,去盲目追求实际上还不能得到的东西。事实证明,期望值是一个相对值,对自己和环境的期望要适合自己的能力及环境的客观情况。过高地期待自己,不切实际苛求环境,都会损害自己,造成自卑、失望乃至绝望的心理,这就要求高职新生必须确立合理的需要和理想,把理想和要求定在自己力所能及的范围。

2. 重新定位大学生活

1) 熟悉新的学校环境,尽快融入高职新生活

(1) 适应学校内部环境。硬环境包括学校的整体规划、空间布局和设计风格,如校园内的教学区、生活区、娱乐区,如学生宿舍、食堂、教室、操场、图书馆、文艺体育场所的设备等。软环境包括学校的组织功能、管理范围,学校的历史、名声、校风、教风、学风、校园思潮、规章制度、价值观念、道德规范,还有墙报、板报、橱窗、校园广播、电视台、校园网、校刊校报等各种宣传园地和媒体所营造的校园文化氛围。这些都与高职新生的生活息息相关,应尽可能多地了解和熟悉。

 心灵咖啡

就高职新生而言,对学校环境的初步体验都是直观、感性、局部和表面的。有的走遍整个校园觉得不过如此;有的对新环境非常满意、非常兴奋,很快就接受了现实。无论大家对自己新的学习和生活环境是否满意,都应当"既来之则安之",积极地去适应、去融入,尽力去发现新环境的闪光之处,在时间的流逝中加深对新环境的认识,培养出对"第二故乡"和高职生活的深厚感情。

(2) 熟悉学校的周边环境。硬环境包括学校所在城市的政治经济发展水平、市区面貌、道路交通、生态环境、风景名胜、历史古迹、人文景观等。软环境包括社会风气、市民素质、治安状况、大众传媒、方言俚语、文化传统、风俗习惯、消费水平等。这些也与高职新生的生活有着一定的联系,也应尽可能多地了解和熟悉。否则总有一种异乡人的感觉,这种感觉会影响高职新生在新环境中正常生活。

2) 培养独立生活的能力,适应新的生活环境

(1) 培养独立生活的能力。高职新生在离开了父母后就要有意识地培养独立生活的能力,合理地安排自己的衣食住行,学会打扫宿舍,并积极参加学校各项集体劳动及公益性活动。力求做到生活上自立,行动上自律,学习上自觉,从而使自己的高职生活具有规律性和高效

性，忙而不乱，过得既充实又有意义。

(2) 学会理财。用钱盲目、不会管理自己的钱财是不少高职新生入学后遇到的难题。一次娱乐就花掉生活费的一大半、进校后一个星期就用掉半年的生活费的情况在校园内屡见不鲜。有的学生开支无计划，时常出现"经济危机"。因此，高职新生要树立一种理财的观念，一是要注意用钱有计划性。哪些开支是必需的，哪些开支是完全不必要的，哪些是可有可无的，都应该心中有数。二是要量入为出，用钱有方，量力而行，力求节俭，做到吃饭穿衣量家当。每月在开销之前要根据父母的经济能力和自己勤工俭学的收入来安排日常消费，对自己各方面的"收入"有个比较准确的估算，再确定自己每个月的消费计划，使之切实可行，并且要尽量按照计划执行。

(3) 养成良好的生活习惯。良好的生活习惯有利于身心健康，对学习、工作起着积极影响。不良的生活习惯则容易诱发各种疾病，降低生活质量。高职新生正处在长身体、长知识、形成独立人格的关键时期，因此在提高生活自理能力的同时还要注重良好生活习惯的培养。良好的生活习惯，一是体现在作息时间的规律性上，高职新生要充分合理地安排自己的时间，做到劳逸结合，松紧有度。二是要养成讲卫生的习惯。干净整洁不仅有利于自身健康，也有利于树立自己的良好形象。三是要养成锻炼身体的习惯。加强体育锻炼对自己的成长是十分有益的。另外锻炼身体也是对个人意志的磨炼，顽强的毅力是战胜困难的有力武器。

3) 探索学习新方法，增强学习自觉性

(1) 明确学习目标。进入高职后，没有了高考的压力，一部分新生就失去了学习的目标。他们往往会认为经历了高考的"折磨"后应该放松一下，在大学追求高分已没有什么意义，只要考试及格就万事大吉。其实进入高职院校学习只是第一步，如何度过高职三年学习生活才是日后成才的关键。就个人而言，高职大学生正处于学习的大好时期，思维敏捷，精力充沛，容易接受新事物，充分利用一生中最美好的年华来学习知识和技能，是高职大学生在今后日益激烈的竞争中立于不败之地，实现人生价值的重要保证。就国家而言，民族的伟大复兴有赖于年轻一代的努力与奋斗。所以，无论是从个人角度还是从国家角度来看，高职大学生都应该明确学习目标，抓紧时间，发奋学习。

(2) 调整学习方法。进入高职，学习的广度与深度都是中学无法比拟的，因而尤其强调自主学习，即根据自己的实际情况来安排学习。首先，自主学习要把握学习的主动权，要提前预习，及时复习，把握重点，理解难点，合理安排学习时间，做到劳逸结合。其次，自主学习要有刨根问底的精神，遇到自己不懂的问题要及时主动地向老师和同学请教。很多人都有这样的感觉，花了很长时间看书也不知所云的内容，听别人说几句便豁然开朗。这就提醒高职新生，与别人交流也是一种重要的学习方法。最后，自主学习还要求有质疑的精神，不要将老师的观点和书本的论述当作"圣旨"，要敢于提问，敢于发表自己的观点。同时还要通过查询资料、阅读文献来论证自己的观点，这是做学问的重要方法之一，即通过一点的深入达到了对某一问题的全面、深刻的认识，在高职学习阶段如果能注重这方面的实践一定会受益匪浅。

4) 主动适应人际环境，营造和谐的人际关系

(1) 主动与老师联系。在中学，学习的内容、进度都由老师一手安排，而且老师还随时督促检查学生的学习情况，每个任课老师都能叫出学生的名字，班主任则几乎整天与学生在一起。但在高职院校情况却有了很大变化。任课老师一般上完课就走，班主任或辅导员与学生的接触也不像在中学那样频繁，上课没有固定教室，并且也不像中学那样整天都有课。很多

新生都不太适应这种变化，要么觉得不知所措，要么认为得到了"自由"，开始放纵自己。高职院校的老师与中学老师的不同之处在于大学老师除了承担教学任务，还有科研、实训任务，因此不可能像中学老师那样成天与学生在一起。这就要求高职大学生能主动与老师联系，及时反馈学习情况，提出自己的疑问与要求，并在自己的生活、思想等其他方面出现困惑、难题时，主动与老师沟通，寻求帮助。不仅要向老师学习知识，更要从老师那里学会解决问题的方法，这是高职学习中很重要的一个方面。

(2) 与同学广泛交往。高职大学生面对的主要对象是同学，因而处理好同学关系是高职大学生人际交往中的重要方面。处理好同学关系就应该与同学广泛交往。扩大与同学的交往既能够增长见识，补己之短，又能够锻炼社交能力，为将来步入社会打下基础。在与同学的交往过程中，要处理好合作与竞争的关系。作为来自五湖四海的同学，大家应该互相关心，互相帮助，共同享受集体的温暖。高职新生因为有着远大的理想，在学业及就业上就不可避免地存在着竞争。而且一些妒忌心强的学生会将竞争中的失败转移到其他方面，采取不合理的手段来宣泄心中的愤恨与不满，这极易造成同学间的冲突，影响双方的健康发展。这就要求高职新生树立正确的竞争观念，以平常心对待胜负，不要以不合情理的方式来表达自己的不满，更不能因一时冲动而做出抱憾终生的事。竞争并不意味着弱肉强食，高职大学生应将其化作前进的动力，激励自己找出差距，迎头赶上。尤其在现代社会，如果没有较强的心理承受能力，一旦在竞争中失利，或者一蹶不振，或者疯狂报复，最终只能自毁前程。

(3) 营造温馨的寝室氛围。住集体寝室，对许多高职新生来说需要有一个适应的过程。在寝室中行动，每一个成员都要多考虑室友的感受，如起床或就寝的时候，动作要轻，声音要小，尽量不要开灯。为了在一些基本问题上不发生或少发生冲突，应在学校相关制度的基础上，协商制定寝室的"室规"，大家自觉遵守。寝室同学要互相帮助、互相关心，如果寝室同学心情不好，应对他表示出自己的关心。当寝室的同伴生病时，要主动关心，热情照顾。作为寝室的一员，应该按照学校或寝室的有关规定按时回到寝室。如果寝室里有同学晚上没有按正常时间回到寝室，寝室的其他成员就有责任想办法弄清原因或找到这位同学，不能置之不理。当你发现寝室中有人犯错误时，作为室友，你应该诚恳地指出他的错误，并积极帮助他改正错误。只要寝室成员互相宽容、相互配合、相互照顾、相互尊重、自我管理，遵守基本的公共道德和行为规范，就能和睦相处，逐步建立稳定而持久的情谊，使之充满"家"的气氛，营造出一个温馨的家园。

3. 升华理想，确定新的奋斗目标

(1) 重新确立奋斗目标是高职生活成功的关键。目标是人的活动所追求的预期结果，是激发人的积极性并使之产生自觉行为的必要前提。千里之行，始于足下，每一个立志成才的高职大学生都应该树立远大理想，同时确定具体的奋斗目标。许多人在回顾大学生活时，都会说："曾经有一段美好的时光放在我面前，我没有在意。如果能够重新开始，我会选择：踏踏实实实度过大一、大二的每一天。"早知如此，何必当初。人生的道路虽然漫长，但关键处却往往只有几步，一旦错失良机，就悔之晚矣。"天下大事，必作于细；天下难事，必始于易。"高职新生应把握好自己，制定明确的目标规划，激励自己一步一个脚印地走下去，这样才会不断有成就感，才会对生活始终保持激情。

(2) 新目标的确立。如何确立新的奋斗目标呢？一是个人的奋斗目标必须与社会需要相结合。高职大学生确定目标必须从社会实际出发，只有把自己的奋斗目标与我国社会的现实需要相结合才有意义，只有使个人的奋斗目标与国家的奋斗目标相一致，才会获得人生最大的成功，充分实现自我的社会价值。党的二十大报告提出："从现在起，中国共产党的中心任务就是团结带领全国各族人民全面建成社会主义现代化强国、实现第二个百年奋斗目标，以中国式现代化全面推进中华民族伟大复兴。"高职大学生要在全面建成社会主义现代化强国、实现第二个百年奋斗目标，全面推进中华民族伟大复兴的新征程中找准自己的位置，确立新的奋斗目标，勇敢担负起时代新使命，努力实现自己人生理想和价值。二是个人的奋斗目标必须与自身特点相结合。高职大学生确定目标必须从自己的实际出发，必须考虑自身条件，全面分析自己的长处和短处，充分扬其长而避其短，切不可人云亦云、毫无主见，也不可盲目从众、随波逐流。个人奋斗目标只有与自己的兴趣、爱好、特长相符，才会产生强大的动力和持久的耐力；只有与自己的专业、能力、基础相关，才会具备坚实的基础和实现的可能。三是个人的奋斗目标必须与现实可能相结合。社会需要和自身特点反映了奋斗目标的必要性，但要把这种必要性转化为现实可能性，就要努力创造实现目标所应具备的基本的环境条件和途径条件，并且要把长远目标分解成若干个阶段性目标，使长远目标在一系列近期目标的积累中逐步得以实现。

(3) 新目标的实现。高职大学生一旦确定了远大的人生目标和近期的学习生活目标，就应该锲而不舍地为之努力，全力以赴地为之奋斗。一是要从现在做起、从自己做起、从小事做起。既要做到今日事今日毕，"今日之事勿待明日"；还要做到自己事自己做，"一己之事莫待他人"；更要做到勿以善小而不为，认真做好每一件小事。任何一个理想目标的实现都离不开自身脚踏实地的努力，也离不开平时点滴小事的积累。二是要调整目标、修正目标、不断实践。经过实践的检验，我们会发现原定目标不一定完全符合实际，它们或过高，或过低，或过时，故此应果断调整，及时修订，不断完善。三是要充满信心、矢志不渝、不懈追求。目标的确立和实现并非一个自然过程，它要通过主观的努力和艰辛的付出。实现理想目标的过程是没有平坦大道可走的，只有在那崎岖小路攀登的不畏劳苦的人，才有希望到达光辉的顶点。

4. 适当寻求帮助

当你在学习、生活中遇到困难，依靠自己难以解决时，不妨向周围的朋友、亲人、辅导员、老师寻求帮助与支持。就像身体会感冒一样，人的心理也会"感冒"，及时寻求帮助，才能尽早解决问题。同时，也可以去学校的心理咨询室寻求心理老师的专业帮助。求助不代表懦弱，反而是勇敢者的行为，"他山之石，可以攻玉"，我们要善用别人的力量去成为更好的自己。

总之，为了尽快地适应高职的学习、生活，高职新生应积极调整心态，主动去适应各种变化。当发现自己不因生活环境不适应而产生失望感，不因人际关系不适应而产生孤独感，不因在中学时的优势消失而产生失落感的时候，说明个人已经顺利地适应大学的生活了。

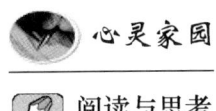

阅读与思考

我真的可以歇一歇了吗？

记得上小学时，老师就教育我们：长大要考大学。从小学到初中，再从初中到高中，考大学是我唯一的目标。今天，梦已圆，我终于跨进了高职院校的大门。然而，眼前的大学让我欣喜让我忧，我由此陷入迷茫与惆怅。美丽的校园、漂亮的教学楼、宁静的图书馆、明亮的教室、先进的实验仪器……这一切都让我这个农村娃感到无比兴奋：我真的走进了梦境中的知识海洋和科学殿堂吗？然而，曾记得中学的老师这样告诉我们："你们现在要努力学习，刻苦刻苦再刻苦，中学是苦水里泡出来的，大学是在糖水里泡着的。"现在高年级的师兄师姐也以同样的口吻告诉我："高职学习很轻松，混混就有60分。"进入高职，我真的可以歇一歇了吗？我感到矛盾和困惑；雄心勃勃的我难道真过于天真了吗？我仿佛失去了自己的目标，如同一艘迷失了航向的小船，在茫茫的大海上漂荡。

思考 你有过这样的心理体验吗？如果你遇到这样的矛盾与困惑，应该如何面对呢？

拓展活动

社会适应能力自我诊断

社会适应能力，指的是一个人在心理上适应社会生活和社会环境的能力。社会适应能力的高低，从某种意义上说，表明一个人的成熟程度。下面的问题能帮助你进行社会适应能力的自我判别。（A. 是；B. 无法肯定；C. 不是）

1. 每到一个新环境，我总要经过很长一段时间才能适应。（　　）
2. 每到一个新的地方，我很容易同别人接近。（　　）
3. 在陌生人面前，我常无话可说，以至感到尴尬。（　　）
4. 我最喜欢学习新知识或新学科，它给我一种新鲜感，能调动我的积极性。（　　）
5. 每到一个新地方，我第一天总是睡不好，就是在家里，只要换一张床，有时也会失眠。（　　）
6. 不管生活条件有多大变化，我也能很快习惯。（　　）
7. 越是人多的地方，我越感到紧张。（　　）
8. 在正式比赛或考试时，我的成绩多半不会比平时练习差。（　　）
9. 我最怕在班上发言，全班同学都看着我，我紧张得心都快跳出来了。（　　）
10. 即使有的同学对我有看法，我仍能同他交往。（　　）
11. 老师在场的时候，我做事情总有些不自在。（　　）
12. 和同学、家人相处，我很少固执己见，乐于采纳别人的看法。（　　）
13. 同别人争论时，我常常感到语塞，事后才想起该怎样反驳对方，可惜已经太迟了。（　　）
14. 我对生活条件要求不高，即使生活条件很艰苦，我也能过得很愉快。（　　）
15. 有时自己明明把课文背得滚瓜烂熟，可在课堂上背的时候，还是会出差错。（　　）
16. 在决定胜负成败的关键时刻，我虽然很紧张，但总能很快使自己镇定下来。（　　）
17. 我不喜欢的东西，不管怎么学也学不会。（　　）
18. 在嘈杂混乱的环境里，我仍然能集中精力学习，并且效率较高。（　　）
19. 我不喜欢陌生人来家里做客，每逢这种情况，我就有意回避。（　　）
20. 我很喜欢参加社交活动，我感到这是交朋友的好机会。（　　）

[评分办法]

1. 凡是单数号题(1, 3, 5, 7, …), 是: -2 分, 无法肯定: 0 分, 不是: 2 分。
2. 凡是双数号题(2, 4, 6, 8, …), 是: 2 分, 无法肯定: 0 分, 不是: -2 分。
3. 将各题的得分相加, 即得总分。

35~40 分: 社会适应能力很强, 能很快地适应新的学习、生活环境, 与人交往轻松、大方, 给人的印象极好, 无论进入什么样的环境, 都能应付自如, 左右逢源。

29~34 分: 社会适应能力良好。

17~28 分: 社会适应能力一般, 进入一个新环境后, 经过一段时间的努力, 基本上能适应。

6~16 分: 社会适应能力较差, 依赖于较好的学习、生活环境, 一旦遇到困难则易怨天尤人, 甚至消沉。

5 分及以下: 社会适应能力很差, 在各种新环境中, 即使经过一段相当长时间的努力, 也不一定能够适应, 常常因为与周围事物格格不入而十分苦恼。在与他人的交往中, 总是显得拘谨羞怯, 手足无措。

小贴士 如果你在这个测查中得分较高, 说明你社会适应能力较强。但是, 如果你得分较低, 也不必忧心忡忡, 因为一个人的社会适应能力是随着年龄的增长、知识经验的丰富而不断增强的。只要你充满信心, 刻苦学习, 虚心求教, 加强锻炼, 你一定会成为适应社会的成功者。

第 2 章　压力管理与挫折应对

> 一切幸福都并非没有烦恼，一切逆境也绝非没有希望。
>
> ——培根

心灵求索

人的一生不可能总是一帆风顺，挫折与压力如影随形。在高职大学生的成长旅途中，由于缺乏社会生活的磨炼，在处理学习、社交、友谊、爱情以及个人与社会的关系等问题时，或多或少会遭遇挫折，这些挫折在带给他们心理压力与情绪困扰的同时，也是成长的契机。高职大学生在经历了挫折与压力以后，也许才能发现自身不足，总结经验与教训，实现自我成长。因此，帮助高职大学生进行压力管理与挫折应对，学会利用压力和挫折的积极意义，克服压力和挫折的消极影响，是高职大学生心理健康发展的重要环节。

问题导入

1. 你能描述压力和挫折的含义吗？
2. 你认为压力的来源有哪些？
3. 在日常生活中，你会如何进行压力管理？
4. 挫折后的哪些反应有利于心理健康？哪些反应不利于心理健康？
5. 假如你遇到心理危机，你能够采取什么措施？

2.1　压力与压力管理

心理认知

2.1.1　压力的定义

压力也称为应激，这一概念最早于 1936 年由加拿大生理学家汉斯·塞利提出。他认为压力是表现出某种特殊症状的一种状态，这种状态是由生理系统中因对刺激的反应所引发的，非特定性变化所形成。通常，压力被看作个体对外界刺激的反应过程，是当刺激事件打破了有机体的平衡和负荷能力，或者超过了个体的能力所及时产生的心理和生理反应。

2.1.2　常见的压力源

压力源又称应激源或紧张源，是指任何具有威胁的真实或想象的情境、刺激和环境，主要分为生物性压力源、精神性压力源和社会环境性压力源。其中，生物性压力源是指阻碍个体生存与种族延续的事件，如身体疾病、环境污染、气温变化、自然灾害等；精神性压力源是指阻碍个体正常精神需求的事件，如错误的认知结构、道德冲突、个体的不良经验、个体的不良个性心理特点等；社会环境性压力源是指阻碍个体社会需求的事件，如重大社会变革、家庭冲突、科技压力等。

高职大学生心理压力的来源主要有环境适应、人际交往、学习、就业、情感等方面。

1. 环境适应方面的压力源

处于新生阶段和毕业生阶段的高职大学生更易出现环境适应方面的压力。对于大一新生而言，大学是一个全新的环境，他们面临着生活上自理、学习上自觉、管理上自治等现实转变问题，很容易产生不同程度的适应不良，甚至出现适应性的心理问题。同时，大一新生的心理落差也是普遍存在的，常见的有身份、环境、专业、自我能力的落差等，这些可能使大一新生对未来生活感到茫然无措，产生失落感和自卑感，增加心理压力。对于毕业生而言，在大三实习和找工作阶段就已经步入社会，需要逐步融入职场、适应新身份，可能出现适应困难，形成极大的心理压力，产生挫折心理。

 心灵家园

案例与思考

小张是一名刚入学的高职大学生，自从陪同自己到校的父母离开后，就出现失眠的症状，对食堂饭菜、宿舍环境、生活节奏等都感到不适应，与宿舍同学也相处不好，产生强烈的孤独感和失落感，自称心理压力极大，无法融入新生活，甚至想要申请退学。

思考　如果你是主人公，你会如何应对目前的状况？

2. 人际交往方面的压力源

调查显示，人际交往问题占据当代大学生心理问题的首位。一方面，许多高职大学生的自我定位不恰当，常常以自我为中心，在处理人际关系时不懂得换位思考，带有很强的主观性，在交往的方式、态度和尺度上把握不好，容易引起他人反感，且不自知，给自己造成了极大的心理压力；另一方面，有的学生渴望与人交往，但由于内向、自卑、易怒等性格因素不善于与他人交往，导致内心矛盾、孤独，自我压力大。

3. 学习方面的压力源

首先，相对于紧张的中学生活，大学有了更多的自由时间，而部分高职生自制能力较差，缺乏独立的学习能力和习惯，不能进行有效的自我管理，这类学生在面对学习竞争时压力较大。例如，大学老师在课堂中不一定会把每个知识细节都讲到，要想真正学透，需要自己利用大量的课余时间完成，而有的学生意志力薄弱，得过且过，在面临考试的时候就感觉到压力。其次，部分学生在进入大学后发现自己所学专业并非自己所喜爱的，导致学习变成了一件痛苦的事情。同时，高职大学生除了要进行专业学习以外，还面临着各种类型的考试，包括英语、计算机考级以及与专业相关的资格考试等，容易造成应试压力。

4. 就业方面的压力源

随着毕业生数量的不断增加、社会竞争加剧、职业分化日益显著，高职大学生可能面临着毕业即失业的窘境。调查显示，大部分高职大学生在大二阶段就有了较大的就业压力，这可能与当前严峻的就业形势有关，使得低年级学生也开始为自己的未来和就业担忧。

5. 情感方面的压力源

高职大学生在情感方面的压力源主要分为两个方面：一方面来源于家庭，家庭关系不和、父母的期望过高、父母的生活压力过重等都会使学生产生心理压力；另一方面是恋爱所带来的情感压力，大部分高职大学生的恋爱观尚不成熟，思考问题简单化、情绪化、主观化，经济也不独立，在恋爱过程中容易出现各种问题，如不知道如何处理恋爱与学业的关系等。恋爱虽然是甜蜜的，但必然会有矛盾、争吵，甚至分手等问题发生，使得尚不成熟的高职大学生感到痛苦，不知所措，造成心理压力。

2.1.3 压力的反应

当人们面临压力时会产生一系列生理和心理的反应。这些反应在一定程度上是机体主动适应环境变化的需要，它能调动机体的潜在能量，提高机体对外界刺激的感受和适应能力。但如果反应过于强烈或持久，则可能导致生理或心理功能的紊乱。例如，压力与学习效率的关系理论显示，随着压力在一定范围内逐渐增加，学习效率会越来越高；但当压力超过一定范围后继续增加时，个体会感到疲惫、精力耗竭，甚至崩溃，学习效率会逐步降低；只有当压力水平适度时，学习效率才能达到高峰（图 2-1）。

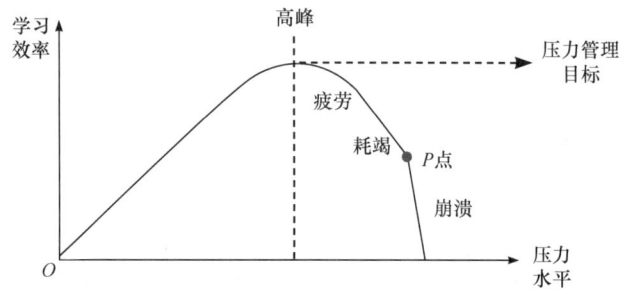

图 2-1 压力与学习效率的关系图

1. 生理反应

在压力状态下，机体必然伴有不同程度的生理反应，主要表现在内分泌系统、心血管系统和免疫系统等方面，如心跳加快、血压升高、感觉灵敏、肌肉紧绷、激素分泌增加、出汗、消化不良、腹泻等症状。适度的压力可以唤起和发挥机体潜能，例如，不会游泳的人在应激状态下可能会游泳了。但是过于强烈或持久的压力会破坏人体的生理平衡，引发疾病，例如长久的压力可能促使胃酸过度分泌造成胃溃疡，也可能改变肠胃蠕动造成腹胀或腹泻，若长时间造成肠道功能异常，则容易引发肠燥症。除此之外，心脏病、脑出血、高血压、糖尿病、癌症等疾病也可能与长久的压力有关。

2. 心理反应

压力的心理反应可分为积极和消极两类，主要表现在认知、情绪和行为三个方面。压力作用下的认知反应，其积极方面包括警觉、注意力集中、思维敏捷等，消极方面有认知能力降低、丧失自信等。压力作用下的情绪反应，其积极方面有适度的情绪唤醒、兴奋、激动等，消极方面有紧张、焦虑、自责、恐惧、抑郁、羞愧等。压力作用下的行为反应，其积极方面包括行动力提升、主动寻求他人支持、学习处理压力的技巧等，消极方面包括攻击行为、变相依赖（依靠抽烟、喝酒或过度饮食等不良行为来应付环境）、回避、失眠等。

2.1.4 压力管理

高职大学生正处在自我发展和完成社会过渡的重要时期，面临着一系列的问题和挑战。适当的压力可以促使高职大学生积极有效地学习与生活，但过大的压力会影响学生的身心健康，因此学会对压力进行有效管理就显得十分重要。建议高职大学生从以下几个方面着手进行压力管理。

1. 培养压力意识

要想有效管理压力，首先要有压力意识，能够觉察压力的信号，识别压力的生理反应和心理反应特征，增强对压力的掌控力。对此，高职大学生可以培养自己在日常生活中觉知生理和心理状态的意识。例如，当在压力状态下出现心跳加速、失眠、紧张、焦虑等反应时，记录并锁定自己的这些压力指标，当以后再次出现这些不良反应时便是对自己发出预警，这也是对压力进行有效管理的重要前提。

2. 积极地看待压力

前文已经提到，压力可能会对个体的心理和生理造成不良影响，因此人们常常把压力看作"敌人"。而美国心理学家凯利·麦格尼格尔提出，压力只有在人们觉得它是健康威胁的时候才会对人不利，当改变对压力的看法时，便能改变身体对压力的反应。也就是说，当人们用积极的态度看待压力，认为压力能给自己带来好处时，身体信任你，那么身体对压力的反应便会更加健康。另外，凯利·麦格尼格尔还提到，当处于压力状态下时，帮助他人也将有利于个体发展。

> 📖 **阅读推荐**
>
> 《自控力：和压力做朋友》是美国心理学家凯利·麦格尼格尔的著作。该书吸收了心理学、神经学和经济学等学科的最新洞见，讲述了什么是自控力、自控力如何发生作用，强调了压力可以激发人的潜能，带来动力和挑战，改变对压力的思维方式，重新定义压力，心态和行为也会随之转变。许多读者称其能够"改变一生"。

3. 构建自己的社会支持系统

社会支持系统是指个人在自己的社会关系网络中所能获得的、来自他人的物质和精神上的帮助和支援，包括亲人、朋友、同学、老师等。社会支持系统可以在你遭遇压力和困难的时候给予帮助和支持,使你拥有信心和勇气面对挑战,解决问题。例如,当你感到委屈痛苦的时候,可以向信任的亲人或朋友倾诉,从中获取理解和情感支持,缓解心理压力。

4. 进行高效的时间管理

高职大学生日常学习和工作中的压力大多来自任务本身,因此,可以通过合理管理时间,如计划、安排、设定优先级等一系列时间管理行为提高时间的利用率和有效性,形成时间控制感,从而有效地降低压力、焦虑及躯体紧张感。四象限法是使用较广泛的时间管理方法,按照既紧急又重要、重要但不紧急、紧急但不重要、既不紧急也不重要这四种类型处理事情,优先解决既紧急又重要的事情,重点关注重要但不紧急的事情,灵活而有序地安排工作,提高学习效率,缓解压力。

5. 学会经常进行放松训练

放松训练是指通过一定的练习程序,学习有意识地控制和调节自己的身心活动,使身体和精神由紧张状态朝向松弛状态的过程。放松训练主要分为呼吸放松法、肌肉放松法、想象放松法三种。呼吸放松法可以多尝试深呼吸和提高腹式呼吸,练习时可以把一只手放在小腹,另一只手放在胸前,注意两只手在吸气和呼气中的运动,判断哪一只手活动更明显,如果放在腹部的手的运动比另一只手更明显,则是在进行腹式呼吸。肌肉放松法是通过让人有意识地去感觉主要肌肉群的紧张和放松,从而达到放松的目的。想象放松法主要是通过想象让人感到舒适、惬意的情境来进行放松。

2.2 挫折与挫折应对

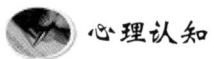

2.2.1 挫折及其原因

1. 挫折的定义

人们在需要的驱动下所做的一切事情都是有目标、有计划的。人们在实现目标的过程中,通常会遇到如下几种情况(图 2-2):个体在动机的驱使下,没有遇到干扰或障碍,顺利地实现了既定目标;个体克服或绕过了所遇到的干扰或障碍,实现了既定目标;个体遇到了干扰或障碍,调整了方向,降低了目标,用新的目标代替了原来的目标;个体遇到了无法克服的干扰或障碍,产生了焦虑、郁闷、失落、痛苦等消极情绪。心理学通常把第四种情况称为挫折心理。

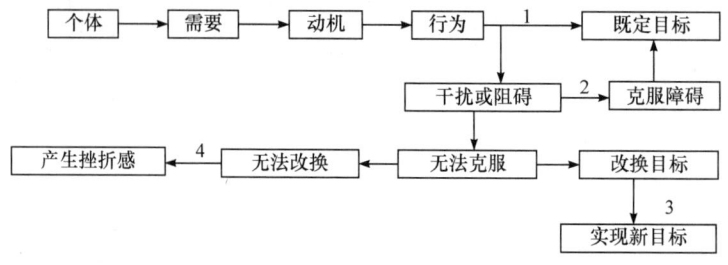

图 2-2 个体挫折的产生

由此可以将挫折定义为：挫折是指个体在实现既定目标的过程中，遇到了来自内、外部无法克服(或自以为是无法克服)的干扰或障碍，使其需要不能满足、动机不能实现所产生的情绪反应或心理状态。

资料卡

有调查显示：目前大学生对挫折缺乏全面的认识，部分学生的心理承受能力比较弱。具体表现在：第一，有36.2%的大学生有很强或较强的挫折感。调查表明，大学生活中的挫折主要来自学习、人际关系、失恋、择业和社会期待。这些生活事件就其内容和程度而言并不十分严重，然而学生产生较强的挫折感的原因主要是心理承受能力较弱。第二，部分大学生对待挫折持消极悲观的态度。对于生活中的挫折，21.4%的学生持"无所谓，顺其自然"的态度或者表现出"心有余而力不足"。第三，有66.2%的学生认为自己抗挫折能力"一般"或"较弱"，个别学生甚至认为"很差"。第四，有33.2%的学生认为挫折给自己造成了不良影响。

2. 高职大学生挫折产生的原因

高职大学生的心理因素是引发其挫折产生的根本原因，主要表现为认知偏差、能力不足、需求过高、动机过强或不足等。当这些心理因素与引起挫折的其他原因(如自然、社会、家庭、个人境遇)相碰时，极易引发挫折感(图2-3)。

1) 引发挫折的自然因素

自然界既能为人类造福，也会带来巨大灾难，如干旱、洪涝、地震、海啸或因自然因素引起的疾病、事故等，都可能给高职大学生的学习、生活和身心造成挫折。

2) 引发挫折的社会因素

个体在社会生活中可能受到政治、经济、文化、道德等因素的制约而遭受挫折，如社会竞争激烈，企业对人才的吸纳力度有限，导致就业形势严峻，这些之于高职大学生都会在客观上形成心理压力和挫折。

图 2-3 大学生挫折心理产生的主要因素

3) 引发挫折的个体因素

(1) 生理因素。有的高职大学生因为自身生理素质、外貌、身高或者某些生理上的缺陷所带来的限制，导致需要不能满足或目标不能实现，从而产生挫折心理。

(2) 人格因素。一般来讲，意志坚强、乐观开朗、情绪稳定、心胸宽广的高职大学生，要比意志薄弱、心胸狭隘或是在童年遭受冷遇或溺爱的高职大学生更易适应挫折。

(3) 学习因素。一方面，高职院校普遍实行的学分制和优胜劣汰机制，特别是订单培养班的选拔制，会使部分高职大学生感到压力；另一方面，有的高职大学生对专业缺乏兴趣，出现学习动力缺乏、上课听不进、下课抄作业、考试作弊等现象，这种心态如果不及时调整，从低年级延续到高年级，随之也会产生挫折心理。

(4) 目标因素。挫折感实际上是目标在实现过程中受阻而产生的体验，一个人目标定得越高，实现的难度越大，就越容易受到挫折。

2.2.2 受挫反应

1. 挫折后的积极反应

1）升华

情境聚焦

西汉史学家司马迁，因仗义执言得罪了当朝皇帝，被判处宫刑，使其身体和心理都痛苦不堪。但他想到自己有一件极重要的工作未完成，不能死，坚持用其全部精力写下了伟大的历史著作《史记》。司马迁是悲愤中的坚强者，将自己的"痛苦"升华，为后世开辟了一个壮观伟丽的文史境界。

升华是指个体将被压抑的不符合社会规范的原始冲动或欲望，用符合社会要求的建设性方式表达出来的一种心理防御机制，从而减轻挫折带来的精神痛苦。升华不仅需要一个人具备良好的思想素质、理性思考的能力，而且需要坚强的意志品质和宽阔的胸怀。别林斯基说："不幸是一所最好的大学。"许多自学成才的青年、事业上有成就的杰出人才，都是从这所大学毕业的。

2）补偿

当高职大学生因自身生理或心理上的缺陷致使目标不能达成时，改以其他方式来弥补这些缺陷，以减轻其焦虑，建立其自尊心，达到"失之东隅，收之桑榆"的目的，这就是补偿。补偿可分为积极性补偿和消极性补偿。积极性补偿是以合宜的方法来弥补缺陷，如一个相貌平庸的学生，致力于学问上的追求，从而赢得了别人的重视；消极性补偿则是指个体用一种庸俗、低级的目标来代替原来的目标，就会对个人或社会带来危害，如高校中有这样一类学生——经常考试不及格、受到老师的批评，在学校过得不顺心，于是就沉溺于网吧或到校外结交一些行为不端的朋友，这就是消极性补偿。

3）幽默

当高职大学生遭遇挫折、身处逆境或面临尴尬局面时，可以使用比喻、夸张、寓意、双关语、谐音等手段，以机智、婉转、风趣的方式来表达自己的意图或意见，从而化解困境、摆脱失衡状态，这就是幽默。使用幽默的基本目的就是把原本棘手或难办的事情，大事化小、小事化了，从而渡过难关。幽默作用的发挥能体现出一个人的智慧、思想境界以及人格的完善程度，它是值得称道的对付挫折的一种积极行为反应。

2. 挫折后的消极反应

1）攻击

当个体受到挫折后，引起异常愤怒的情绪，在态度上产生敌视心理，为了将心中的愤怒情绪发泄出去，便可能出现攻击行为。根据受挫者攻击的对象不同，可分为以下两种。

（1）直接攻击。即个体受到挫折后，对使自己产生挫折的人或事物直接进行攻击，以发泄愤怒的情绪，求得心理平衡。直接攻击常常表现为怒目而视、反唇相讥、谩骂或拳脚相加等，大学校园里偶尔发生突发事件引起的打架或斗殴等就是极端的攻击行为。研究表明，那些对自己的容貌、才能等各方面自我感觉良好，自我评价偏高，以及鲁莽、简单、易冲动、较缺乏生活经验的高职大学生，更易将愤怒的情绪向外发泄，采取直接攻击行为。

（2）转向攻击。转向攻击是不直接攻击使自己造成挫折的对象，而是转向与造成挫折无关的人或事物。它一般在下列三种情况下表现出来：①对自己缺乏信心，有悲观情绪的人，易把攻击的对象转向自己，责备自己。②当个体觉察到引起挫折的真正对象不能或不应该直接攻击时，如对象是自己重要的人，就会把愤怒的情绪发泄到与挫折无关的人或事物上。③挫折来源不明或者是日常生活中许多小挫折的积累，在此情况下，个人找不到明显的攻击对象，于是将闷闷不乐的情绪发泄到与真正引起挫折不相干的人或事物上。直接攻击与转向攻击都在一定程度上暂时发泄心中的愤懑和不快，但由此带来的后果很可能难以消除原有的挫折感，还会引起新的、更大的挫折，同时还会危害他人和社会，造成很坏的社会影响。所以攻击是一种非常消极的挫折行为表现，应加以引导和控制。

2）逃避

当个体不敢或没有能力应对可能发生的挫折情境而逃离现场或现实的行为，就是逃避。现实生活中，逃避主要有以下几种表现形式。

(1) 逃向另一现实。高职院校中有一部分高职大学生对自己所学的专业课没有兴趣，而且不愿意培养兴趣，考试经常不及格且时常受到老师的批评，于是就把大量的时间和精力花费在社交、社团、体育锻炼等方面，以求排除心中的焦虑和苦闷。

(2) 逃向幻想世界。个体受挫后，自我封闭，躲进幻想世界，如果是偶然发生，是正常现象，但如果把幻想当成逃避现实的手段，经常沉浸在虚拟的精神世界中，就是不正常现象。它会使人更加难以适应复杂的现实生活，例如，有些高职大学生感到预定目标难以实现，前途渺茫，便逃避现实，迷恋于电子游戏之中，以求在麻痹和幻想中获得满足。

(3) 孤立。少数高职大学生遭受挫折后，不再与亲戚、朋友、同学往来，使自己变得孤僻离群。例如，某高职院校一名女生因期末考试中有三门专业课没有考及格而觉得脸上无光，痛恨自己笨、傻，从此变得沉默寡言，不愿再与其他同学接触。

(4) 压抑。指个体把不为社会所接受的本能冲动、欲望、情感、过失、痛苦经验等，不知不觉地从意识中予以排除，或抑制到潜意识中，使其不侵犯自我或使自我避免痛苦。它通常有两个方面的表现：一是将可能引起挫折的欲望以及与此相关的感情、思想等抑制下去，不让其表现出来；二是个体受挫折后用意志力强压住愤怒、焦虑的情绪反应，不动声色，若无其事，谈笑风生。如果高职大学生经常对受挫后的情绪反应采取压抑的逃避方式，虽然可以暂时减轻忧虑，获得一定程度和时间的心理平衡，但是久而久之会超过潜意识层的负荷，变得性情暴躁或孤僻、沉默，甚至逐步形成变态心理。

3）焦虑

高职大学生在受到挫折后，情感反应是非常复杂的，它包括自尊心的损伤、自信心的丧失、失败感和愧疚感的增加，最终形成紧张、不安、忧虑、恐惧等消极情绪所交织成的复杂的心情，这就是焦虑。焦虑是挫折后一种常见的行为反应。适度焦虑，如考试前适度紧张，对提高工作效率、发挥潜能有一定的积极作用；而过度焦虑是有害的，严重的会导致心理疾病，发展成焦虑症。有关调查研究表明，人际关系和学习上的挫折是引起当前高职大学生焦虑的主要原因。由人际关系不良所造成的过度焦虑，常使一些高职大学生不能适应学校的集体生活，内心常处于一种渴望理解与自我封闭的矛盾之中。

4）固执

固执是指高职大学生在受到挫折后，不去分析原因，总结经验教训，而是盲目地重复某种无效的、一成不变的行为。

在高职院校中，固执行为较容易发生在那些性格内向、倔强、看问题片面的高职大学生身上，常见的现象有：老师对某些违反校纪的学生进行严肃的批评或处分，但实际纠偏效果却很差，甚至有可能使他们的违纪行为越来越多，性质越来越严重，这就表明可能出现了固执行为。固执与正常的习惯行为是不同的，如果习惯行为不能满足人的需要，或者受到惩罚时，就会被抑制而改变。固执行为也不同于意志力坚强，因为意志力很强的人有很明确的目标导向，如果知道某种行为达不到目标，就会主动调整策略，重新进行尝试。而固执行为不仅不会改变，反而在遇到阻碍时变得更强烈。一旦学生出现固执行为，一切教诲都将受到抵制，实际教育效果将微乎其微。

5) 反向

通常，个体行为方向和他的动机方向总是一致的，即个体对其内心所希望得到的东西或所喜爱的活动，在行为上会很自然地表现出来。但在个体受挫以后，就会产生某些不符合社会规范或不为他人所接受或容忍的动机，为维护自尊，或避免造成更多的挫折，于是在外表上就以一种截然相反的态度或行为表现出来，用以掩盖自己的本意，以减轻内心的压力，这种行为就是反向。比如，有的学生内心很自卑，却总是以傲慢不羁、自吹自擂的形式来装扮自己；它虽然能在一定程度上掩饰个体的真实动机，从而减轻因动机与行为的冲突引起的痛苦，但是这种反向作用运用了压抑机制，如果长期使用会从根本上扭曲真实的自我意识，使动机与行为相脱节，造成心理异常，大大降低自己的社会适应能力。

6) 冷漠

高职大学生受到挫折后以沉默、冷淡麻木、无动于衷的方式对挫折情境做出反应，这就是冷漠。当高职大学生对引起挫折的对象无法攻击且没有适当替罪羊可以攻击时，便将其愤怒的情绪压抑下去，表现出一种冷漠的表情，行动上表现为茫然不知所措、妥协退让。冷漠反应包含着高职大学生心理上的恐惧与生理上的痛苦，通常比攻击对身心的危害性更大，它往往是个体压抑、愤懑的一种表现，学校、社会和家庭应对处于冷漠状态下的高职大学生进行热情帮助，使之尽快恢复正常情绪状态。

7) 逆反心理

有些高职大学生受到挫折后，不去总结经验教训，而是一意孤行，根据自己的情绪，对正确的方面盲目地持反抗、抵制与排斥的态度，这种行为反应称为逆反。逆反在高职大学生成长过程中有多种表现。较轻的，如个别学生"不听话"，常与老师"对着干"；对先进人物、榜样无端怀疑，甚至根本否定；对不良倾向持认同感，大喝其彩等。更为严重的，如有些高职大学生根本不把学校的规章制度放在眼里，纪律观念淡薄，上课经常迟到、早退甚至旷课；有的考试作弊，多门功课考试不及格等。

8) 轻生

轻生是个体受到挫折后所表现出的最为消极的行为反应。当个体在遭遇挫折后，自我意识的烦恼和苦闷发展到一定程度时，对事态产生恐惧，对生活失去信心，对现实感到绝望而采取的唯一的、最无赖的"自我保护"的手段。也可以说，当个体内部不快乐因素或外界环境冲突因素达到令人无法忍受的程度时，就会发生自杀行为。

总之，积极的受挫反应有利于高职大学生化解危机，适应挫折，获得成长；消极的受挫反应虽然能起

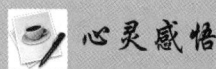

人的一生中，最大的考验莫过于闯过挫折和失败的关口。能顶住失败的心理压力、舆论压力，不灰心、不丧气，才能继续朝成功的方向迈进。

到暂时平衡心理的作用，但无法从根本上解决问题，甚至可能降低个体的适应能力，为心理疾病埋下隐患，应尽快寻找应对措施，克服受挫后的消极反应。

 心灵家园

案例与思考

男生 L，高职大学生，性格内向，不善言谈，没什么朋友。但他较聪慧，学习成绩一直很好，因此多少有点优越感。大一时他迷恋上了同班的一位女生，如痴如醉，但当他鼓足勇气表白时却遭到了断然回绝，这使他陷入了无望和忧郁之中，甚至开始害怕上课。每当遇见那位女生，L 就无法平静，学习也因此变得一团糟，以致学期末考试有两门课未通过。

思考 如果你是主人公，你会采取哪些办法应对这一挫折？

2.2.3 提高挫折承受力

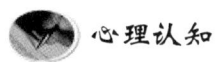 心理认知

1. 挫折承受力的含义

挫折承受力是指个体在遇到挫折情境、经受打击和面对各种压力时，摆脱和排除困境而使自己避免心理与行为失常的一种耐受力。挫折承受力是后天习得的能力，因此，无论是家庭还是学校都要注意培养高职大学生的挫折承受力，鼓励学生从挫折和失败中获得经验和教训，增加克服困难的决心，并通过提供适度的挫折情境，采取恰当的方法锻炼高职大学生的挫折承受力。

2. 提高挫折承受力的途径

1) 正确认识挫折

对挫折的正确认知是高职大学生战胜挫折的先导和前提。人生不是一帆风顺的，遭遇挫折是必然的。作为高职大学生，面临挫折不要回避，不要自卑，只要不断学习，努力提高自己的综合素质，掌握精湛的技艺和适应社会的能力，就会拥有灿烂的明天。

2) 树立合理清晰的奋斗目标

著名作家丁玲曾说："人，只要有一种信念，有所追求，什么艰苦都能忍受，什么环境也都能适应。"因此，高职大学生在面临挫折时，可以通过确立明确合理的发展目标，并为之不断奋斗，来克服挫折，实现成功。

3) 对挫折进行正确归因

社会心理学认为，归因是指个体依照主观感受或经验对自己、对他人行为及其结果发生的原因予以解释与推测的心理活动过程。由于归因凭个体经验进行，其结果可能是正确的，也可能出现误差，甚至完全错误。

维纳的自我归因理论认为，人们一般从能力、努力、任务难度、运气、身心状况和外界环境六个方面进行自我行为成败归因。常见的归因方法如下。

(1) 把行为成败归结为任务难度、运气、外界环境等外部因素。例如，有些高职大学生把取得好成绩归因于考试题目不难或运气好，这种归因使得他们不会对成功过分欣喜，难以产生强烈的成就感，对动机激发不会有持久作用。又如，有些高职大学生把考试失败归因于题目太难、运气不好或平时没有同学的帮助等外部因素，推卸责任，如此归因难以触动他们的心灵，使得他们对失败抱有无所谓的态度。

(2) 把行为失败归结为能力、任务难度等稳定或不可控因素。例如，有些高职大学生把考试失败归因于缺乏能力、难度过大，这可能让人产生自卑、灰心丧气等想法，降低自身努力行为的坚持性，导致以后的考试还可能失败。

(3) 把行为成败归结为努力等内部因素。根据归因理论，把成败归因于努力比归因于能力会产生更强烈的情绪体验，会增强今后努力行为的坚持性。例如，有些高职大学生把竞赛失败归因于自己努力程度不够，后期就会更加努力，以获得成功。

如果从不同角度进行归因，对行为成败原因会做出不同的解释而产生不同的心理效应。因此，高职大学生要学会合理的归因方式，激发继续前进的动力，增强战胜挫折的信心和勇气，从而不断取得新的成功。

4) 培养较强的挫折容忍力

一个人要想成就一番事业，必须具有坚忍不拔的精神和很强的挫折容忍力。挫折容忍力是一种后天习得的能力，不是个体生来就有的，需要高职大学生进行有目的、有计划的培养。主要措施如下。

(1) 积极参加社会实践，加深挫折体验。高职大学生要想提高自己的挫折容忍力，必须"主动出击"——积极主动地参加社会实践活动。例如，可以勤工俭学，自己挣钱贴补学习之用；可以当家教，锻炼各项能力；参加"三下乡"活动，到贫困山区，与当地农民一起住、一起劳动等。通过这些活动去体验工作的辛苦、生活的艰辛，逐渐提高挫折容忍力。

(2) 适当运用挫折心理防御机制。前面对受挫后的心理防御形式进行了较充分的剖析，目的是让高职大学生在受挫后学会正确分析自己挫折行为及有选择地使用。如当高职大学生在学习、社交方面遇到挫折时，可以有意识地运用一些积极的防御机制，如升华、补偿、幽默等，把挫折或苦难变为前进动力。对于在遇到挫折时容易自责、内疚的高职大学生，不妨运用表同作用，在内心贬低一下他人，抬高自己，挽回一点自尊和面子，以免自信心完全丧失。

(3) 调适抱负水平。挫折总是跟行为目标连在一起的，挫折就是行为受阻，目标没有实现。因此，当受到挫折后，要重新衡量一下，目标是否定得过高，是否符合主客观条件。高职大学生在确定自己的抱负时，要全面、客观地评估自己拥有的资源，包括能力、智力、体力、经验、兴趣等个人资源，以及如老师和同学提供的物质与精神上的帮助等外部可利用资源，这样所制定的目标才是切实可行的。通过一个或多个目标的不断实现，可以增强高职大学生的成就感和自信心，挫折容忍力也会随之提高。

(4) 加强人格锻炼。研究表明，大学阶段仍然是高职大学生人格塑造的重要时期。在人格塑造方面，高职大学生尤其要培养自己谦虚、活泼、勇敢、乐观、坚强、自信的性格，这样挫折容忍力就会增强。高职大学生健全人格训练的主要方法有：①充分认识自我，优化人格组合。通过认识自己人格的基本状况，进行择优、汰劣。②努力学习科学文化知识。通过学习来克服因无知而引起的自卑、粗鲁、懦弱等。③积极参加社会实践活动。④发展良好的人际关系，融入集体。⑤培养广泛的兴趣。

5) 适时释放挫折情绪

产生挫折情绪后，需要寻找、创造一种能把因挫折而压抑的情绪自由地表达出来的适宜环境，把自己心中的压抑、焦虑和不安尽情地释放出来，从而恢复理智。这就是通常所说的情绪宣泄法，是心理治疗的一种有效方法。

运用情绪宣泄法时应把握好以下内容。

(1) "一张一弛，文武之道"，过分压抑的情绪需要及时进行释放。精神分析理论认为个体受挫后会产生紧张、焦虑的情绪，这种情绪一定要通过某种形式发泄出来，心理才能保持平衡。如果抑郁的情绪长期得不到发泄的机会，随着挫折的增多，消极情绪就会越积越多，甚至会导致精神失常。所以当高职大学生对生活环境感到极端厌倦、压抑时，应适当地发泄内心的积郁，使心中累积的不快情绪得到彻底宣泄，尽早恢复心理平衡。

(2) 选择适宜的场合和形式进行宣泄。情绪宣泄法应遵循的原则：不损害他人、集体和社会的利益，要合乎社会规范，不应把矛盾进一步激化。例如，高职大学生可以选择自己的朋友、老师、同学等作为宣泄的对象，同时也可以向不同的人宣泄不同的内容。所以，高职大学生应该完善自己的社会支持系统，结交知心朋友，养成经常和亲人谈心的好习惯。

6) 迁境移情，淡化消极情绪

挫折情境是高职大学生产生挫折的最原始起因，如果受挫后继续停留在引起挫折的环境中，很容易触景生情，反复体验，增加悲伤情绪，加重心理负担。因此，受挫高职大学生需要通过改变自己所处的环境，尽快转移不良情绪，恢复心理平衡，这就是心理学上的情境转移。这种情境改变包括两层含义：一是从原挫折环境转移到新的环境，如受挫后选择外出旅游或尽量接触新鲜事物，参加一些有意义的活动，使注意力转移，从而逐渐淡化、遗忘过去那种消极情绪；二是改变心理氛围，即受挫高职大学生改变心理氛围，积极体验到他人或组织的理解、关心、帮助和温暖。如受挫后要认真倾听老师、同学和朋友的劝慰，对于他们给予的关心、指导和帮助要心存感激，学会体验组织的温暖和同学间真挚的友谊，这样心理氛围就会向积极的方面转变。

7) 借助心理咨询与治疗

高职大学生在遭受较轻的挫折时，可以借助心理咨询方法来帮助自己对抗挫折。心理老师或心理咨询师将针对受挫学生出现的心理失衡、心理障碍与其进行沟通与交流，帮助其分析受挫原因，提高其对挫折的认识，鼓励受挫者树立信心，以积极的态度和有效的方法排解消极情绪，减轻心理压力。对于受挫情况严重，已经引起严重的心理疾病和行为偏差者，要及时求助临床心理医生，进行更深入的精神治疗或药物治疗。其中，药物治疗可以增强人体机能，改善受挫者的心理状态和行为方式，减轻痛苦和提高疗效。

如何应对挫折

小贴士　请回顾你曾经遭遇过的最严重的一次挫折经历，当时的状态如何？你采取了什么样的应对措施？效果如何？通过这次经历，你认为应对挫折最重要的是什么？

2.3　危机与危机干预

2.3.1　危机及危机干预的定义

危机指当个体意识到某一困难或境遇超过了自己的支持资源和应对能力，并认为使用常规方法不能解决而形成心理创伤时，即构成危机。高频率的挫折易使受挫者感到危机重重。危机的一般表现是紧张、焦虑、恐惧、愤怒、暴躁、殴打、杀人、自杀或其他反常行为。

危机干预就是帮助处于危机中的当事人认识和矫正因创伤性事件引发的暂时的被扭曲的情绪、认知和行为。其目的是帮助当事人平息情绪，建立积极的、建设性的认知，改变不良行为，防止不良事件的发生或阻止不良事态的进一步扩大。

2.3.2　校园暴力危机干预

校园暴力危机干预是指对发生在校园内的打架斗殴、杀人等事件的干预。校园暴力危机干预一般分为以下三个阶段。

第一阶段，当察觉到暴力倾向苗头时，要设法通过劝说平息当事人的激动愤怒的情绪，改变当事人的认知，使其放弃想实施的暴力行为，争取将暴力行为阻止于萌芽状态。

第二阶段，当暴力行为即将实施时，设法制止并立即打电话告诉辅导员、宿舍管理员、学院分管学生工作的领导、学生工作部和保卫处等相关部门或报警，以便尽快阻止事态的发生，终止暴力行为。

第三阶段，当暴力行为正在实施或已实施时，设法尽快阻止事态扩大，并打电话告诉相关部门及校医、120急救中心，尽快将受伤者送往医院。

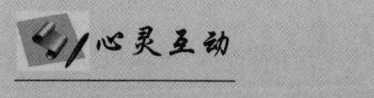

在整个危机干预过程中，我们的口号是：
同学们自助自救！互助互救！尽早呼救！
身心健康高于一切！
生命高于一切！

2.3.3　心理危机干预

1. 他人心理危机干预

(1) 他人心理危机的识别：情绪明显不同于往常、行为反常、兴趣明显下降、丢弃或损坏个人平时十分喜爱的物品。

(2) 他人心理危机干预措施：第一，尽快与辅导员、系领导、心理咨询老师、综合或专科医院的心理医生或校医联系，以便使精神状态不正常的学生尽快得到妥善处理；第二，不要让其独处；第三，对其表现出关心及深切同情，设法提出一些良好的建议；第四，设法把周围可能对其造成伤害的东西拿走。

2. 自我心理危机干预

当意识到自己的心理处于危机状态又无法进行有效的自我调节时，可采取：第一，及早求助学校心理咨询中心的老师、辅导员或专业医院的心理医生；第二，将自己目前的状况告诉家人、信任的老师和同学，求得他们的帮助；第三，避免独处；第四，周围不放置可能对自己造成伤害的器具。

 心灵家园

转变抑郁的情绪

1. 美化学习和生活环境。在宿舍、在床头，哪怕养一盆花草、剪贴一个小图案、抄一段自己喜欢的格言压在玻璃板底下，这些都可以唤起和透视出对生活的热爱，并感染和感召周围的人。
2. 时时注意仪态和仪表。只要经济条件允许，不妨买几件喜欢的衣服，服饰和美容是一个人心境的窗口。热爱生活的人会注意自己的形象。
3. 每天学点新东西。不断充实自己，可以使自己意识到生活的丰富多彩，对生活提高兴趣。
4. 不抱怨自己，也不抱怨别人。偶遇不顺心的事，就像遇到阴雨天一样，要把它看得很自然，很平常，不要心生怨气。
5. 同精力充沛、充满生气的人在一起。不要老是沉溺在性格内向的人群中，要相信性格外向的人更能帮助你点燃生活的火焰。
6. 不要总拿别人跟自己比较。不管别人过得多好，都无所谓，自己是最重要的。
7. 尽力实现自己的愿望。如果你想去踏青、游泳、看电影，那就赶紧邀约伙伴，赶紧行动，在满足愿望中，体验顺心愉悦。

小贴士 坚持下去，你一定会有这样的感受："我爱我，给心灵一片晴空，给生命一片阳光！"

第 3 章　保持良好的情绪

> 自处超然，处人蔼然，无事澄然，有事斩然，得意淡然，失意泰然。
>
> ——崔铣

 心灵求索

我是一名大一的女生，入学快一年了，同学们都说我"疯"，经常对人对事总是一会儿好得不得了，一会儿又差得不行，简直让人受不了。比如，我与男朋友的关系，当我们相处得好时，我整天都会笑逐颜开，对寝室的同学非常友好，对谁都愿意帮助，甚至歌声嘹亮。相反，则整天拉长脸，对谁都不理睬，甚至还会无缘无故地与人发生冲突，好在同学都能原谅我。老师您能帮帮我吗？我是不是永远都长不大，我是不是"情商"有问题？

问题导入

1. 你认为这个同学真的"情商"有问题吗？
2. 什么是情商？
3. 如何认知自己和他人的情绪？情绪对心理健康有什么作用？
4. 高职大学生常见情绪困扰有哪些？如何调适？
5. 如何培养积极健康的情绪？

3.1　情绪情商与心理健康

 心理认知

3.1.1　情绪、情感与情商

1. 情绪的定义

情绪是人的心理活动的组成部分，是人对客观事物是否满足自己的需要而产生的一种主观体验。情绪与人的需要和目的的满足或实现与否有直接的关系。当人的需要得到满足时，就会产生高兴、愉快的情绪，相反就会产生痛苦、悲伤的情绪。

2. 情绪与情感

在心理学上，情绪和情感有时是交替使用或通用的，都是人对客观事物是否满足自己的需要所做出的一种心理反应，但是，情绪和情感还是有区别的。情绪是比较短暂、多变、不

稳定、外显的状态，着重于表明情感的过程，是情感过程的表现形式；而情感是比较持久、稳定的状态，着重表明情绪过程的感受。可以说，情感是情绪的内容，情绪是情感的形式。

3. 情商

1) 情商的含义

情商是指个人对自己情绪的把握和控制、对他人情绪的揣摩和驾驭，以及对人生的乐观程度和面临挫折的承受能力。它是人的一种涵养和社会智力，是一种心灵力量，是人的另一种形式的智慧。它表示了一个人认识、控制、调节自身和他人情感情绪的能力。情商的高低反映着一个人及时有效地处理情感、情绪水平的高低。

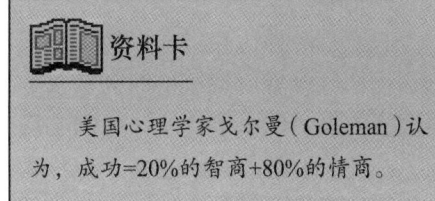

资料卡

美国心理学家戈尔曼（Goleman）认为，成功=20%的智商+80%的情商。

2) 情商的内容

(1) 认识自身和他人情绪的能力。第一，认识自身情绪的能力。从自己的生理状况、情感体验和思想中辨认自身情绪的能力；从各种媒体、他人的作品（音乐、艺术品、小说等）中辨认自身情绪的能力；准确表达情绪，以及表达与这些情绪有关的自身需要的能力；能辨别情绪表达中的真伪的能力。第二，认识他人情绪的能力。以开放的心态接受各种情绪信息的能力；以及根据这些信息判断他人情绪状况的能力；洞悉自己与他人有关的情绪的能力。

(2) 控制和调节情绪的能力。当出现不良情绪时，具备正确处理这些情绪的能力（自我安慰、合理宣泄、心理求助等）；控制自身情绪的能力（喜不狂、忧不绝等）；引导和影响他人情绪的能力。

(3) 理解及分析情绪的能力。识别和理解不同情绪的能力；认识情绪本身与语言表达之间关系的能力；认识和分析情绪产生原因的能力；理解复杂情绪的能力。

3.1.2 情绪的基本分类

1. 人类的基本情绪

一般认为，快乐、愤怒、恐惧和悲哀是人类的四种基本情绪，是人类的本能情绪，不需要学习就会有。

快乐是客观事物满足了人的需要后，或者说个体的目的经过努力后得以实现所产生的一种情绪体验。例如，因为饥饿而得到食物，或者经过努力学习考试取得好成绩等，都会让人产生快乐的情绪体验。因为需要被满足的程度不一样，所以快乐的程度也有区别，分为满意、愉快、特别愉快、狂喜。

愤怒是指客观事物不能满足个人的需要，或者说个体的目的不能实现甚至一再受到阻碍，而产生的一种情绪体验。例如，上课时有的同学一再讲话进而忘乎所以大声喧哗，干扰了其他同学的学习和老师的教学，从而使其他同学产生一种不满情绪。一般把愤怒的程度分为不满、生气、愠、怒、大怒、暴怒。

恐惧是个体企图摆脱、逃避某种情景或事件而又无能为力时所产生的情绪体验。例如，人们在遇到泥石流、地震、空难时所产生的情绪体验。引起恐惧的根本原因是人们缺乏处理可怕事件的能力。

悲哀是个体在得不到期望的、追求的东西或结果时所产生的情绪体验，如失恋所带来的悲伤等。一般把悲哀的程度分为遗憾、失望、难过、悲伤、悲痛。

2. 情绪的基本状态

情绪按表现形式（强度、持续性和紧张性）可分为心境、激情和应激三种状态。

1) 心境

心境是一种比较微弱、持久并具有渲染作用的影响人的整个心理活动的情绪状态，如得意、忧伤等。心境持续的时间较长，如抑郁、忧伤的情绪可以保持数天、数月甚至数年。不同性格的人对同一事件所产生的心境持续时间不同。

心境具有迁移性。它并不仅停留在对某一特定事物的特定体验上，它能把对某一特定事物的体验迁移到其他事物上，如"爱屋及乌"就是心境迁移的体现。心境对人的工作、学习和健康有很大的影响。因此，要善于调节和控制自己的心境，保持积极、良好的心境。

2) 激情

激情是一种激烈的、短暂的、爆发式的情绪状态，如狂喜、暴怒等。一般来说，激情的产生是强烈而突然的，往往伴随着强烈的体内活动和明显的外部表现，如喜极而泣、悲歌狂放、义愤填膺等。处于激情状态时，人的认识活动范围缩小，控制力减弱，对自己的行为后果难以做出正确的评价。同时，激情有其积极的一面，如见义勇为需要激情，艺术家创作需要激情，即兴演说需要激情。

3) 应激

应激是指由于意外的刺激而产生的紧张状态。应激主要是指应激源所引起的机体的超负荷状态，处在应激状态下的生理反应，是整个机体的综合反应。例如，处于暴怒状态下的人，脸部肌肉痉挛，四肢行动不能协调，语言表达不畅、嗓子干哑等。持续的应激会大大消耗机体的能量，对人的机体有较强的破坏作用。

处在应激状态下的心理反应主要有：心烦意乱，注意力不集中，思维混乱，情绪不稳定，常常感到压抑、焦虑，并且容易激怒、哭泣；心里空虚，缺乏自信，对事物丧失兴趣，防卫心理较强等。应激心理反应通常通过行为变化表现出来，如心烦意乱表现为急躁、爱发脾气；情绪压抑表现为沉默、面无表情、行动减少等。应激如果长期得不到调节，很容易引起身心疾病。

3.1.3 情绪对身心健康的意义

1. 良好情绪促进身心健康

现代生理学、心理学和医学的研究成果表明，情绪和情感对人的身心健康具有直接的影响，可以说情绪主宰健康。高职大学生若能经常保持心情愉快、舒畅、开朗乐观，则人体免疫功能活跃旺盛，可减少疾病感染的机会，有益健康。俗语说"人逢喜事精神爽""笑一笑，十年少"，就是说愉快乐观的情绪可以延缓衰老、增进健康。良好的情绪和情感不仅可以促进生理健康，更与高职大学生的心理发展密切相关，情绪和情感发展健康的学生往往对生活充满热爱，对自己充满信心，好奇心和求知欲浓厚，思维活跃，富于创造性，爱好广泛，行为积极主动，乐于交往，并能与人建立相互信任、理解的友好关系。良好的情绪有利于高职大学生提高学习、工作效率，激发潜能，实现全面发展。

2. 不良情绪危害身心健康

所谓不良情绪是指持续的消极情绪和过度的情绪反应。不良情绪对人的身心健康危害极大，在压抑、紧张、焦虑、恐惧等消极情绪的长期作用下，人体免疫功能下降，容易罹患各种传染性疾病。调查表明，高职大学生中常见的心理障碍和疾病大多与持久的消极情绪有关。有些大学生还因无法调适、消除不良情绪，长期陷于苦闷、压抑、抑郁等状态中，感到悲观、痛苦，严重地影响了学习和生活，甚至走上自杀的道路，酿成悲剧。

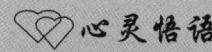

愉快可以使你对生命的每一跳动、对生活的每一印象易于感受，不论躯体和精神上的愉快都是如此，可以使身体发展、健康。

——巴甫洛夫

如何识别他人情绪

各种身体姿势及其意义

小贴士 你可以根据人的肢体语言来识别他人处于什么情绪状态，从而有利于你与他人更好地交往。

分析自己的情绪

回想你曾经面对某个人情绪爆发的一件事情，可能是一场争论，或者是某人生你的气或对你心烦,或是给你施加压力等。第一步是要分析所发生的事情,考虑一下他曾经对你说了些什么以及怎样对你说的。

对情境的分析:

1. 确认那个人的情绪(他的体态语言显示了什么)。
2. 注意所描述的事实(他实际上说了些什么)。
3. 确认那个人的需要(注意:事实与需要可能会不相同,需要有时可能并不直接表现出来,要考虑他的体态语言)。
4. 你做出了什么反应?你希望已经做出了什么反应?

你自己的体验可以作为了解情绪的信息源。"情绪日记"容易记而且有启发性。对每次体验,要尽量回答以下问题:

1. 引起我愤怒的具体事情是什么?最激怒我的是什么?
2. 我愤怒的根源是别人吗?是我自己吗?是一件东西或事情吗?
3. 对这次事情我怎样解释?还有我没有考虑到的其他原因吗?在事情发生之后哪些话使我更为愤怒?
4. 有什么身体上的感觉伴随愤怒的体验?
5. 我表现了什么行为反应?我的反应是口头攻击吗?

小贴士 通过将情绪分类,可以使情绪缓和,可以使压力缓解。用这种方式分析一系列事件,便会显露出你的愤怒形式,并且可以使你对自己形成比较理性的认识。

3.2 高职大学生常见情绪困扰与调适

3.2.1 高职大学生情绪发展的特点

1. 情绪的兴奋性高

有人把青年期称为情绪的"暴风骤雨"期或"危险"期。高职大学生正处于这个时期,因此其情绪具有强烈性、突发性和冲动性的特点,即兴奋性较高。同样的刺激情景或事件,其他年龄段的人可能不会引起什么情绪反应,但高职大学生可能就会有较强烈的情绪体验。例如,同学之间一句不投机的话或一个不友善的肢体语言,都可能会引来一阵口舌之争或拳脚大战等。这些都是由这一时期高职大学生的生理和心理特点决定的。

2. 情绪的稳定性低

高职大学生的情绪变化较大,起伏较强。高兴时眉飞色舞,痛苦时痛不欲生,愤怒时"电闪雷鸣""暴风骤雨",从而使情绪时而高涨,时而低落,从一个极端跳到另一个极端。出现这种现象的主要原因是:高职大学生的心理成熟度还不够完善,思辨能力还不够强,社会化程度还不够高。

3. 情绪表达的文饰性浓

随着年龄的增长、眼界的开阔、自我意识的不断增强，在一些特定的事件上，高职大学生对自己的情绪进行掩饰和伪装，用一种与内心世界完全不同的方式来表达，即情绪的文饰性浓。例如，由于某件事情或某个人引起了自己的强烈不满，但觉得如果表露出来会对自己不利，便会努力控制自己的愤怒情绪，并用"大丈夫能屈能伸"等格言警句来告诫自己，表面上装作无所谓的样子。高职大学生的这种情绪文饰性的特点主要是其自我控制力和社会适应能力随着年龄与知识的增长而不断增强的结果。

3.2.2 高职大学生常见情绪困扰的调适方式

1. 自卑及其调适

1) 自卑及其表现

自卑是由于个体对自己某种生理的、心理的因素或其他原因的认知偏差而导致的轻视自己的消极情绪体验。自卑通常表现为对自己评价过低，瞧不起自己，担心失去他人的尊重的心理状态。自卑感几乎人人都有，只是程度不同而已。适度的自卑能激发人发奋努力，取得成就。过度的自卑，则会在学习、人际交往、事业和婚恋等方面对自己能力、学识、品质、相貌等评价过低而丧失自信。

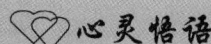

心灵悟语

妄自菲薄是一条毒蛇，它永远啮噬着我们的心灵，吮吸着其中滋润生命的血液，注入厌世和绝望的毒液。
——卡尔·马克思

自卑的学生心理承受力脆弱，经不起较强的刺激，敏感、掩饰、过度地关注自己的生理缺陷和能力不足，自暴自弃，自我封闭，不与人交往，逆反，对他人常产生猜疑、忌妒心理，行为畏缩等。自卑的学生常常轻视自己，认为自己这也不行，那也不行，没有什么能与别人比的。这种情绪一旦占据心头，忧郁、烦恼便纷至沓来。倘若遇到一点困难或者挫折，更是长吁短叹，消沉绝望，认为积极、向上、美好的希望似乎都与自己绝缘了。在他们看来，要想获得学习和事业上的成功，就如登天般困难，简直不敢想象。

2) 自卑产生的原因

(1) 学校、专业不如意。高校有普通和重点之分，有本科和专科之分，高职院校的大学生面对本科学校尤其是重点大学的学生，有一种自叹不如的自卑感。

(2) 缺乏某些个人专长。高职学生的生活丰富多彩，那些在某些方面表现突出，如文娱、体育、写作、演讲等方面有专长的同学，往往受到别人的羡慕，而在这些方面没有特长、学习成绩平平、动手能力较弱的同学，就容易产生一种不如别人多才多艺的自卑感。

(3) 个人先天条件不足。如残疾、身高、长相、体型、肤色等都可能是造成自卑的心理因素。这种自卑感带来的精神压力在高职院校中比较常见。

(4) 性格方面的不足。部分学生性格内向、腼腆、不善于表达自己，在公共场所的语言表达能力、交际能力较差，难以适应新的环境，进而羡慕那些性格外向的同学，产生自卑感。

(5) 家庭方面。高职大学生来自不同的家庭，有的家庭经济条件较好，有的家庭经济拮据，一些虚荣心强的学生由于自己的家庭满足不了自己的虚荣心而感到自卑。有些学生因父母离异或父母感情不好，面对其他家庭幸福的同学会感到自卑。

(6) 不恰当的自我评价。高职大学生由于自我意识的发展，更注重自己的外貌、能力及别人对自己的评价。当对现实中的自我评价达不到所期望的理想自我标准时，两者发生矛盾，就容易产生消极的自我意识，产生自卑的情绪体验。

3) 消除自卑的方法

(1) 正确认识和评价自己。自卑的本质是自我评价过低，为此，克服自卑的前提是客观地认识和评价自己，根据自己的实际能力水平，制定切实可行的发展目标，缩短"现实自我"与"理想自我"之间的距离。应当允许自己存在缺点，适当降低对自己的要求，给自身创造成功的情绪体验，从而逐渐消除自卑，树立自信心。

(2) 建立合理的思维方式。打破过去"因为我不行—所以我不去做—因此我就是不行"的不合理的恶性循环的思维方式，建立起合理的积极的思维模式："因为我不行—所以我要努力去做—即使失败了我还要再努力，谁也不是天生就会—结果定会有进步"。只要能够正确而理智地认识自己，并用坚强的毅力来解决面临的问题，问题就会得到解决，信心就会建立起来。

(3) 要深信"天生我材必有用"，这是强者的自勉之辞。要学会推销自己，在正确认识自己的基础上，要努力显示自己，尽最大努力把自己的某种才能表现出来。

(4) 对自己生理上的一些缺陷要"扬长避短"。

(5) 做一些消除自卑、建立自信的自我训练。①突出自己，挑前面的位子坐。在开会、听讲座或者上课时，后面的座位总是先被人坐满，大部分占据后排座位的人，都希望自己不会"太显眼"。从心理学的角度看，他们怕"显眼"的最主要原因就是缺乏自信或自卑。坐在前面的位子上能建立自信，因为敢为人先、敢上人前、敢于将自己置于众目睽睽之下，就必须有足够的勇气和胆量。长期坚持，这种行为就成了习惯，自信也就在不知不觉中发芽、开花和结果。另外，坐在前面的位子上，还能得到老师或领导的重视，强化自己的作用。如果不信，从现在开始就尽量往前坐坐看，也许你会有意想不到的收获。②用微笑面对生活和学习。笑能给人自信，它是医治自卑的良药，试着对他人笑笑。如果能经常地、真诚地把微笑挂在脸上，就会感受到来自他人的友好，这种友好足以使你充满自信。

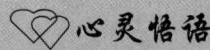

微笑是疲倦者的休息，沮丧者的白天，悲伤者的阳光，大自然的最佳营养。

2. 焦虑及其调适

1) 焦虑的含义

焦虑是人们在面临威胁或预料到某种不良后果时产生的情绪体验，是一种紧张、害怕、担忧等混合交织的情绪体验。

高职大学生的焦虑大多是正常的焦虑，即客观的、现实的焦虑。这种焦虑是一种比较普遍的情绪表现，我们每个人都经历过，如面临一次重要的考试、第一次与恋人约会、犯了某种过失等，都会感受到焦虑，所以并非所有的焦虑都是病理性的。有些比较轻微的焦虑往往会事过境迁，随时间推移而自动消失。

适度的焦虑可以提高人的警觉水平，充分调动身心潜能，注意力会更加集中，思维更加活跃，心理反应加快，从而能更好地解决面临的问题。试想如果一个运动员在面临一场重大的比赛时，一丝紧张感都没有，那他如何能够进入比赛状态，又如何能够赢得比赛呢？所以适度的焦虑是有利的。它能使高职大学生在各种活动和学业上表现出色，维持良好的人际关系。

不适当或过分的焦虑,可使人心情过度紧张,心烦意乱,情绪不稳定,注意力难以集中,不能正确地推理判断,记忆力减退,头脑反应迟钝,有时还伴有头痛、心跳加快、失眠、食欲缺乏、胃痛等身体反应,以致影响学习、人际关系及日常生活。

2) 焦虑产生的原因

造成高职大学生产生焦虑情绪并深受其困扰的原因主要有以下几个方面:第一,适应困难。第二,学习压力。为了提高学生的就业竞争能力,大学里门类繁多的考试层出不穷,如各种技能的考证等,让许多高职大学生感到紧张和担忧。第三,不当人际交往和人际关系也会让学生感到紧张和害怕,从而导致焦虑的产生。第四,自身个人因素。部分高职大学生由于自己的行为习惯较差、自身修养不够、某些性格方面的不足等因素而导致其焦虑的产生。

3) 解决或缓解焦虑的方法

(1) 一是要弄清楚自己焦虑的是什么、为什么焦虑。二是要让自己明白,如果自己所害怕的事情真的发生了或是最坏的结果发生了,是否真的那么可怕,难道说就无法生活下去了吗?别人遇到这样的事是怎么过来的呢?因为只有面对可能发生的最坏后果,自己才能从容地面对现在。三是在前面两点的基础上,再来面对现在的问题,现在的真正问题是什么?这个问题是由什么原因引起的?要解决此问题有哪些办法?自己决定用什么办法来解决,什么时候开始做?以上的每一个问题自己都要认真思考与回答,并且要尽量详细,越详细越好,这样能很好地有助于自己解决焦虑问题。

(2) 改变拖拉的坏习惯,凡是必须做的事,立刻动手去做,这是矫正焦虑的最好办法。

(3) 学会放松情绪。常用的情绪放松的方法有深度呼吸法、静坐冥想法、自我暗示法、意象训练法和身体放松法。

3. 嫉妒及其调适

1) 嫉妒及其危害

嫉妒是在人际交往中与他人比较,发现自己在才能、名誉、地位和境遇等方面不如别人,而产生的一种自惭、怨恨、恼怒,甚至带有破坏性的复杂情感。它是一种抱怨、憎恨别人在某方面超过自己,并以打击别人来抬高自己的唯我独尊的心理,是一种对竞争者发出的仇恨情感。

有人曾在大学中做过调查,发现大学生中的嫉妒有七类:一是嫉妒别人政治上的进步;二是嫉妒别人学习上的冒尖;三是嫉妒别人某一方面的专长;四是嫉妒别人生活上的优裕;五是嫉妒别人社交上的活跃;六是嫉妒别人仪表上的出众;七是嫉妒别人恋爱上的成功。

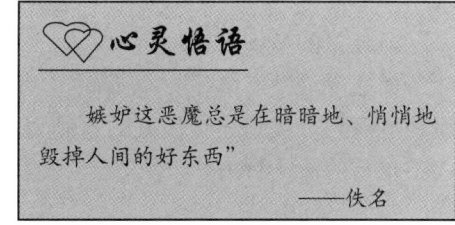

♡ 心灵悟语

嫉妒这恶魔总是在暗暗地、悄悄地毁掉人间的好东西"

——佚名

由于嫉妒有明显的指向性和强烈的攻击性情绪,而被嫉妒者又是德、能、勤、绩等方面有所作为的人或者比较全面发展的人,所以许多有才华、有能力的人往往处于受打击和孤立的境况,积极性、创造性难以得到有效的发挥。例如,某高校的一位班长,平常在班上为同学们做了很多有益的事,学习成绩优秀,各方面的能力也非常不错,党组织准备吸收他入党,就在预备党员公示期间,同寝室的两个"哥们",认为他太顺了,于是编造了一封匿名信送到了学校党委,这名班长的预备党员资格被取消了。

嫉妒不仅害人，而且害己。因为一个受嫉妒心理控制的人，往往是心胸狭窄的人。他的注意力较多地放在个人的名利地位上，他的眼光也常常盯住个人的得失与否，稍不遂意，或一旦别人超过自己便会妒性大发，这样不仅使其学业难以有所长进，还会危害自己的身心健康。

2) 克服方法

如果你正受着嫉妒的折磨，不妨试试以下几种方法。

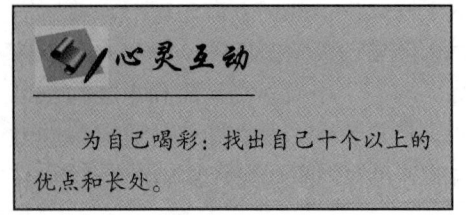

为自己喝彩：找出自己十个以上的优点和长处。

(1) 为自己喝彩加油。不和别人比，只和自己比。每个人的起点、性格、教育背景、成长背景都不一样，不同的人是没有可比性的，只要今天的自己比昨天的自己有进步，就是值得高兴的。

(2) 学会欣赏他人。坦然接受并欣赏别人比你优秀的地方，诚恳地向别人学习，这样不但可以使心情轻松愉快，还有利于完善自我。

(3) 肯定自己的价值。嫉妒往往是自卑心理的一种变相体现。要善于发现自己的优点，肯定自己的存在价值。假设一场演出，你只是幕后的工作人员，大家可能都将目光投在台前的演员身上，但你想想如果没有你的劳动，演出能够顺利进行吗？当你了解了自己的不可或缺性，你就会获得内心的平衡，就不会去嫉妒他人了。

(4) 建立多元价值观。人生的价值是体现在多个方面的，比如，某个同学有非常美丽的外貌，而自己却相貌平平，但你想想自己心地善良、心胸开阔、善解人意，同学都乐于向你倾诉，这不也是自我价值的一种体现吗？

4. 易怒及其调适

1) 易怒及其产生的原因

高职大学生正处于身心急剧发展、情感丰富强烈、情绪波动大、精力旺盛的青年期，很容易在外界的刺激下激起愤怒情绪。比如，相互之间不合意的一句话、看不顺眼的一件小事、一个无意的碰撞等都容易导致愤怒情绪的产生。有些高职大学生是因为存在一些错误的认识而易怒：发怒可以威慑别人，使人尊重自己，发怒是男子汉气概的象征；发怒可以维护自己的尊严或利益；发怒是解决问题的最好方法等。另外，不良的生活环境(家庭、社会、教育)、自身修养的不足等也是一些高职大学生易怒的重要原因。同时自负的高职大学生也容易发怒。

2) 易怒的危害

俗话说"怒气伤肝"，发怒往往容易导致心律失常(心悸或心动过缓)、失眠、高血压、胃溃疡等疾病。愤怒还会使人的自制力减弱或丧失，不能正确判断自己行为的意义和后果，做出不理智的冲动行为。

3) 制怒的方法

(1) 及时制怒。在怒气刚产生时以理智来加以抑制，可以强迫自己先不要讲话，通过一段时间的静默以便能够对事情进行冷静的思考；也可以在怒不可遏时，选择合适的格言，如"怒伤肝"之类的语言来暗示自己，使冲动的言行得以缓解，避免不必要的损失。

(2) 逆向思维。人在愤怒时，容易顺着激情的指向去考虑问题，这样会越想越气。如果把思维从愤怒的指向中拉回来，从相反的方向考虑问题，使自己考虑到问题的其他方面，看问题就比较客观，避免做出过激的举动和后悔莫及的蠢事。

(3) 转换环境。在怒气萌发时,应特别注意控制自己的言行,只要情况许可,就应尽快离开引起愤怒的人和事,换换环境,待心情平静后再来考虑和处理问题。

(4) 听取规劝。盛怒使人的控制力降低,难以有效地控制自己,这时,如果愿意接受别人的劝告,那么对及时控制愤怒可产生一定的作用;如果一意孤行,拒绝别人的规劝,那旁人的帮助也就很难发生作用了。

(5) 活动宣泄。有意去参加一些自己喜爱的文体活动,如打球、爬山、旅游等,通过正当的途径,转移"视线",使怒气自然宣泄出来。

5. 抑郁及其调适

1) 抑郁及危害

抑郁是一种持续时间较长的低落消沉的情绪体验。情绪抑郁消沉的大学生往往对学习、交往、活动失去热情和兴趣,体验不到生活的乐趣,学习效率大大降低,由于自我评估偏低,常常自我抱怨、自责,认为自己无能无用,愧对父母师友,对生活失去信心,对前途悲观失望,甚至产生自杀的念头和行为。严重抑郁情绪还可能导致抑郁性神经症、肿瘤、胃溃疡、结肠炎等多种身心疾病。

2) 抑郁产生的原因

高职大学生心理和社会性发展不成熟,在遇到挫折时,往往难以接受,认为是不该发生偏又落到自己头上的事。在对社会、他人和自我进行评价时,容易片面化、极端化,把生活看成非黑即白、非好即坏,且多看消极面、阴暗面,因而极易陷入悲观沮丧、情绪低落的抑郁状态中。遭受重大不幸事件和灾难(如亲人亡故、家道中落),以及长期努力却不能得到回报,也是导致抑郁情绪的原因。此外,性格内向、敏感多疑、依赖性强、易悲观的高职大学生较其他学生更易陷入抑郁情绪。

3) 抑郁的纠正方法

(1) 积极交往,参加各种活动。处于抑郁消沉状态的人一般都过分关注自己的内心体验,而缺少对外界事物和他人的关心。因此,当一个人无所事事时,他便会集中精力专注于自己的忧思之中。所以,摆脱忧郁的最好办法是让自己动起来、忙起来。①积极交往。良好的人际交往、和谐的人际关系是高职大学生消除抑郁情绪的重要途径。因此,要增强交往的主动性,改变孤僻、退缩的行为方式,主动与同学微笑、致意并简短交谈,多关心帮助他人。②积极参加各种集体活动,融入集体的愉快气氛中,同时选择几位知心朋友深交下去,在互帮互助、友爱关心中感受友谊的珍贵和生活的美好。③参加体育运动,运动能够改善与心情息息相关的生理状态,进而改善心情。当沮丧时,生理处于低活动状态,而运动可以提升身体的活动量。

(2) 改善认识。当忧郁的程度较轻时,可采用以下方法改善思考问题的方式:①质疑忧思的内容是否有根据,努力朝着有建设性的积极方向思索。②刻意安排较愉快的事情以转移注意力。要想改变一个人的情绪,可以采用"移情制情"法。一个人愉快的情绪,会压倒悲伤的情绪。但一定要将注意力转移到真正乐观的事情上,避免无意间从事使情绪变得更低沉的活动。

(3) 善待自己,热爱生活。享受生活也是一种摆脱忧郁的良方,如吃美食、听音乐、逛街、旅游等。

(4) 学会幽默。幽默能使生活充满情趣,哪里有幽默,哪里就有活跃的气氛。谁都喜欢与谈吐不俗、机智风趣的人交往,而不喜欢跟郁郁寡欢、孤僻离群的人接近。

心灵家园

 放松情绪

当医生告诉患者要放松时，患者自己都知道这只不过是一句安慰的话，可它却能使患者消除心里的紧张感。如果我们要在生活中变得轻松自如，那么只有从平时做起，训练不要将苦闷埋在心中，使潜意识产生作用，完全放松心情。

3.3 培养积极健康的情绪

心理认知

3.3.1 高职大学生情绪健康的标准

1. 情绪健康的基本标准

(1) 情绪的目的性明确，表达方式恰当。

(2) 情绪反应适度。情绪反应的强度与引起它的事件或原因相适应。反应过度或反应不足都是不健康的情绪反应，如遇到生活中的小麻烦、小摩擦就暴跳如雷，或者遇到重大事件的发生而无动于衷等。

(3) 情绪反应情景化。情绪反应能够随着客观情景的变化而转移。在日常生活中，虽然健康的情绪反应都是由一定的原因或对象引起的，但同时又是随着原因的变化而变化的，当然情绪反应的持续时间是不同的。一般来说，当引起情绪的因素消失后，情绪反应在较短的时间内恢复平静，但有的情绪（重大灾难引起的恐惧、失恋产生的痛苦）则需要较长时间才能恢复到正常状态。

2. 高职大学生情绪健康的具体表现

(1) 开朗、豁达，遇事不斤斤计较。
(2) 及时、准确、适当地表达自己的主观感受。
(3) 情绪正常、稳定，能承受欢乐与痛苦的考验。
(4) 充满爱心和同情心，乐于助人；准确认识自己和他人，人际关系良好。
(5) 对前途充满信心，富有朝气，勇于进取，坚忍不拔。
(6) 善于寻找快乐，创造快乐。
(7) 能面对现实、承认现实和接受现实，善于把个人需要与社会的需要协调起来。

3.3.2 如何培养积极的情绪

1. 优化个性

1) 自信而坚强

人的一生不可能不遇到困难，不可能万事如意，关键是在遇到困难时要有信心和勇气去战胜它，而不是悲观失望。相信自己，这样有利于自己保持清醒，有利于自己总结经验教训，

解决自己面临的问题，摆脱困境。正如塞万提斯所说的，"用笑脸来迎接悲惨的厄运，用百倍的勇气来应付一切的不幸。"

2) 宽容而豁达

 资料卡

在常人看来，命运之神对霍金是再苛刻不过了：他口不能说，腿不能站，身不能动，只有三根能活动的手指，一个能思维的大脑。但他与命运顽强抗争，刻苦钻研，在理论物理的尖端领域——黑洞爆炸理论上获得了震惊世界的重大成就，为此获得了1978年度爱因斯坦奖，被誉为科学史上的奇迹。

世界上的任何人、任何事都不是十全十美的，每个人都有缺点，你有，我有，他也有。那为什么我们要每天一睁开眼就去看别人的缺点呢？为什么一张嘴就去讲别人的过错呢？这样你会快乐吗？比如，在一个班上或寝室里，别人的能力比自己强，就去嫉妒他，甚至在心里诅咒他，想想看这对自己有什么好处呢？自己会快乐吗？你嫉妒别人，甚至在心里恨别人，有一天你实在忍不住了，对你所恨的人说："我在恨你，你知道吗？"他告诉你："我不知道啊！"这样你不是很可怜吗？所以，对人宽容一些，你会快乐，会内心平静，你会收获微笑，收获友情。

另外当别人经常指责、批评你时，我们应当豁达一些，就当自己免费请了一个监督员来帮助自己改正错误，从这个意义上看，我们还应当谢谢他。如果在生活中，你有一个非常讨厌的同学，他有很多的缺点和毛病，并常常找你麻烦，那你是否可以这样来认识他：他并不是世界上最讨厌的人，比他讨厌百倍的大有人在，自己还算幸运的了，要是让那个比他讨厌百倍的人做我的同学，那我就更惨了，还是让他做我的同学吧，至少他要比别人好一些。

3) 改变自己，胜过改变别人

在现实社会中，我们常常发现同学、朋友之间出现吵架、纷争的事情，究其原因不外乎就是对人对事意见不相同，相互吵架、纷争就是为了让对方同意自己的观点，结果往往是相互之间更加疏远。所以，当我们面对不同的人的时候，不要试图去改变别人，而是改变自己。比如，在寝室里，有人喜欢吹牛、聊天，搅得你无法看书学习，与其干涉别人，不如自己换一个地方(教室、图书馆)去看书学习，各得其乐。

2. 改变认知

心理学家艾利斯认为人的情绪困扰并不是由诱发事件引起的，而是由对事件的非理性解释与评价引起的，如果改变了非理性观念，调整对诱发事件的认知，消极情绪就会消失。例如，对考试成绩不理想的解释是自身能力差、水平低所致，就会引发自卑自怨的情绪反应；如果认为一次考试成绩不理想并不一定是自己水平低，而有其他客观因素，情绪困扰就会减轻。又如，对着桌子上的半瓶酒，一个人说："唉，真倒霉，只剩半瓶酒了，还有什么意思呢？"于是他就闷在那里生气；另外一个人则说："运气不错，还有半瓶酒，如果再来晚一点，恐怕连半瓶酒都没有了。"于是他就美美地享受起美酒来了。可见，改变非理性认知就会有"退一步海阔天空"之感。

3. 培养积极乐观的生活态度

1) 善于在寻常生活中发现快乐

人生本该是快乐的。快乐，本是很平常的事，不需要去努力奋斗与追求。庄子在濠梁之

上观鱼，羡慕地说：鱼儿真快乐啊！是啊，鱼儿没有一分钱，没有社会地位，没有任何技能，没有上过名牌大学，没有显耀的家世背景，也没有任何奢侈品，看不到电视，坐不上汽车，身上一件衣服都没有……可是它们快乐。

宋代文豪苏东坡说：湖上的清风和山间的明月，取之不尽，用之不竭，还不花钱，就可以给我们极大的快乐。每个同学可以回忆一下自己一生中快乐的时刻，会发现大多是一些很容易得到的时刻：童年时，父母的一个小礼物，老师的一句表扬，甚至和小伙伴一起捉到一只蜻蜓等，都会给自己带来快乐。快乐是这么容易，为什么拥有快乐的人却这么少呢？

人们都以为拥有快乐需要很多条件，如金钱、地位、才华、漂亮的外貌、复杂的社会关系等，以为要付出巨大的努力和代价，才能换来少许快乐。其实，拥有快乐并不需要太多的条件，只需要你有一颗要快乐的心，有一个积极乐观的生活态度。

2）笑口常开

研究证明，人们的行为决定人们的情绪，整天板着脸，情绪也必定受到影响而处于低落状态。所以，一个人走路不要拖拉着脚步，应步伐轻快，不要低头缩颈，而要昂首挺胸。

人人都有自尊和被尊敬的需要，因此人们常有这样一种心理倾向，即喜欢那些喜欢自己的人，这是一种报答倾向。如果自己总以一张面无表情的脸去面对别人，映入眼帘的也往往是对方一张面无表情的脸。所以应以微笑待人，也许刚开始并不是很习惯，但渐渐地就会习惯诚恳地对人微笑，同时，自己也会看到对方的笑容。这时你会发现自己的心里很快乐。

3）享受光明和快乐

世界上的任何事物都是矛盾的，对立面的存在总是结伴而行，因此有了光明与黑暗、欢乐与痛苦、美丽与丑陋等。而人的本性是避苦趋乐的，也就是人总是喜欢光明、欢乐、美丽，回避黑暗、痛苦、丑陋。正是因为这样，人类选择了在黑夜中闭上眼睛睡觉，当光明来临时再睁开眼睛生活，所以在生活中，要充分地享受阳光带给我们的快乐，不要总是去寻找阳光背后的阴影。这样就会有一个快乐的心情，会感受到生活的美好。实际上，命运给了我们每个人不少礼物，礼物是好是坏，全看你怎么看它了，你说它好，它就好。从好的一面看，你就会快乐。相反，你得到的就是痛苦、烦恼。

4）对未来充满信心

人的一生会遇到很多困难：学习、生活、工作不尽如人意，无端遭到人身攻击或不公正的评价，生理缺陷，甚至生活中发生重大的不幸事件。这时，也许你会消沉、痛苦或绝望。但是要相信，无论发生了什么事，生活还是需要继续下去，太阳明天还会照常升起。因此，擦干眼泪，继续向前走。

情境聚焦

不要为打翻的牛奶哭泣

在纽约一所中学，执教的保罗博士看到很多学生为过去的成绩感到不安、忧心忡忡时，他将牛奶打翻在水槽边，并大喊："不要为打翻的牛奶哭泣。"是啊，已经发生的事情，无论你怎样后悔和抱怨都不可能再改变了，牛奶已经打翻，向前看。

4. 掌握一些消除不良情绪的基本方法

1) 合理宣泄

当人的情绪处于压抑状态时,应当合理宣泄,以排解消极情绪,恢复正常的情绪状态。宣泄的方法有:找人倾诉,畅快地哭一场,到运动场上猛跑一阵等。让不良情绪宣泄出来后,会有一种释放感、轻松感,思维会变得更灵活、更开阔。

2) 情景转移

当出现不良情绪时,头脑中常常有一个较强的"兴奋灶",如果此时能建立一个新的"兴奋灶",使注意力得以转移,就可以排忧解愁。例如,出去散步,听听音乐,写写日记等。

3) 积极的自我暗示

自我暗示的心理作用是很大的,积极的自我暗示常常是调节情绪、走向成功的催化剂。当沮丧、失望时,对自己说:"别泄气,人人都会遇到困难,这点小事压不垮我,笑一笑,打起精神,我能行。"这样,情绪状态就会得到改善。

4) 求助心理咨询

心理咨询可以帮助当事人从一个不同的角度去认识自己和社会,用新的方式去体验和表达他们的思想情感,并产生出新的思维方式,实现心理放松。对于那些心理行为属于正常范围的人,咨询所提供的新经验可以使他们排除成长道路上的障碍,更好地发挥个人才干;对于那些有心理障碍的人,咨询可以帮助他们改变不适应社会的思维和行为方式,学会新的适应环境的方式。

第4章 做自己学习的主人

> 在寻求真理的长河中,唯有学习,不断地学习,勤奋地学习,有创造性地学习,才能越重山跨峻岭。
>
> ——华罗庚

心灵求索

学习与心理健康的关系是相辅相成的。高职大学生的学习,可以促进自身心理健康;与此同时,高职大学生的心理健康状况及心理发展水平,也对自己的学习有着直接的影响。

问题导入

1. 什么是学习?影响学习的因素有哪些?
2. 高职大学生的学习活动有什么特点?
3. 当兴趣爱好和专业出现冲突时,应该怎么办?
4. 如何培养自己的专业兴趣?
5. 怎么调节学习过程中注意力不集中的问题?
6. 考试期间常见的心理问题有哪些?怎样调适?
7. 如何提升高职大学生的自主学习能力,提高学习效率?

4.1 学习与高职大学生心理健康

心理认知

4.1.1 学习的基本理论

1. 学习的含义

人类的学习分为狭义与广义两种。狭义的学习是人们通过阅读、听讲、研究、观察、理解、探索、实验等手段获得知识或技能的过程,是一种使个体可以得到持续变化(知识与技能、方法与过程、情感与价值观的改善和升华)的行为方式。广义的学习是指人们在整个生活过程中,通过获得经验而产生的行为或行为潜能的相对持久的行为方式。学生在学校的学习属于狭义的学习,本章更多地从狭义的层面上探讨学习。

2. 影响学习效果的因素

1)学习动机

动机是指引起个体活动或维持已引起的活动,并导致该活动朝向某一目标进行的内在动力。所谓学习动机,就是指学生个体内部促使其从事学习活动的内驱力或动力。学习动机反映了学习者的某种需要,并推动学习者通过一定的学习活动来满足需要。它一般表现为强烈的求知欲、对未知世界的好奇心和兴趣、认真积极的学习态度。它影响个体的学习方向和学习效果。

学习动机的强弱对学习效果的影响。耶克斯-多德森定律(图 4-1)可以解释动机水平、任务难度和工作效率三者间的关系。动机水平和工作效率之间的关系不是线性关系,而是呈倒 U 形曲线。各种任务都存在着动机的最佳水平,最佳水平随任务的性质不同而不同。从图中可以看出,在完成容易或简单的任务中,动机水平高,效率可以达到最佳水平;在完成难度适中的任务中,中等的动机水平效率最高;在完成困难或复杂的任务中,偏低动机水平下的工作效率最佳。高职大学生的学习活动也应遵循这一规律,根据学习任务的难易情况,维持适当的学习动机。当面临困难或复杂的学习任务时,过强的学习动机会使学习者处于过度焦虑和紧张的心理状态中,影响学习效果,适当降低动机水平,更有利于学习任务的完成。

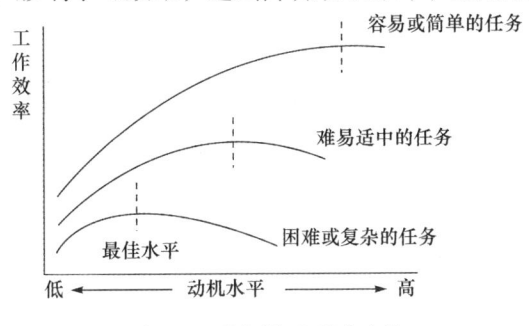

图 4-1　耶克斯-多德森定律

2) 记忆

记忆是在人的头脑中积累和保存个体经验的心理过程,也是人脑对外界输入的信息进行编码、存储和提取的过程。记忆从识记开始,识记是学习和取得知识经验的过程;知识经验在大脑中储存和巩固的过程叫保持;知识经验从大脑中提取的过程可以表现为回忆,也可以表现为再认。作为一种重要机能,记忆时时刻刻参与学生的学习活动。有了记忆,才能保持学习经验,并在需要的时候从大脑中提取出来,为我们所用。记忆并不是永久的,会遗忘,遗忘是一种正常的心理现象。德国实验心理学家艾宾浩斯对记忆和遗忘进行了研究,结果发现遗忘的速度遵循先快后慢的规律。因此,对学生而言,只注重当时的记忆效果是不够的。掌握遗忘的规律,适时复习,不断加深对知识的记忆,降低遗忘程度,才能提高学习的效率。

3) 情感

情感对学习有重要的调节作用。积极向上的情感可以促进学习,消极低沉的情感则会阻碍学习。孔子曰:"知之者不如好之者,好之者不如乐之者。"学习的最高境界就是乐学。因此,高职大学生应正视情感与学习的关系,在学习过程中,保持对学习的热情,以饱满的精神状态投入到学习活动中。遇到学习上的挫折,及时调整自己的不良情绪,克服畏难心理,正视问题,始终用积极的态度对待学习。

4) 学习兴趣

北宋思想家张载在《经学理窟》一书中提到:"人若志趣不远,心不在焉,虽学无成。"学习兴趣对高职大学生的学习非常重要,有道是"兴趣是最好的老师",强烈的学习兴趣可以激发学生的学习热情和积极性。学生对某一学科或专业有兴趣,就愿意主动地投入到学习中来,在遇到学习困难时也更有坚持的动力和决心。

4.1.2 高职大学生学习活动的独特性

（1）学习的职业定向性强。第一，通过学习，学生获得就业谋生所必需的岗位技术能力与职业素质；第二，通过学习，学生具备一生职业发展与迁移所必需的相对完整的某一专业技术领域的知识、能力和素质结构；第三，通过学习，学生在人文素质、思维方法及终身学习能力等方面，为自己成就人生的事业打好一定的基础。

（2）学习的实践性强。高职大学生的实习实训时间累积不得少于学制的三分之一。高职大学生学习的基本程序是"教学—实践—教学—实践"，以便培养动手能力。

（3）学习的职业道德认同感。在整个教育教学过程中，高职大学生都要注重自身职业道德行为的养成。实习实训中用心体验企业文化，进而认同文化。

（4）"双证型"的学习模式。双证是指高等院校推行的"学历证书+职业资格证书"新的学习模式。实行双证书制度是国家有关教育法律法规的要求。用人单位欢迎"双证型"人才。持证上岗，就业不愁。

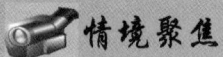

> 小祁是某高专电气专业的学生，将于今年6月毕业。她说，大二时就已经基本完成了专业课的学习，班里48个同学，基本上都拿到高级电工证。大二时小祁取得"工程造价师"资格证。三证在手，这个21岁的女孩在找工作时很有优势，过关斩将，最终在某大学设计研究院电气工作室找到了合心意的工作。"多学门手艺，多考一本证书就多一份就业机会。"小祁说。

4.1.3 学习与心理健康的关系

1. 高职大学生学习对心理健康的影响

1）高职大学生学习对心理健康的积极影响

通过学习，可以挖掘和开发高职大学生的潜在智力，主要有注意力、观察力、记忆力、思维力以及想象力等。

通过学习，可以培养和提高高职大学生的综合能力，包括自学能力、表达能力、操作能力、管理能力和创造能力等。

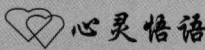

> 不登高山，不知天之高也；不临深溪，不知地之厚也；不闻先王之遗言，不知学问之大也。
> ——《荀子·劝学》

通过学习，可以健全和发展高职大学生的自我意识。学习可以使高职大学生掌握并运用科学的认知方法，正确认识和评价自己，正确认识和对待他人，不断地根据现实社会的需要，进行自我调节，以适应社会。

通过学习，培养高职大学生的健康情绪。健康的情绪对己对人都有积极的感染力。学习可以促使高职大学生成为懂得生活、善于学习、勤于工作、乐于助人的人，经常体验和感受学习的乐趣与韵味，体验和感受成功的喜悦与快乐。

通过学习，可以调适和维护高职大学生的心理健康。学习可以开阔视野、启发思维、提高综合素质和能力，有助于心理健康。

2）高职大学生学习对心理健康的消极影响

对有的学生而言，可能因学习难度较大，带来不同程度的心理压力和精神紧张，进而出现学习焦虑等心理问题。

学习方法不当，使不少学生在学习上的投入和付出与产出和效益不能形成恰当的比例。久而久之，学生自然会出现内疚、自责和自卑心理，甚至自暴自弃，影响到心理的健康发展。

2. 心理健康对高职大学生学习的影响

从个体心理因素来看，影响高职大学生学习的主要因素是非智力因素。

所谓非智力因素，是指除了智力以外的全部个体心理特征，如学习动机、学习态度、情绪情感、兴趣爱好、意志、个性等。非智力因素决定了大学生学习的价值取向、学习的动力、学习过程的调控和学习的效能，是影响高职大学生学习优劣的关键所在。

优化知识结构

小贴士　画出你的知识结构图，找出优势与不足，联系所学的专业，制定一个优化自己知识结构的计划。

在线学习　艾宾浩斯遗忘曲线及应用

4.2　高职大学生常见学习心理问题与调适

4.2.1　学习过程中诸多心理冲突及其调适

1. 高职大学生的学习心理冲突

（1）职业理想与学历层次的冲突。这是高职大学生最容易出现的内心冲突之一。不少学生将自己以后从事的职业理想化，但现实中自己却在高职院校读书，与其理想职业的实现差距太大，这一冲突滋生了学生的自卑心理和无望心理，他们就用一种消极的态度来对待学习。

（2）兴趣爱好与专业选择的冲突。每个人都有自己的兴趣爱好和优点特长，但在选择专业的时候，部分学生没有考虑自己的特长和爱好，有的学生所学专业甚至是其父母包办的。因而就有了部分学生的被动式学习，不了解、不喜欢所学专业，甚至对所学专业带有抵触情绪。

（3）学习目标与学习现状的冲突。多数高职大学生希望在学习上有一个令自己满意的成绩，为了今后的工作，也希望掌握更多的知识和技能。而在现实中，有的学生不努力，有的努力了，但成绩却不尽如人意，对现状不满，对未来焦虑，找不到学习的动力。

2. 高职大学生学习冲突解决的途径

（1）正视问题，主动寻找办法。客观地面对现实中存在的矛盾和冲突，不退让和回避，不发牢骚，也不埋怨，而是积极主动地去寻找解决问题的办法，利用现实可行的各种条件来疏导矛盾和解决问题。在学校允许的情况下，在专业上进行适当调整；依据自己的能力，参加自考，选择适合自己的专业；利用学校开设的选修课程，弥补和充实自己；等等。

(2) 权衡利弊，做出正确选择。矛盾和冲突出现了，就要在其中做出果断的选择，其结果是有得有失，"两利相权取其重，两害相权取其轻"。面对存在的问题，优柔寡断，迟迟不能做出判断和抉择，那会使矛盾和冲突越积越多，消极影响越来越大，后果越严重。

(3) 量体裁衣，放弃过高要求。有些矛盾和冲突是由于学生之间的攀比和虚荣心作祟，对自己要求过高，但又达不到自己所期望的目标。因此，要重新审视自己，放弃那些不切实际或过分苛刻的要求，去设定符合自身能力的目标。搭建新的平台，调整目标和进度，尽自己最大的努力，脚踏实地，一步一步地接近并实现自己的目标。

4.2.2 学习动机问题及调适

学习动机是推动和维持学习活动的内在力量，对学习起着至关重要的作用。常见的学习动机问题主要表现在两方面：学习动机缺乏和学习动机过强。

1. 学习动机缺乏

1) 学习动机缺乏的表现

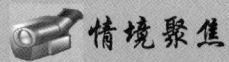情境聚焦

> 王明(化名)是某高职院校软件技术专业的大一学生，他表示自己对这个专业并不了解，父母觉得软件技术专业好就业，既然学历上已经不占优势，那就得选个好专业，因此给他报了这个专业。刚入学时，王明尝试过好好学习，每天早起学习英语，上课时认真听讲。但坚持了几个星期后，发现自己很难听懂专业课上的内容，课后也不知道去请教谁，导致专业课学习越来越困难。自己身边的好多同学平时也不学习，每次回到寝室就看到室友们都在打游戏。在室友的带动下，王明迅速地学会了手游，体验到打游戏的快乐并沉浸其中，经常和室友一起熬夜玩游戏。有时候王明也觉得自己不应该这么堕落，还是要课后多自学，弥补专业课的不足，但一想到自己学不懂的痛苦以及打游戏的愉悦感，王明就放弃学习了。

学习动机缺乏是指对学习没有明确的目标和方向，被动学习甚至不想学习，其表现形式多种多样。

(1) 学习上的盲目。没有明确的学习目标，学习既没有意义也无成就感。对所学专业不甚了解，也不愿意了解。学习只为应付家长，应付老师，应付考试。

(2) 情绪上的厌学。对知识没有热情和渴望，对学习没有兴趣和动力，常常无所事事，无精打采，灰心丧气，对学习不闻不问。有的学生对学习还带有抵触情绪，甚至厌倦和反感学习。

(3) 行动上的懒散。不愿意在学习上多花时间，不愿上课，不愿看书，不愿做作业。学习马虎，自由散漫，懒散拖沓。经常会去寻找各种借口文饰自己，为自己学习上的懒惰而辩护，学习时不能集中注意力，容易分心。

(4) 方法上的不当。学习本身是具有科学性和规律性的。缺乏学习动机的学生在学习上是被动的，他们不善于探索学习的规律、寻找切实可行的学习方法，当然也就不能适应新的学习的需要了。表面看似学习很刻苦，但收效甚微。

2)学习动机缺乏的原因

(1)家庭原因。一些学生家庭经济条件优越,读大学仅仅只是为了一张文凭,不在乎自己究竟有没有学到知识。认为毕业后,凭着家里的关系可以有一个很好的工作,不用自己在学校里辛苦地学习。抱着这样的心态读书,自然没有学习的动力和热情。

(2)学校原因。专业内容设置不合理,教师授课内容陈旧,赶不上时代的变化,教学方式枯燥单一,学校对学生管理过于严格,学生校园生活乏味等,这些都会导致学生学习动力的降低和减弱。

(3)社会原因。当下的一些社会风气,如拜金主义、关系论、就业困难论等,都会让学生产生"读书无用,唯有金钱和关系可以解决一切问题"的不良想法,否定大学学习的有效性,丧失学习的动力。

(4)个人原因。一些高职大学生学习基础较薄弱,进入大学学习后,专业课程难度增加,学习任务增大,专业课程学不懂,这在一定程度上会削弱其学习动机。此外,学习目标不明确、学习方法不科学、学习方式不适应以及对专业学习不感兴趣等,也会影响高职大学生的学习动机。

3)学习动机缺乏的调适

(1)明确学习的目的。很多高职大学生因为自己都不知道在大学里应该学习什么,因而对学习没有兴趣。大学是个体从学生向社会人转化的过渡阶段,大学的学习不仅是作为一个学生应该有的责任和义务,同时也是未来从事工作、在社会上立足的根本。这就是学习的重要性。

(2)培养学习的兴趣。很多高职大学生对学习不感兴趣,不喜欢学习。所以面对学习时就会注意力不集中或者没有精力。因此,大学生可以通过了解自己的专业背景、专业培养目标和未来就业方向,积极参加与专业相关的活动,到对口企业参观实习等方式加深对所学专业的认识,从而增强专业学习兴趣。

(3)善用学习资源。有的学生在遇到学习困难时,找不到人请教,也不知道通过什么方式可以寻找到问题的解决方法,最后只能丢在一旁不予理会。经常在学习上遭遇挫败,容易引起高职大学生的无助感,降低他们的学业成就感。因此,可以利用身边的学习资源来帮助自己。专业教师、学长学姐、辅导员、图书馆、网络课程等都是我们可以利用的有效资源。从师长那里,我们可以获得丰富的信息,帮助解决专业学习上的困惑。网络课程可以学习各个国家、各个学校的优秀课程了解行业的最新动态。

(4)端正学习态度。学习态度是指学习者对学习较为持久的肯定或否定的行为倾向或内部反应的准备状态,具体可包括学生对待课程学习的态度、对待学习材料的态度,以及对待教师、学校的态度等。学习态度对学习的调节作用,不仅表现在对学习对象的选择上,还表现在对学习环境的适应上。已有多个研究证明,积极的学习态度对学习有促进作用。因此,高职大学生需要转变"读书无用""关系至上""金钱至上"等观念,明确学生的根本任务是学习,端正学习态度,脚踏实地,奋发学习,夯实自己的能力,为以后就业打下坚实的基础。

2. 学习动机过强

1)学习动机过强的表现

(1)期望过高。学习动机过强的学生都确定了自己宏伟的目标,但没有实现的基本条件和基础,往往就造成学习的失败。心理上的落差有损学生的自信心和自尊心,这就不可能有一个良好的学习效果。

(2) 过分勤奋。动机过强的学生，经常给自己强化"勤奋=成功"的意识，把学习看成是唯一的、至上的，把自己的时间和精力全都凝聚在学习上，只会学习，不会劳逸结合。这样的学习方式对学生的人格发展和身心健康都会造成消极的影响。

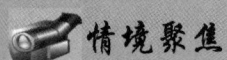情境聚焦

> 我高中时学习一直很努力，想考上自己满意的重点大学。但等来的却是一般大学的通知书，我不甘心，复读一年，执意要达到自己的目标。第二年我接到的是一个高职院校的入学通知书。家庭和环境的压力使我硬着头皮来到高职院校。我把希望寄托在"专升本"上，围绕升本的考试科目，我拼命看书学习。但我现在感到力不从心，学校的必修课也落下不少。让我最头痛的是我发现自己嫉妒那些比我学习好的人，他们也要"专升本"，要与我竞争，我甚至恨他们。我知道自己不对，个性太强，但是我……

(3) 对己苛刻。学习动机过强的学生，追求的是学习上的完美，希望学习上成功，怕自己失败甚至不容许自己失败，总对自己的现状和努力的结果不甚满意、自责。不能体验学习的快乐和情趣。

(4) 好胜心强。学习动机过强的学生把名声、面子、分数、名次和荣誉看得非常重要，以他人的表扬和赞赏来满足自己的虚荣心。希望自己总是第一，看见他人的努力学习或者超过自己就不满意甚至嫉妒。

(5) 情绪紧张。学习动机过强的学生平时的学习压力大，情绪和精神得不到很好的、有效的调节，伴随考试焦虑而导致心理脆弱，长期处于精神紧张和身心疲惫状态，个别学生甚至会经常出现头痛、失眠等躯体症状。情绪紧张又会导致学习效率下降，形成恶性循环。

2) 学习动机过强的原因

(1) 目标过高。学习动机过强的学生，过高地估计了自己的实力，其学习目标和自我期望值定位都远远地超过了自己的实际能力。

(2) 认知错位。学习动机过强的学生，大都有固定的、错位的认知模式：勤奋、努力就一定会取得成功。自己全身心地学习，而结果适得其反。面临挫折和失败时，他们的心态极不平衡。

(3) 外在压力。部分学生的学习动机过强，其原因来自社会、家庭和学校的不适当强化，对他们的过高肯定和赞扬，学生自己不能很好地把握从而被外在压力左右，往往身不由己。

(4) 个人性格。学习动机过强的学生，往往与其个性和自尊有紧密关系。自尊心过高，追求完美，好强，固执，遇事好争输赢，好比高低。做任何事情都太过于认真，有时甚至不顾客观条件而力求完美。

3) 学习动机过强的调适

(1) 制定合理的学习目标。高职大学生在制定自己的学习目标时，要把自身的条件和能力以及所处的环境结合起来，制定目标要考虑其阶段性、现实性和可操作性，明确、具体，切忌好高骛远。

(2) 建立正确的自我认知。建立正确的自我意识和成功意识。

(3) 打造宽松的学习氛围。宽松的学习环境和学习氛围，有助于学生的健康成长。

4.2.3 注意力不集中及其调适

在心理学上所讲的注意，指的是心理活动对一定对象的选择和集中。集中注意力是学生学习的基本条件，注意力不集中，在高职大学生中是一种普遍现象。

1. 注意力不集中的表现

(1)心不在焉，容易走神。注意力不集中的学生，往往在学习上不能有效地把握自己的心理活动，不能控制好自己的思维。在课堂上或看书时，思绪万千，远离学习活动。

(2)抗干扰能力差。注意力不集中的学生很容易受到外界各种因素的干扰，注意力为其他刺激物所吸引。

(3)时间浪费，效率低下。注意力不集中的学生，实际上花在学习上的时间不少，看的书也不少，但就是效率很低，不见成效，收获甚微，不仅浪费了时间和精力，学习效果也不尽如人意。

2. 注意力不集中的原因

(1)学习目的和学习任务不明晰。人们的学习是有目的和计划的，没有明确的学习目的和学习任务，自然就不可能把精力和注意力较长时间汇聚到学习上。同时，学习目的是需要通过具体的学习任务的完成来达到的，不确定具体的学习任务，对于这些学生来说就没有了压力而感到无所谓，自然注意力就会分散。

(2)对学习的内容和形式不感兴趣。兴趣引起注意，但对专业缺乏了解，甚至本来对专业就不感兴趣，所学的内容又不懂，学习处于被动状态；如果再加上教学方式的单调无趣，学生在学习中、在课堂上注意力不集中是必然的了。

(3)生理和心理疲劳。过度贪玩，难以把注意力集中到学习上。

(4)自我控制和监督的能力差。不少高职大学生也明白注意力集中的重要性，但如果外在的影响太大，或者是没有外在的监督，其注意力也很难集中。

3. 注意力不集中的调适

(1)培养责任感，激发学习兴趣。将学习同自身能力的增长、毕业、就业联系起来，在学习过程中体验成就感和价值感，从而激发学习兴趣，进而把注意力集中在当下的学习中。

(2)选择优良的学习环境。尽量避免无关刺激的干扰或者单调刺激的持续作用。因此，在学习过程中，可以选择安静、外部刺激较少的环境，如自习室、图书馆。或许不带手机学习也是一种不错的体验。

(3)合理安排学习时间，避免疲劳。当大脑进入疲劳状态时，人的注意力会受到极大程度的影响，这时就很难专注于学习之中。因此，高职大学生在学习和生活中，要注意劳逸结合，合理安排学习时间。在学习之余，高职大学生可以利用休息时间多放松和调节好自己的身心状态，保证充足的睡眠，让大脑恢复到活力状态，从而能够更专注于学习活动。

(4)加强对注意力的训练。注意力会受到个体先天因素的影响，但是同样也可以通过后天训练来改善。对于一些注意力特别不集中的学生，可以通过一些训练方法提高自己的注意力。

| 在线学习 | 大学生学习动机测试

| 在线学习 | 不好好学习有 N 个理由：怎样在大学"和自己好好玩"？

4.3 考试期间的心理健康

心理认知

4.3.1 考试期间常见心理问题与调适

1. 考试焦虑

考试焦虑指在应试情境的激发下，受个体认知评价能力、人格倾向与其他身心因素的制约，以担忧为基本特征，以防御或逃避为行为方式，通过不同程度的情绪性反应所表现出来的一种心理状态。根据耶克斯-多德森定律可知，保持适当的学习动机，维持一定水平的焦虑，可以帮助学生取得更好的考试成绩。但是，如果学习动机过强，焦虑水平过高，反而会影响考试结果。大量的心理学研究表明：即使智力水平相当，考试焦虑水平更高的学生，考试成绩明显偏低。考试焦虑主要表现在以下方面。

(1) 躯体化反应。考试前就出现一些躯体化表现，如想到要考试就紧张得睡不着觉，食欲缺乏；考试过程中心跳加速，手脚颤抖、呼吸加快、大脑一片空白等。

(2) 情绪反应。担心自己通不过考试或者达不到自己的目标，出现担忧、害怕、恐惧、紧张等情绪，后悔自己平时学习不够，处于一种焦躁的情绪状态中。

(3) 自我认知偏差。觉得自己学得不够好，没有能力通过考试。担心自己考差了会被其他人笑话或指责议论，缺乏考试信心，对自我评价过低。

2. 考试焦虑的原因

1) 客观因素

(1) 考试本身的影响。考试本身的重要程度、难易度和竞争激烈度都会影响学生的焦虑程度。通常而言，对学生越重要的考试，学生越重视，焦虑的水平也就会越高；考试题目越困难，学生越会担心考试的结果；此外，竞争很激烈的考试，学生也会体验到高的焦虑水平。

(2) 考试环境的影响。环境会影响一个人的情绪，尤其是大学生群体间的相互作用、相互影响。在面临考试时，身边的老师、同学都会传递相应的信息，提示个体要考试了。

2) 主观因素

(1) 性格特点。当面临同样考试情境时，不同性格的大学生会有不同的反应。性格开朗、积极乐观、自我评价高的学生对考试充满信心；自我评价低、挫折容忍力差、独立性差、谨小慎微的人更容易出现考试焦虑。另外，有研究表明，完美主义也是影响高职大学生考试焦虑的因素之一。在学业成绩上有过高的期望，追求高标准，过度追求完美的个体，越容易考试焦虑。

(2) 知识经验的影响。如果学生知识掌握不扎实，平时对学习疏忽散漫，等到快考试时才"抱佛脚"，违背了学习的自然规律，对知识掌握得不够牢固。以这样的状态应对考试，自然没有太大的信心。

(3) 认知偏差的影响。将考试当成证明自己优秀的重要标准，过分看重考试的结果，认为考差了很没面子，赋予考试太多的价值，如荣誉、尊严、前途、命运等，并不断给自己这样的心理暗示，导致心理压力过大，焦虑水平过高。

3. 考试焦虑的调适

(1) 直面焦虑，坦然接受。考试具有一定的竞争性，产生焦虑的情绪是很正常的。适度的焦虑情绪可以调动人们的积极性，激发比平时更大的力量和更多的智慧。可怕的不是焦虑，而是过度的焦虑。有一位心理学家曾说过："焦虑本身毫无可怕之处，可怕的是我们对它的态度。"当出现考试焦虑时，坦然接受这种焦虑，不要因为担心焦虑而焦虑，不要过分压抑焦虑状态。

(2) 端正考试动机，减少心理压力。考试是展示和检验自己才能与知识的机会，但并不是唯一的机会。因此，对于考试，我们既不能忽视也不能夸大考试的意义。要明白考试只是检验自身的一种手段，不要过度关注其他人对自己成绩的看法，更多从自身进步方面对待考试结果。

(3) 调整期望目标。考试前我们都会有自己的预期，不恰当的期望目标容易造成学生的自卑或自信，对于不恰当的期望目标，要及时地进行调整。根据自己的实际情况，恰当地设置考试目标，从而减少高要求带来的焦虑。

4.3.2 考试怯场及其调适

1. 考试怯场的表现

考试怯场是指考生在考试过程中，考场环境的紧张严肃与考试本身的强烈刺激，使其情绪高度紧张，产生严重焦虑、胆怯和恐惧等不良情绪，导致认知、操作的种种障碍与明显的身心不适感，出现正常的心理活动暂时失调或中断等现象。常见的怯场表现如下。

(1) 考前焦虑失眠、心情忐忑，听到考试就紧张过度。

(2) 在考场内，心情紧张，注意力难以集中在卷面上，知识提取困难，感觉题目很熟悉，但就是不会解答。

(3) 部分学生还会出现生理症状，轻者呼吸急促、心慌出汗、手脚颤抖，重者出现躯体部位疼痛、恶心呕吐，甚至休克昏迷。

2. 考试怯场的原因

(1) 对考试重要程度的认识会影响学生的正常发挥。学生若能正确认识考试，其心态就会比较平静，而越认为重要的考试，越容易患得患失，产生紧张情绪。

(2) 考试动机也会影响学生的考试表现。如果把考试成绩看得非常重要，那无形中就会给自己很大的心理压力，反而影响自己在考场上正常水平的发挥。

(3) 生理因素也会影响考试表现。如果学生考试前过度疲劳，睡眠不足，大脑没有得到充分的休息，也会影响考试的表现。此外，身体素质差等也是影响学生考试怯场的重要因素之一。

3. 考试怯场的应对方法

(1) 端正对考试的认识，减轻心理压力。考试怯场是将考试看得太重要，从而给自己很大的心理压力。其实，考试只是检验我们平时学习的一种手段，通过考试发现自己学习上的不足和疏漏，可以帮助我们可以更好地调整自己的学习方式。

（2）做好考前准备。对于重要的考试，学生可以在考试前熟悉考场环境，准备好考试当天所需的文具、证件等物品，尽量选择自己平时熟悉的文具。调整自己的作息时间，保证充足的睡眠，让大脑得到充分的调整。

（3）增强自我调控。学生在考场上出现了怯场的现象，也可以采用一些方法临场调适。比如，当感觉自己比较紧张时，可以暂时将注意力从试卷上抽离出来，闭目休息几分钟或者看看窗外的风景，等心情平静下来后再开始答题；也可以做些放松训练，如深呼吸、肌肉放松法，缓解自己的紧张情绪。

4.3.3 "舌尖现象"

"舌尖现象"（tip-of-the-tongue state, TOT）最早出现在美国心理学家威廉·詹姆斯的著作《心理学原理》一书中，后由 Brown 和 McNeill 加以完善，形成了清晰的界定。所谓"舌尖现象"是指个体确定自己知道某个词或信息，但暂时回忆不起来的现象。"舌尖现象"经常出现在日常生活中。比如，在考试时，看到一个题目感到很熟悉，也知道自己掌握了这个知识点，却怎么也想不起来怎么解答，而一出考场，就立即会做了。"舌尖现象"是大脑对记忆内容暂时性抑制的结果。

 资料卡

"瓦伦达效应"得名于美国著名钢索表演艺术家瓦伦达。他在一次重大的表演中，因为太在意演出结果，患得患失，导致表演中不幸失足身亡。他的妻子事后说，我知道这一次一定要出事，因为他上场前总是不停地说，这次太重要了，不能失败；而以前每次成功的表演，他总想着走钢丝这件事本身，而不去管这件事可能带来的一切。后来心理学家把这种在巨大心理压力下患得患失的心态命名为"瓦伦达效应"。

1. "舌尖现象"产生的原因

（1）知识掌握得不够彻底、充分。虽然知识点记住了，但是并没有理解它的原理，知其然不知其所以然。

（2）考试过程中情绪处于高度紧张状态，没有办法将注意力集中，知识难以提取。

2. "舌尖现象"的应对方法

（1）警惕瓦伦达效应。考试过程中将注意力集中于考试过程本身，而不去过多关注考试结果。

（2）加强考试前的复习准备。考试前，加大复习力度，理解知识的原理，扎实地掌握知识，形成知识网络，建立起有效的知识体系。

（3）适当安排答题顺序。如果考场中出现"舌尖现象"，可以暂时放下这个题目，把注意力转移到其他题上，或许过一会儿就能想起答案了。

4.3.4 考试作弊及其预防

1. 考试作弊的原因

（1）侥幸心理。有的学生不注重平时的知识积累，学习上不认真、不努力，考试前的准备又不充分，只是抱着侥幸和投机的心理来应付考试，期待"万一"能过关。考试的时候就弄虚作假，考场作弊，且认为自己作弊不会被发现。

(2)虚荣心理。也有的学生不在乎对知识的理解、掌握和应用,好虚荣,好攀比,只追求考试的分数,目的就是评优拿奖,考试挂科又怕丢了自己的面子。但由于自身实际能力和水平的差距,能找到解决问题的办法就只有顶风违纪作弊了。

(3)失衡心理。有些学生认为,其他人作弊而自己不作弊是吃了大亏;自己是能及格的,作弊只是为了多增加几分,这不算什么问题,视作弊为理所当然的事情。

2. 考试作弊的矫正

(1)恪守诚信。高职大学生要恪守诚信,这是做人的起码要求,是树立良好的校风学风的需要,是学生全面发展的需要。

(2)对考试要有正确的认识。考试不是目的,是教学过程中的一个重要环节,是检验教与学的重要手段。作为高职大学生,对考试要给予应有的重视,但不可为考试而考试。

(3)准备充分。高职大学生可以根据考试的时间,合理制定自己的复习计划,做好备考准备。

3. 考试作弊被发现后的心态调整

每个学校的考试制度和纪律都是很严谨、严格的,而在考场上作弊的学生,多数抱着侥幸心理,希望作弊不被老师发现。但作弊学生一旦被发现,其情绪波动特别大,主要表现出以下情况。

(1)知道自己的过错,但不愿意接受处分,于是托人求情说好话,甚至是痛哭流涕,后悔莫及。对于作弊学生,处理者首先要平稳他们的情绪,给以细心的开导,同时要使他们认识到自己犯错的原因和后果,勇于承担责任。

(2)无理取闹,强词夺理,不承认自己的错误,埋怨老师和同学,把他人作弊没被抓作为自己不应该受处分的理由。这样的学生虽然是少数,但不良影响很大。因此,对于这样的学生,在稳定其情绪后,要批评教育使其认识到自己的错误,对其作弊行为要严肃处理。

 心灵家园

保持睡眠,养足精神

1. 养成有规律的睡眠习惯。睡眠规律被打破,容易造成失眠。
2. 放松法。做深呼吸,深深地吸气,慢慢地呼气,吸气数数,呼气放松,一直数到20。
3. 温水放松。多活动腿部,并在临睡前用温水泡脚、洗脸或者洗澡,有利于睡眠。
4. 适当喝一些牛奶等,有助于睡眠,而不喝咖啡或浓茶等兴奋饮料。
5. 有轻度的失眠,可以看看较枯燥的书籍,听听轻音乐,想想愉快的事情,然后再上床睡觉。

在线学习 正念冥想

4.4 高职大学生学习方法和能力的培养

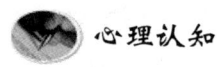心理认知

4.4.1 制定明确的学习目标和学习计划

1. 学习目标的制定

目标的制定应遵循以下原则。

(1)具有一定的挑战性。要给自己压力,制定一个跳一跳才能达到的目标。太容易达成的目标没有激励的作用。

(2)具体的。过于笼统的目标容易使人在学习的时候无从下手。将目标具体化、明确化,在学习过程中利于操作,可以抓住重点,有的放矢。

(3)可衡量的。到底完成了什么,应该有一个明确的可以量化的指标,只有这样,才能不断地检验目标是否实现,自己的坚持才变得更有力量。

(4)有时间期限。目标制定后,一定要进行时间管理。如果没有设定时间,完全凭自己的心情来,体会不到紧迫感,容易因为惰性阻碍目标任务的完成。

(5)现实的。目标的制定要基于现状,面对现实,根据自己的学习基础和学习能力制定一个合适的目标,不要盲目照搬他人的学习目标,也不要一味地追求过高的学习目标。

2. 学习计划的制定

(1)学习计划与自身实际情况和学习目标相配合。学习计划服务于学习目标,根据学习目标的长期、中期、短期之分,学习计划需要对应不同的学习目标,分别制定学期计划、月计划、周计划以及每日计划。

(2)苦抓学习重点。高职大学生的学习内容繁多,从各专业课程到选修课程,有些知识的学习是很关键的,应该将其视为学习的重点,在学习计划中也要有充分的体现。切忌学习无重点,眉毛胡子一把抓,浪费时间和精力。

(3)安排好常规学习时间和自由学习时间。常规学习时间指按学校规定的学习时间,主要用来完成老师布置的学习任务;自由学习时间指常规学习时间以外的归自己支配的课后时间。自由学习时间的安排是制定学习计划的重点。高职大学生应该提高常规学习时间的效率,增加和正确利用自由学习时间,提高自主学习的水平。

(4)计划要留有余地。学习计划安排得太紧凑,学习者执行起来相当困难,而且难以坚持。制定计划要留出必要的休息娱乐的时间,还应留出一点机动时间应付紧急情况,毕竟现实不会完美地跟着计划走,给计划留有一定的余地,这样完成计划的可能性就增加了。

(5)及时地监控和调节。学习计划并不是一成不变的,在执行过程中,需要根据实施情况进行调整。每一个计划执行结束或执行到一个阶段,就应当回顾一下效果。如果效果不好,就应该找原因,及时进行调整。

> **资料卡**
>
> 学习方法研究专家曾做过一个调查，结果发现：有学习计划并且能够执行计划的学生，成绩最好、最稳定；没学习计划也不按照老师计划做的学生，成绩最差；有学习计划但不能够完全执行的学生，其成绩较稳定或较好。

4.4.2 学会科学管理学习时间

1. 利用最佳学习时间

人在一天的不同时段，大脑活动的效率是不同的，学习时间的最佳选择应该是一天中大脑最清醒的时候。生理学家研究认为，一天之内有四个学习的高效期，第一个学习高效期是清晨。此时大脑经过一夜的休息，消除了前一天的疲劳，脑神经处于活动状态，没有新的记忆干扰，此刻学习一些难记忆但必须记忆的东西较为适宜；第二个学习高效期是上午八点至十点，体内肾上腺等激素分泌旺盛，精力充沛，大脑具有严谨而周密的思考能力、认知能力和处理能力，此刻是攻克难题的大好时机；第三个学习高效期是下午六点至八点，这是用脑的最佳时刻，不少人利用这段时间来回顾、复习全天学过的东西，加深印象，分门别类，归纳整理；第四个学习高效期是入睡前一小时，利用这段时间来加深印象，特别对一些难以记忆的东西加以复习，则不易遗忘。除以上一般性的学习时间规律外，对于不同的人来说，还有自己独特的学习时间规律和习惯。为提高学习效率，高职大学生要善于发现并充分利用自己独特的最佳学习时间段，同时，要养成在固定的时间进行学习的习惯。

2. 高效利用上课时间和自习时间

课堂学习是高职大学生最主要的学习方式，大部分的专业知识是在课堂中获取到的，因此，上课的时间就尤为宝贵。每堂课时间有限，仅仅只有 45 分钟，但是在有限的时间里需要学生掌握大量的新知识，这就需要学生在上课的时候能够认真听讲，在课堂中学会新的知识。如果上课效率高，学生就可以在课后花费更少的时间去复习和巩固。所以，高职大学生要能够高效利用上课时间，在课堂中认真听讲、思考、专心记好笔记。有疑惑的在课堂中或者课间问老师或者同学，把问题尽早解决。大部分的高职院校安排学生上早晚自习，这也是学生课后自主学习的好时机。但是很多学生在自习时候玩手机、睡觉，白白将这些时间都浪费掉了。如果可以在自习时间做一些有意义的事情，如巩固复习自己的专业知识、学习英语等，那将会在大学里收获更多。

4.4.3 优化学习的过程

1. 课前预习

(1) 选择好预习的时间。在上课前两三天预习，在上课时仍有记忆，这样才能达到预习的目的。

(2) 预习两遍新内容。预习不是简简单单看一遍新内容就可以了，通常第一遍都只是大致了解要学习的新内容，重点是第二遍。在第二遍的时候，要认真阅读新内容，带着第一次预习时出现的问题，深入思考，仔细钻研教材，不要着急，不要赶时间，遇到困难时先自己想办法解决，可以查阅资料、翻阅工具书，尽量争取依靠自己的努力攻克难关。

(3)预习时做好笔记。在预习过程中，要边阅读边记笔记。遇到重点的内容，要勾画，遇到自己不懂的问题，要标注出来。自己查阅的资料，可以批注在教材上。自己的一些思考也可以记在教材上。

2. 做好课堂笔记

俗话说："好记性不如烂笔头。"研究表明，记笔记可以指引并稳定学生的注意力，帮助学生理解课堂教学内容，同时扩充学生的知识面。

心灵家园

 生物节奏类型判别

判断自己的生物节奏类型属百灵鸟型还是猫头鹰型，或者介于两者之间的混合型，可以使你在最合适的时间里工作或学习，达到最高的效率。请你如实地回答下面每一个问题，选择其中最符合你情况的答案，然后将每一个答案的分数加起来，最后再查总分情况，便可知你属于那种类型。

1. 如果白天的时间任你支配，你觉得在下列何时起床，才能使你进入最佳的工作或思考状态？
  a. 早晨 5:00～6:15 5 b. 早晨 6:15～7:30 4
  c. 上午 7:30～9:30 3 d. 上午 9:30～10:30 2
  e. 上午 10:30～12:00 1

2. 如果夜晚的时间任你支配，你觉得在下列何时睡觉才能使你在第二天保持最佳的工作和思考状态？
  a. 晚上 8:00～9:00 5 b. 晚上 9:00～10:30 4
  c. 深夜 10:30～12:15 3 d. 午夜 12:15～1:15 2
  e. 凌晨 1:15～3:00 1

3. 早晨醒后半小时内，你清醒的程度如何？
  a. 非常清醒 4 b. 比较清醒 3
  c. 有点清醒 2 d. 很不清醒 1

4. 晚上八点的时候，你感觉如何？
  a. 非常累 4 b. 比较累 3 c. 有点累 2 d. 不累 1

5. 你将要去进行一次有关个人前途的面试，并希望极为顺利地通过这次面试，在下列时间中，你会选择哪一个时间去应试，以达到你的目的？
  a. 上午 9:00～10:00 4 b. 中午 11:00～12:00 3
  c. 下午 5:00～6:00 2 d. 晚上 7:00～8:00 1

6. 你准备在每周进行两次体育活动，每次一小时，有人建议你在上午 7:00～8:00 进行，你认为在这段时间里活动，身心将会处于什么状态？
  a. 最佳状态 4 b. 一般状态 3
  c. 活动展不开 2 d. 根本不可能 1

7. 你将要进行一次非常艰巨的考试(考试时间是两小时)，你希望在你大脑生物节奏的最佳状态时进行这次考试，在下列时间中，你将选择哪两个小时来进行考试？

  a. 上午 8:00～10:00   4
  b. 中午 11:00～1:00   3
  c. 下午 3:00～5:00   2
  d. 晚上 7:00～9:00   1

8. 假设你每天工作八小时，而且你对工作很感兴趣，下面这些连续的工作时间(包括休息)，哪一个是你最喜欢的工作时间？

  a. 午夜 12:00～早晨 8:00   1
  b. 早晨 5:00～下午 1:00   5
  c. 上午 7:00～下午 3:00   4
  d. 中午 12:00～晚上 8:00   3
  e. 下午 2:00～晚上 10:00   2
  f. 晚上 7:00～凌晨 3:00   1

评分标准：

  8～16 猫头鹰型：属猫头鹰型生物节奏的人，一到夜间，脑细胞即转入高度兴奋状态，精力集中，思维十分活跃，工作效率极高。

  25～35 百灵鸟型：属百灵鸟型生物节奏的人，在清晨和上午精神焕发，朝气蓬勃，记忆和创造效率较高，而晚上到了一定的时候，大脑的工作效率就降低了。

  17～24 混合型：在猫头鹰型和百灵鸟型之外，还有一种情况，即随时都可以学习，全天用脑效率都差不多，无所谓白天、黑夜，称为"混合型"。属这一类型的人，可以恰当地安排好各种学习活动的时间。

| 在线学习 | 时间管理：番茄工作法 |

| 在线学习 | "PQ4R"学习方法 |

第 5 章　培养成功交往的能力

> 人好刚，我以柔胜之；人用术，我以诚感之；人使气，我以理屈之。
> 　　　　　　　　　　　　　　　　　　　　　　　　——金缨

 心灵求索

进了大学，住进六个人一间的宿舍，我一直不开心。按说几个年轻人住在一起，应当很热闹，可是我融不进去，仿佛热闹是别人的，与我无关。来上学前，父母就一再叮嘱我要好好与同学相处，我也深知人际交往的重要性，可是我不知应从何做起。刚入校的时候，我想一定要给同学留个好印象，所以凡事都抢着做。开始大家还说声谢谢，后来就习以为常，仿佛这些事本来就是我该做的。我很寂寞，觉得没有人喜欢我。我很羡慕那些在人际交往中如鱼得水的人，我要怎样做才能让大家喜欢我呢？

问题导入

1. 描述人际交往的定义。
2. 人际交往与人际关系之间有什么联系？
3. 良好的人际交往是怎样促进高职大学生心理成熟的？
4. 人际交往的图式化给交往带来了哪些利弊？
5. 从人的人格品质角度来说，你喜欢与哪些人交往？
6. 怎样培养成功交往的能力？

5.1　高职大学生人际交往概述

 心理认知

5.1.1　人际交往的基本含义

1. 人际交往与人际关系

（1）人际交往。人际交往是指个体通过一定的语言、文字或肢体动作、表情等表达手段将某种信息传递给其他个体的过程。

（2）人际关系。人际关系是指人与人在相互交往过程中，建立和发展起来的心理关系。它包括亲属关系、朋友关系、同学关系、师生关系、雇佣关系、战友关系、同事关系及领导与被领导关系等。

2. 人际交往的层次和类型

人际交往有三个层次：第一个层次是表面化的交往又称为混合型交往，表现为一般性的礼貌、客气等；第二个层次是利益交往又称为工具型交往，是为了各自的利益或共同的利益在一起打交道；第三个层次是精神交往，是关于道德、信仰、原则、感情、友谊等方面，是一种高层次的交往。

5.1.2 高职大学生人际交往的功能

1. 良好的人际交往促进高职大学生社会化

社会化是指个体在生活中，不断学习和掌握充当社会角色必备的知识、技能以及社会规范，以获得社会合格成员资格的过程。一个人的社会化程度高低，是衡量其社会成熟程度与能力强弱的尺度。广泛的人际交往能获得较多的社会知识，适应社会的能力就强。高职大学生在校期间有两大任务：学习专业知识技能和了解社会；形成合乎社会要求的、适应社会角色必备的知识和技能以及具备适应社会的心理素质，逐步完成从学生到职业人、社会人的过渡。因此，良好的人际交往是高职大学生完成个体社会化进程的必备条件和有效途径。

2. 良好的人际交往是高职大学生心理保健的需要

心理学研究表明，人都有强烈的交往需要。一个人如果长期缺乏与他人的交流和沟通，就会感到孤单、压抑和苦闷，严重者将对身心健康造成极大伤害。

 资料卡

> 美国心理学家沙赫特·斯坦利曾做过这样一个实验：他以每小时15美元的酬金聘请人到一个小房间去住。这个小房间与外界完全隔绝，没有报纸，没有电话，不准写信，也不让其他人进入。最后有5人应聘参加实验。实验结果是：有一个人在小房间里只待了两个小时就出来了，有3个人待了2天，另一个人待了8天。这个待了8天的人出来以后说："如果让我在里面再多待一分钟，我就要发疯了。"

现在的高职大学生独生子女居多，在外求学，大多是第一次远离家乡和亲人，心中难免会有孤独感，在学习和生活中也经常会遇到一些困难和不顺心的事。高职大学生急需将这些成长的烦恼找人倾诉、交流，从中得到精神的慰藉。一位哲学家这样说："如果你把快乐告诉一个朋友，你将得到两份快乐；如果你把忧愁向一个朋友倾吐，你将被分去一半忧愁。"由此可见，良好的人际交往是维护和促进高职大学生心理健康的一剂良药。

3. 良好的人际交往有助于高职大学生进一步深化自我认识

人的自我意识的发展并不是一个自然成熟的过程，而是通过交往，不断地以他人为镜，在与他人的对照中不断地调整自己，从他人对自己的态度和评价中正确地认识自己的形象以及在社会中所处的位置，从而让自我认识不断发展成熟的过程，也是一个人自我完善的过程。高职大学生无论是今天的在校学习，还是明天的工作与事业，都必须充分认识人际交往的重要性，在交往中学习、总结，以别人的长处来弥补自己的短处，扩充自己的知识积累，发展自己的认知体系，这是人才发展规律对高职大学生的基本要求。

4. 良好的人际交往有利于高职大学生心理的尽快成熟

良好的人际交往有利于高职大学生的心理健康发展，主要体现在以下方面。

 资料卡

卡内基是美国的钢铁大王，他对钢铁全然不懂，但他雇用了成百上千名钢铁专家为他工作。当谈及成功的秘诀时，这位钢铁大王说，在他成功的因素中，个人条件占15%，机遇占20%，交往能力占65%。

(1) 能起到代偿作用。和谐的同学关系和师生关系一定程度上可以代替补偿其与父母、兄弟姐妹的亲情，从而可以减少或消除失落感与孤独感。

(2) 能起到稳定情绪的作用。高职大学生的生活领域既充满着紧张的学习、生活，又交织着复杂丰富的情感，烦恼时要向人倾吐，欢乐时希望能与人分享，良好的人际关系能满足高职大学生的这些需求，从而使他们从紧张的心理冲突中解脱出来，给他们带来情感上的稳定。

(3) 有助于高职大学生自我意识的发展与深化。置身于良好的人际关系中，能使高职大学生感到自己被他人所接受、所承认，从而满足了自尊心，增强了自信心和自豪感。

5.1.3 高职大学生人际交往的因素

1. 社会心理因素

(1) 邻近性。如果其他条件相同，人们在时空上越接近，双方交往和接触的机会就越多，容易形成密切的人际关系。比如，同寝室的同学结伴去上课，去食堂，甚至一起网购。

(2) 相似性。包括年龄、学历、兴趣、爱好、态度等方面的类似性或者共同性。具有上述某方面相似性的学生交往起来有共同语言，彼此容易理解，成为朋友，建立良好的人际关系，尤其是态度或价值观的相似性。

(3) 互补性。互补性是指交往双方的个性差异，彼此可以取长补短。互补是一种主观的需要或动机。有时两个性格不相同的人相处很好，并成为好朋友，这就是由于双方都知道自己的长处和短处，都想利用对方的长处来弥补自己的短处，这是一种心理上的需要。

2. 认知因素

1) 对自我的认知

自我认知的关键是自我评价是否恰当，过高地评价自己，会引起骄傲自大，在人际交往中盛气凌人，或不屑交往；过低地评价自己，则会引起自卑，害怕与他人交往，导致人际交往中的恐惧心理。自我的评价直接影响人际交往中的自我表现。

2) 对他人的认知

对他人的认知一般呈现出以下几种心理效应。

(1) 首因效应，又称第一印象，是指初次对人产生的知觉印象，往往最为鲜明和深刻，并对以后的认知产生较大的影响。它的产生是由于人们在最初认知事物时，形成了一定的印象，即使事物发生了变化，知觉的印象仍然保持相对不变。这种知觉的恒定性保证了人们对事物的相对稳定的认识，但也容易导致认知上的偏差。但首因效应作为一种客观存在的心理现象，它决定交往是否延续，并影响今后的交往过程和结果。所以我们要重视人际交往中的首因效应，力求在人际交往中给人留下良好的第一印象。当然也不要为首因效应所困，须知"路遥知马力，日久见人心"，可以在交往过程中逐步认识他人。

(2) 近因效应，是指最近的信息对人的认知具有强烈的影响，并给人留下深刻的印象。认知者在与陌生人交往时，首因效应起的作用较大；而与熟人交往时，近因效应的作用则较为明显。因此，在人际交往中应该注意克服近因效应带来的认知偏差，要学会用动态的、发展的、历史的、全面的眼光看待他人。

(3) 晕轮效应，是指人们仅仅依据某人身上一种或几种特征，来概括他在其他方面一些未曾被了解的人格特征的心理倾向。比如，"情人眼里出西施""爱屋及乌""一俊遮百丑"就是典型的晕轮效应。高职大学生在人际交往中要避免以点带面，以偏概全。

(4) 投射效应，是指在人际交往中，把自己具有的某些特质加到他人身上的心理倾向。认为别人和自己有着相同的好恶、相似的观点。自己感兴趣的东西，也以为别人同样感兴趣，便高谈阔论地讲个没完；自己喜欢议论别人，就总认为别人也在背后议论自己。投射效应是一种自我防御，有时会有利于人们相互理解，有利于进行自我心理调节，但在人际交往中由于主观猜测，也常常会造成误会。

(5) 刻板效应，是指在人际交往中，人们习惯于将交往对象归于某一类群体中，不管他是否表现出该类群体特征，都把对该类群体的评价强加于人，从而影响正常的认知。例如，"女人头发长见识短"，年轻人"嘴上无毛，办事不牢"。刻板效应对一般和个别不作区分，因而会妨碍对他人的具体认知，也容易对人际交往造成负面影响。

> **情境聚焦**
>
> 有一位高职女大学生，父母离异，她和母亲生活在一起。母亲由于婚姻的失败，经常以她的父亲为例，说世界上没有好男人，要防范男人。结果，该女生进入大学后，对男同学有很强的防范心理，总认为男生都戴着虚伪的面具，是在欺骗、利用女生，从而拒绝和异性交往，即使是团体活动也拒绝参加，形成封闭、自锁的心理障碍，严重影响了她与同学的交往，妨碍了良好人际关系的建立。

3) 对交往本身的认知

交往的过程是双方彼此满足需要的过程，如果只考虑自己的满足而忽视对方的需要，就会引起交往不畅甚至产生误会。

3. 情绪因素

人际交往中的情绪表现，应该是适时适度的，应当与引起情绪的原因及情境相符合，并随客观情况的变化而变化。若情绪反应过分强烈，不分场合和对象，恣意纵情，会给人轻浮不实的感觉；若情绪变化激烈，则会让人觉得过于感情用事；若情绪反应过于冷漠，对本可引起喜怒哀乐的事情无动于衷，则会被认为麻木、无情。这些不良情绪反应都会影响交往。

4. 人格因素

(1) 有助于人际交往的人格因素是：尊重、关心、理解他人、乐于助人、富有同情心；热心集体活动，工作认真负责；学习效率高，成绩好，同学请教有问必答；有特长，能力强；

稳重、耐心、宽容、真诚、热情、开朗等。

（2）不利于人际交往的人格因素是：以自我为中心，自私狭隘，只关心自己，不为他人的利益和处境着想；对集体工作缺乏责任感，办事敷衍了事，或完全置身于集体之外；虚伪，华而不实；对人冷淡、固执、爱吹毛求疵，嫉妒心强；苛求他人，不尊重他人，疑心重，支配欲过强。或表现为过分自卑、缺乏自信心；过于服从或取悦他人，依赖心理强等。在人际交往中，人格因素至关重要。不良的人格特征容易给人留下不良印象，从而影响人际交往。因此，为了改善人际交往，应努力培养自身良好的人格品质。

5. 人际交往能力

（1）人际交往能力，是指个体运用语言和非语言手段来达到某种交际目的的能力，包括表达理解能力、人际融合能力和解决问题的能力。

（2）人际交往能力的构成：①人际感受能力。即对他人的感情、动机、需要、思想等内心活动和心理状态的感知能力，以及对自己言行影响他人程度的感受能力。②人事记忆力。即记忆交往对象个体特征，以及交往情景、交往内容等一切信息的能力。③人际理解力。即理解他人的思想、感情与行为的能力。④人际想象力。指从对方的地位、处境、立场思考问题，评价对方行为的能力。即设身处地为他人着想的能力。⑤风度和表达力。即人际交往的外在表现。指与人交际的举止、谈吐、风度，以及真挚、友善、富于感染力的情感表达，是较高人际交往能力的表现。⑥合作能力与协调能力。这是人际交往能力的综合表现，是企业团队合作的必要能力。

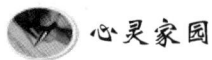

高职大学生人际交往自测

这是一份人际交往行为困扰的诊断量表，共28个问题，在每个问题上，选"是"的打"√"，选"非"的打"×"。请你认真完成，然后看后面的评分办法对测验结果做出的解释。

1. 关于自己的烦恼有口难言。（　　）
2. 和陌生人见面感觉不自然。（　　）
3. 过分地羡慕和妒忌别人。（　　）
4. 与异性交往太少。（　　）
5. 对连续不断的会谈感到困难。（　　）
6. 在社交场合感到紧张。（　　）
7. 时常伤害别人。（　　）
8. 与异性来往感觉不自然。（　　）
9. 与一大群朋友在一起，常感到孤寂或失落。（　　）
10. 极易受窘。（　　）
11. 与别人不能和睦相处。（　　）
12. 不知道与异性相处如何适可而止。（　　）
13. 当不熟悉的人对自己倾诉他的生平遭遇以求同情时，自己常感到不自在。（　　）
14. 担心别人对自己有什么坏印象。（　　）

15. 总是尽力使别人赏识自己。（ ）
16. 暗自思慕异性。（ ）
17. 时常避免表达自己的感受。（ ）
18. 对自己的仪表(容貌)缺乏信心。（ ）
19. 讨厌某人或被某人所讨厌。（ ）
20. 瞧不起异性。（ ）
21. 不能专注地倾听。（ ）
22. 自己的烦恼无人可倾诉。（ ）
23. 受他人排斥与冷漠对待。（ ）
24. 被异性瞧不起。（ ）
25. 不能广泛地听取各种意见、看法。（ ）
26. 自己常因受伤害而暗自伤心。（ ）
27. 常被别人谈论、愚弄。（ ）
28. 与异性交往不知如何更好地相处。（ ）

评分方法与结果解释：打"√"的给1分，打"×"的给0分。

小贴士　如果你得到的总分是在0～8分，那么说明你在与朋友相处上的困扰较少。你善于交谈，性格比较开朗，主动关心别人。你对周围的朋友都比较好，愿意和他们在一起，他们也都喜欢你，你们相处得不错。而且，你能够从与朋友的相处中得到许多乐趣。你的生活是比较充实而且丰富多彩的，你与异性朋友也相处得很好。总而言之，你不存在或较少存在交友方面的困扰，你善于与朋友相处，人缘很好，能获得许多人的好感与赞同。

如果你得到的总分是在9～14分，那么，你与朋友相处存在一定程度的困扰。你的人缘很一般，换句话说，你和朋友的关系并不牢固，时好时坏，经常处在起伏波动的状态之中。

如果你得到的总分是在15～28分，那就表明你在与朋友相处上的行为困扰较严重。分数超过20分，则表明你的人际交往的行为困扰程度很严重，而且在心理上出现较为明显的障碍。你可能不善于交谈，也可能是一个性格孤僻的人，不开朗或有明显的自高自大、讨人嫌的行为。

5.2　高职大学生人际交往常见心理问题与调适

5.2.1　自卑心理及其调适

1. 自卑心理的表现

自卑是个体自己瞧不起自己，是一种消极的情感体验，表现为对自己的能力和品质评价过低。自卑和自满正好是两种完全相反的心理品质，却都是年轻人常有的心理表现。据某高职院校调查，该校学生中明

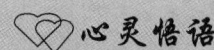

自卑和自我怀疑是人类最难征服的弱点。
——苏格兰哲学家卡莱尔

显自卑者占总人数的 28%~30%。有自卑心理的高职大学生在交往中常常缺乏自信心,处事过分小心谨慎,畏首畏尾,敏感多疑,孤僻。有自卑心理的人常常自惭形秽,感到这也不如人,那也不如人,总觉得别人瞧不起自己。在公共场合一般不积极主动参与交往,而是消极被动,极易受挫。

2. 自卑心理的成因

(1) 自我否定。自我概念不成熟的人常常根据他人对自己的评价和通过自己与他人的比较来认识自己的长短优劣。在与他人接触和比较的过程中,习惯拿自己的短处与他人的长处比,于是产生自卑。只看到自己的不足而忽视了自己的优点,形成了自我否定。

(2) 消极的自我暗示。当人们在交往中面临一种新局面时,都会首先自我衡量是否有能力应付。如果自我认识不足,常有一种"我不行"的消极自我暗示,就会抑制自信,增加紧张感,限制能力的发挥,导致社交的失败。这种结果又无形地印证了自卑者的消极自我认识,使自卑感成为一种固定的消极自我暗示。

(3) 个体条件缺陷。如有的学生因为生理上的缺陷、容貌不佳或者个子太矮等,总觉得别人看不起自己而影响与人交往;有的学生会因为自己出身贫寒,担心别人看不起自己,在人际交往中往往不敢主动积极参加,表现出自卑倾向。

3. 自卑的调适

(1) 正确认识自我,提高自我评价。自卑者要改变对自己的消极认知,善于挖掘和发现自己的优势,多纵向比较,看到自己的进步。有勇气接纳自己,尤其要接纳自己通过努力仍然不能改变的缺陷。心胸开阔,坦然面对自己和其他同学的差异。关键是要把握自己的长处,按照自己的目标去交际,去生活,逐渐进步。

心灵咖啡

有自卑心理的同学不要自暴自弃,有意识地多与性格开朗、乐观、豁达的同学交往,保持自己的心情愉快,学会去关心人、去奉献,自卑心理就会离你远去。

(2) 调整心态、积极与他人交往。一个人的接触面越广,越能促进其对自身的了解。因此,每一位学生都不应把自己局限于某个固定的小圈子中,应不断地扩展自己的交际范围,去感受他人的喜怒哀乐,去感受生活的美好。另外,自卑的学生在交往中一般都具有谦虚、善于体谅人、不与人争名夺利、做事小心谨慎、稳妥细致等优点,容易取得别人的信任。所以,自卑的学生要看到自己在交往中的长处,增强自信,为消除自卑奠定心理基础。

5.2.2 孤独感及其调适

1. 孤独感的定义

孤独感是指因离群而产生的一种无依无靠、孤单烦闷的不愉快的情绪体验,它在各个年龄阶段都会产生。有孤独感的人时常产生孤雁失群式的悲哀,从而影响正常的社交。

2. 孤独感产生的原因

(1) 环境因素。有些环境容易让人感到孤独,如孤单的环境、陌生的环境、突变的环境等。

(2) 自我意识增强。由少年到青年，自我意识开始觉醒并逐渐建立，产生了了解别人和被别人接受的心理需要。他们很关心自己在他人心目中的地位和形象，重视他人的评价。因此，他们一方面会将自己内心隐藏起来，不愿与人深交。另一方面又渴望别人能真正了解自己。两种相悖的心理需要不能同时得到满足时，便会产生孤独感。

(3) 自我评价不当。自我评价过低，个体产生自卑心理，自卑严重的人往往缺少朋友，容易产生孤独感；自我评价过高，个体产生自负心理，看不起别人，在交往中表现为不合群、不随和，因而往往缺乏朋友，感到孤独。

(4) 交往缺乏技巧。人际交往需要真诚，需要热情，也需要技巧。有的人因为没有掌握交往技巧而失去朋友或得罪他人，破坏了自己的形象。

(5) 情绪障碍。人际交往中诱发孤独感的情绪有害羞、恐惧、愤怒、嫉妒、狂妄等，其中与孤独感密切相关的是害羞和恐惧，害羞和恐惧会使人产生逃避行为，从而避开与人交往的情境，离群索居，封闭自我。

3. 孤独感的调适

(1) 接纳孤独感。不要刻意逃避孤独时的负面情绪，逃避只会加剧痛苦。

(2) 多与外界交流。当你感到孤独时，可翻翻旧日的通讯录，看看你的影集，也可给某位久未联系的朋友写信。利用网络与朋友、同学交往和联系，当然不只是在你感到孤独时。别人和你一样，也需要体会到友谊的温暖。

(3) "忘我"境地。与人交往时，不必过于小心谨慎，患得患失。无论是在什么样的情境下，设法为他人做点什么，不管是发自内心还是出于礼貌。你会体会到温暖别人的同时，也在温暖你自己。

(4) 享受大自然。当心情不好，又不愿向别人倾诉时，可以与大自然对话，聆听大自然的声音，感受大自然的慰藉，让大自然的清风吹散你心中的不快，你的心情就会逐渐开朗起来。

(5) 懂得孤独之于心理健康的价值。交往和独处是人在世上生活的两种方式，对于每个人来说，这两种方式都是必不可少的，只是比例很不相同罢了。从心理学的观点看，人之所以需要独处，是为了进行内在的整合。所谓整合，就是把新的经验放到内在记忆中的某个恰当位置上。唯有经过这一整合的过程，外来的印象才能被自我所消化，自我也才能成为一个既独立又生长着的系统。所以，有无独处的能力，关系到一个人能否真正形成一个相对自足的内心世界，而这又会进而影响他与外部世界的关系。那种缺乏独处能力的人只具有"虚假的自我"，因为世界对于他们来说仅是某种必须适应的对象，而不是可以满足他主观性的场所。所以，当你接纳自我的孤独时，你就变得成熟而强大了。

(6) 寻求专业帮助。如果孤独感得不到恰当的疏导或解脱而发展成为习惯，或者变得性情孤僻古怪，甚至可能会变成孤独症，这就需要心理咨询或接受专业医生的治疗。

在线学习　美文阅读：周国平《孤独的价值》

5.2.3 嫉妒心理及其调适

1. 嫉妒及其表现

嫉妒是抱怨、憎恨在某个方面超过自己的人，是一种打击别人、抬高自己的唯我独尊的

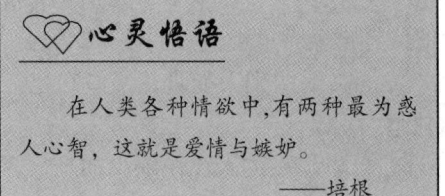

在人类各种情欲中，有两种最为惑人心智，这就是爱情与嫉妒。
——培根

心理。就高职大学生而言，嫉妒心理主要表现在：对他人的成绩和长处不服气，甚至嫉恨；看到别人优秀不甘心、不服气，总希望别人比自己落后；看到别人处于劣势则感到莫大安慰或幸灾乐祸等。有嫉妒心理的人有个重要的特点就是没有竞争的勇气或能力。往往采用讽刺、嘲笑、诽谤、疏远和陷害等，甚至犯罪手段对他人造成危害。

2. 嫉妒心理产生的主观因素

(1) 挫折感。几乎每个人都有要在某个方面超越他人的愿望，但当这种愿望无法实现时，就容易产生挫折感，从而导致对他人的不满和嫉妒。

(2) 自我期望过高。有些人不能客观地认识自身与他人的差异，错误地估计自己的能力，得失心较重。一旦看到别人得到的比自己多，就产生被剥夺感，最终引发嫉妒心理。

(3) 以自我为中心。"唯我独尊"的心态严重，凡事总想高人一等；虚荣心强、好出风头等。

3. 嫉妒心理的调适

(1) 充实自我，提升自我。把主要精力投入到努力学习专业技能、积极参加学校各种活动中，使自己心理充实、心情愉快。一个埋头于自己事业追求的人，是无暇顾及别人的事情的，也就无暇去嫉妒别人。有嫉妒心理的学生应树立自己的远大目标和制定近期计划，化嫉妒心理为追求上进的力量，并通过自己的积极努力，以正当的手段赶上或超过对方。即使不如别的学生，你的心理也是积极、健康、阳光的。

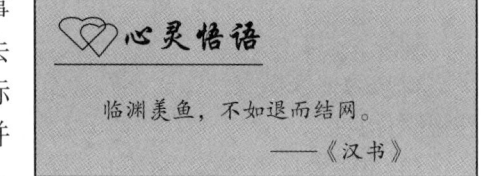

临渊羡鱼，不如退而结网。
——《汉书》

(2) 提高修养。嫉妒心严重的人往往目光短浅、气量狭小，与人交往时喜欢以自我为中心，凡事愿被别人称赞，而很少称赞别人，情绪不稳，易受外界影响。因此，平时应多加强自身修养，提高心理素质。

(3) 加深相互了解。许多嫉妒心理的产生都是由误解造成的，嫉妒者认为对方的优势会对自己造成损害，从而耿耿于怀。对于这种情况，要敞开心扉，主动接近，加深了解，相互沟通，避免发生误会。

(4) 有豁达的人生观。人生是一个大舞台，每个人都在扮演着自己的角色，每个人都各得其所，各有所归，应该正视对方比自己强，认可别人有的地方比自己高明。正确对待自己，客观评价他人。常言道，"尺有所短，寸有所长"。每个人都有自己的优势和长处，事事都要求出人头地是不可能的，要全面地认识自己，正视自己的不足，争取改善现状。

5.2.4 猜疑心理及其调适

1. 猜疑的含义及其表现

猜疑心理就是无客观依据地猜测、怀疑别人会对自己不利，是无中生有地起疑心，对人对事均表示不放心的一种心理状态。持有这种心理状态的人，总是从自我的主观想象出发，去分析、看待问题，故必然带有片面性的色彩。

2. 猜疑产生的原因

(1)主观臆断。即无根据地猜测和怀疑，用一句话来表示就是"以小人之心度君子之腹"。

(2)性格多疑。由于性格孤僻、思维刻板，与人交往时总有一种不信任的思维定式。

(3)错觉反应。对某种偶然的现象或偶然的信息纳入错误判断的轨道，以致越看越像、越看越真，从而造成错觉反应。

3. 猜疑的调适

(1)信任。无论是信任别人还是被别人信任，都是良好人际交往的重要一环。

(2)优化心理品质。猜疑心理的主要原因是心胸狭隘、目光短浅、气量不足。提高修养，努力使自己心胸开阔，遇事不要把别人看得太坏，也不要把事情想得太糟、太复杂。

(3)及时解释疑惑。在交往中如果彼此发生了误会，最好进一步交流解释，直到消除疑虑。

(4)要学会全面、辩证地看待人、处理事的方法。这是人际交往和处理人际关系问题不可缺少的方法。

 心灵家园

你想快乐吗？坚持从今天开始

1. 只为今天，我要很快乐。
2. 只为今天，我要让自己适应一切，而不是试着调整一切来适应我。
3. 只为今天，我要爱护我的身体。
4. 只为今天，我要加强我的心理。
5. 只为今天，要用三件事来锻炼我的灵魂：我要为别人做一件好事，但不要让大家知道；我还要做两件我并不想做的事，是为了锻炼。
6. 只为今天，我要做一个讨人喜欢的人，外表要尽量得体，说话谦和，举止优雅，丝毫不在乎毁誉，对任何事不挑毛病，也不干涉或教训别人。
7. 只为今天，我要试着只考虑怎么度过今天，而不把一生的问题都一次解决。
8. 只为今天，我要定下一个计划。
9. 只为今天，要为自己留下安静的半个小时，轻松一番，在这半个小时里，我要尽量使我的生命更充满希望。
10. 只为今天，我要去欣赏美的一切，去爱，去相信我爱的那些人会爱我。

5.3 培养成功交往的品质和能力

 心理认知

5.3.1 培养成功交往的心理

1. 诚实守信

诚实守信就是真实、真诚，履行承诺。这是健康、良好的人际交往的首要基础。建立在此基础上的人际交往才能可靠而持久。

2. 谦虚、谨慎、自信

无论在何种情况下为人处世都要特别谦虚、谨慎。谦虚使人常常看到自己的不足与他人的长处，从而取长补短。谨慎不是拘谨，而是有选择性地交往。自信能使交往主动、积极、从容不迫、落落大方。人际交往中有一种投射作用，与一个自信心特别强的人交往，你会在不知不觉中增强"自信"，"自信者人信之"。

3. 热情助人

热情给人以温暖，能增强人际吸引。助人，是给需要帮助的人提供支持和帮助。在人际交往中，热情助人能传递出人与人之间的友爱和温情，能快速拉近交往对象间的心理距离。

4. 尊重、宽容、理解他人

这是赢得他人信任的根本所在。尊重他人是指尊重他人的人格、意见、隐私及劳动等。每个人无论在什么地方都渴望得到别人的尊重和认可。若此愿望得到了满足，对方就会在你所希望的方面表现得更加完美。人际交往是双向的、互感的、互惠的。所以，要想得到他人的尊重，首先要学会尊重他人。宽容是指在承认人与人之间差异的基础上，尊重他人的存在方式。中国有句古语"将军额头能跑马，宰相肚里能撑船"，要宽宏大量。斤斤计较的人，不仅不会有良好的人际关系，而且难以成就事业。真诚的理解是交往双方能适时地进行角色互换，将心比心地去体验和思考他人的感情和行为。

5.3.2 遵循交往的原则

1. 平等原则

平等是建立良好人际关系的前提，是最基本的交往原则。尽管高职大学生来自不同的地方，家庭出身、经济状况、个人的知识水平、能力、经历有所不同，但并无高低贵贱之分。如果高高在上、盛气凌人、缺乏对人起码的尊重，最终会成为交往中脱离群体的孤家寡人；而那种处处觉得低人一等、缺乏交往勇气和信心的自卑的人，同样也难以赢得别人的同情与尊重。运用平等原则，除了最基本的尊重，还应注意交往中的对等礼仪，这里的对等，不是完全地投桃报李和数量的严格对等，而是以心换心、以情换情，达到相互间的心理平衡与理解，使人际关系更加协调和融洽。

2. 真诚原则

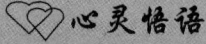

> 世间最美好的东西，莫过于有几个头脑和心地都很正直的朋友。
> ——爱因斯坦

美国某心理学家设计的 555 个描写人品的形容词中，高职大学生最喜欢、评价最高的品质是真诚，在 8 个评价最高的形容词中，有 6 个和真诚有关，即真诚、诚实、忠诚、真实、信赖和可靠。评价最低的品质中，虚伪居首位。真诚是做人之本，是美好品德的体现，交往中表里如一、坦诚直率、言行一致、信守诺言，才会赢得别人的拥戴，彼此建立深厚的友情。

3. 包容原则

世界上没有两片完全相同的树叶,更没有两个完全相同的人。生活中,每个人都有自己的个性、优点和缺点,包容就是要承认差异、悦纳自己、接受别人,"求大同,存小异",能够和谐相处,即使兴趣、爱好不同,同样也能够彼此相互容纳。包容原则一方面要求高职大学生在交往中能够允许不同的观点、见解和行为方式的存在,同时要以宽容的心态对待别人的错误与缺点,不盲目对抗,而是宽以待人、化解矛盾。在坚持原则、自尊和自爱的基础上,以博大的胸怀接纳各种各样的人和事,一方面既可锻炼自己的处事能力,同时还能加强自我的品德修养,容易形成较好的人际关系。

4. 距离适度原则

在人际交往中,遵循距离适度原则很有必要。试想,如果两个人朝夕相处,相互间缺乏各自应有的一片天空,久而久之便会心生厌烦心理;如果每天形影不离,还会因矛盾的出现而产生隔阂。高职大学生在日常的生活中,应适当把握交往中心理距离上的适度,不要以为越近越亲密就越好,有时丧失自己个性,盲目服从,并不一定就能交到好朋友。无论在什么场合下的人际交往,都应注意保持自己人格的独立。只有独立、自尊、自爱、自强,才能散发出迷人的人格魅力,成为拥有良好人际关系的根本。

当然,人际交往的原则既不是金科玉律,也不是一成不变,任何原则都只能是我们行动的参考。掌握这些基本原则的目的就是帮助我们真正懂得交往中的基本规律,减少行动的盲目性。

5.3.3 学会共处的艺术

1. 真诚地赞美别人

一般而言,人们都希望获得别人的赞扬与肯定,获得认同感。因此,在与同学相处中,运用恰当的机会给别人以赞美,如"我觉得你真能体谅人""你的组织协调能力的确很强""这种发型使你显得更加美丽""你真能干"等,别人听了,嘴上虽不说,但会喜上眉梢,心存感激。人缘好的学生不是每天挑别人的刺,而是懂得在交往中使人心情愉悦和舒畅。赞美

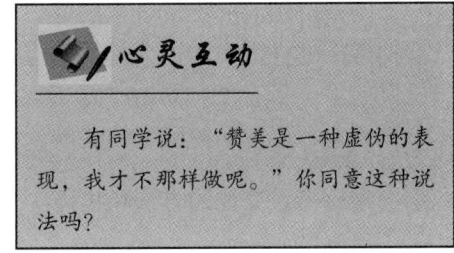

有同学说:"赞美是一种虚伪的表现,我才不那样做呢。"你同意这种说法吗?

是一种激励别人而又激励自己的人际协调艺术,相处中因赞美而使大家自信、充满快乐,因赞美而化解了心中的积怨与矛盾,赞美使陌生人成为挚友,使朋友成为知己。不论关系的亲疏程度如何,适当的赞美都是必不可少的。不过,这里需要强调的是,赞美需要真诚,而不是口非心是地溜须拍马、阿谀逢迎。赞美一定要适度。如果不分时间、地点、场合,随意地赞美别人,那样你赞美的语言会显得苍白无力。

2. 学会运用语言艺术

语言交流是人们交往中最直接、最常见的交往方式。语言不通,就无从交往。常见的交往中的语言艺术应主要注意以下几个方面:第一,学会交谈技巧,俗话说的"一样话,十样说""一句话让人笑,一句话让人跳"就是这个道理。交谈中同一句话由于语气、语调、面部

表情和当时的情境不同，都会出现不同的结果。

某高职院校机电系大二女生小谢说：去年学院开运动会，和她邻座的同寝室女生在和别人说班长的不是，声音特别大，小谢就当着其他同学的面回击了几句："你小声点，别让别人听见，都是一个班级的，这样背后说人多不好。"谁知那位同学并不买账，反驳说："我就这样，从来有啥说啥，不像有些人虚伪、作假。"结果，那个女生从此和小谢的关系就非常紧张。

这个案例就说明即使说得有道理，但如果使用语言不当，也可能造成交往的失败。

因此，我们应该努力做到：第一，交谈中注意对象和环境，同时要设身处地考虑对方的感受，不要随意打断对方或抢话头，交谈中应注意力集中，目光自然随和，切忌言语不文明、不礼貌，刺伤对方自尊等。第二，学会倾听。在交往中应先听后说，虚心地、耐心地倾听他人的说话，不轻易打断别人，并用点头或眼神表达反馈等。倾听体现了对他人的尊重，同时也在不知不觉中获取信息，争取时机以做出恰如其分的回应。第三，学会争吵与批评。交往中有时争吵不可避免，但争吵中尤其注意：不能用过激的话伤害对方的自尊心，因此要学会折中。生活中忌为一点芝麻大的小事争吵不休，批评别人时更要注意得饶人时且饶人，以博大的胸怀让人信服，而不是直来直去、硬对硬地训斥对方，让人难堪；批评更是推心置腹，以诚相见。

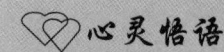

知识使人变得文雅，而交际能使人变得完善。

3. 有恻隐之心

恻隐是对别人的不幸表示同情，见到遭受灾祸或不幸的人产生同情之心。同情是高尚的社会情感。处在困境中的人是最渴望别人的帮助与支持的，请你向处在困境中的同学及时伸出援助之手。只有富有同情心、乐于助人，你才会感到助人的快乐。恻隐之心不仅是指物质上帮助别人，也包括情感上的疏导、学业上的鼓励和支持等。

5.3.4 掌握与人交往的方法和技巧

1. 有准确的角色意识

在人际交往过程中，每个人都充当着一定的社会角色，这种社会角色规定了他在人际交往中的职能及其行为规范，同时也体现了他所具有的个性心理特征。因此，捕捉准确的"角色"，严格地把握角色的规定性，并能适时因地制宜地进行角色变换，是人们彼此相互理解、相互谅解的前提。

2. 恰当运用非语言交际

在人际交往中，一个眼神、一种面部表情、一个手势等都会发挥奇妙的作用，有时甚至达到了语言表达所达不到的效果。这就是非语言交际的效用。它主要是通过身体的动作、局部表情、空间距离、触摸行为、声音暗示、服饰和其他装饰等来表达意思。非语言交际时要注意以下几点。

(1) 使用面部表情和身体动作。有研究认为，眼睛的相视一般只停留 0.3 秒左右。若注视时间过短，表示与对方没有交往动机，若注视时间较长则意味着引起了交往兴趣和动机。从注视的频率看，社交中眼睛注视多半是一次性的。如果不停地、反复地注视同一个社交对象，就说明对眼前的社交对象产生了好感或发现了问题。善意的目光、和蔼可亲的面部表情能使对方乐于和敢于与你接近。

(2) 恰当运用空间距离。交往双方距离的远近往往能表明双方的感情程度或心理距离的远近。距离近表示亲热；距离稍远表示文雅、自尊；距离过近使人尴尬；过于疏远会给人以冷漠感。心理学家研究表明：适合于父母与孩子或恋人的亲密距离约在 0.5 米；适合于知心朋友间促膝交谈的亲密距离为 0.5～1.2 米；适合于一起工作的同事及商务或非私人性交谈的距离为 1.2～3.7 米；适合于与陌生人交往、常用于正式场合，如演讲者与听众之间采用的距离，为 3.7 米以外。在交往中应恰当运用交际距离，以免使人感到不舒服或造成误会。

(3) 声音暗示。在不同场合，要注意调节自己的声音。音量的大小、声音的高低都要与场合协调。例如，看望患者、安慰家属，应轻言细语，发表演说要抑扬顿挫等。

(4) 服饰的作用。服饰打扮也是一种信息符号，它能反映出一个人的个性和心理状态。通常说，隆重、严肃的场合宜穿深色服装，不宜穿得过于花哨；在一般场合下，可随便些；在欢快、轻松的场合可打扮得艳丽些。但无论在什么场合，一个共同遵守的原则是：着装一定要适合自己的身份、年龄、气质、环境；注意整洁、大方、得体，以显示自己良好的审美和修养。

3. 熟记人名

在日常生活中，如果一个并不熟悉的人能叫出自己的姓名，就会对他产生一种亲切感和知己感；相反，如果见了几面你还是叫不出对方的名字，对方就会感到你不重视他，会产生一种疏远感、陌生感，增加彼此的心理隔阂。

 心灵家园

是什么妨碍我们建立和保持积极的关系

下列因素大多是不言自明的：自私、没礼貌、不替别人着想、不履行诺言、粗鲁、不诚实、自负、以自我为中心、骄傲自大、头脑空空、态度消极、思想闭塞、缺乏耐心、不倾听别人的意见、生性多疑、没有正确的价值观、缺乏约束、冷漠、缺少同情心、发脾气、支配别人、逃避责任、过于敏感、贪婪、出尔反尔、不愿接受事实。

小贴士 以上所列的因素还不够全面，但我们中的很多人可能或多或少都有这样或那样的缺点。我们的目标是认识到并纠正这些缺点。

第 6 章　塑造健康的人格

> 在偌大的宇宙中，唯有一个角落是你一定可以改进的——那就是你自己。
>
> ——赫胥黎

 心灵求索

今天的高职大学生渴望把握人生，做自己命运的主人。怎样才能化渴望为现实呢？这就需要认识自己，对自己有一个较为全面透彻的了解与把握。了解自己的需要、动机、信念、价值观以及自己的气质、性格、能力，知道"我是什么样的人"并学会接纳自己；知道"我希望自己成为什么样的人"，从而确立恰当的人生目标；知道"我怎样使自己成为我所希望的人"，从而不断地塑造自己、超越自己和完善自己。大学阶段是重塑人格的关键时期。如果高职大学生在清醒认识自己的基础上，善于利用每个成长机会塑造和发展自己的健康人格，那么一生将会快乐幸福并富有价值。

问题导入

1. 你了解人格的含义吗？人格的心理倾向包括哪些内容？
2. 人的需要多种多样，当满足需要的条件不成熟时，怎么办？
3. 气质有好坏之分吗？
4. 以你自己为例，描述青年期自我意识的发展。
5. 健康自我意识的标准是什么？
6. 不良人格品质通常表现在哪些方面？
7. 你有哪些积极的人格品质？请举例说明。

6.1　人格与心理健康的关系

 心理认知

6.1.1　人格的含义

1. 人格的定义

心理学上所谓的人格，又称个性。它是指个体在先天遗传和后天环境的交互作用下，逐步形成的相对稳定的、独特的心理倾向、心理特征和行为方式的整合。

2. 人格的结构

人格的结构丰富而复杂，它主要由个性心理倾向、个性心理特征、自我意识三个部分构成（图 6-1）。

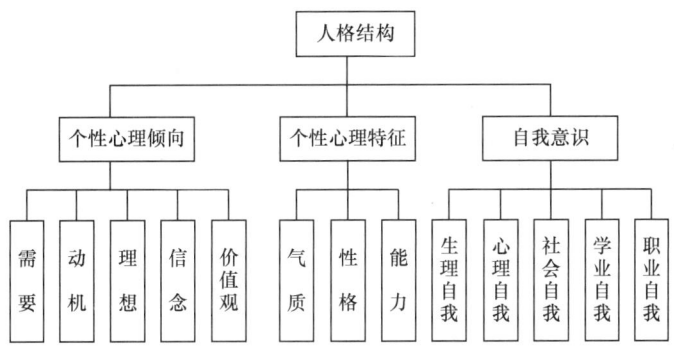

图 6-1 高职大学生的人格结构(绘图:冉超凤)

3. 人格的特性

1)人格的整体性

其一,人格既不是各个人格成分的彼此孤立,也不是简单的相加,而是相互联系、相互作用组成的有机整体。正常人的行为绝不是单一心理成分作用的结果,而是各个成分密切联系、协调一致所进行的活动。其二,人格的整体性还表现为人格的内隐心理与外显行为的统一性,即一个人的所思所想、所作所为是一致的。人格的统一是心理健康的表现。一个人如果丧失了人格内在统一性,就是人格分裂。人格内在统一性的丧失,是人们内心痛苦彷徨和罹患心理疾病的根源。

2)人格是自然性与社会性的统一

遗传是人格形成和发展的自然因素,它影响着某些人格特征形成的难易,从而影响着人格发展的方向和方式。个体所处的后天环境(社会文化、家庭教养、学校教育等)对人格的形成和发展起着决定作用。这两种作用不可分割地联系在一起,不断交互作用:环境教育使遗传素质的作用得以发挥和表现,遗传素质制约环境教育的作用,双方相互制约、相互作用,共同影响着人格的形成和发展。所以,人格是遗传素质和社会环境交互作用的结果。

3)人格的稳定性和可塑性

人格的稳定性是指个体的人格特征具有跨时间的持续性和跨情境的一致性。它是个体行为中经常的、一贯的表现,而不是偶然的表现。例如,某人经常是说话快人快语,做事风风火火,一有闪失又谨慎起来,不过几天又依然如故。在这里,活泼、轻率、外向是他的人格特征,而谨慎则不是他的人格特征。人格的稳定性源于孕育期,经历出生、婴儿期、童年期、青少年期、成年期乃至老年期。随着年龄的增长,儿童时代的人格特征往往变得日益巩固。人格的稳定性,使得我们可以通过人格特征的描述来推论一个人一生的人格状况。正如我国民间所说"从小看大,三岁看老"。

人格具有可塑性,它随着现实环境的变化会发生某些变化。儿童的人格不稳定,易受环境影响而发生变化,成年人的人格比较稳定。但对个人具有决定性

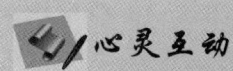

人格的可塑性特点提示我们,高职大学生处在人格再造的关键时期。时不待人,抓紧时间,塑造健康人格是大学阶段的重要人生任务。

影响的环境因素和机体因素也有可能改变个人的人格。比如,外在环境发生巨变、严重疾病、重大挫折等,有可能导致人格结构中的某些人格特征发生变化,如自我观念、价值观、信念

等的改变。

4) 人格的独特性

人格的独特性是指人与人之间的心理和行为是各不相同的。每一个人的人格都是在先天遗传和后天环境多种因素影响下形成发展起来的，而这些因素及其因素之间的相互联系、相互作用都不可能是完全相同的，所以每个人的人格既反映了他独特的生存发展背景，也反映了他独特的心理状态和行为方式。人格的独特性不仅表现在某些个别的心理或行为特征上，更主要的是表现在整个心理行为模式上，从而使得人与人之间相互区别开。当然，由于个体总是生活在一定的群体中，就不可避免地包含有群体的某些共性，比如，人类的共同心理特点、民族的共同心理特点、行业的共同心理特点等，因此，人与人之间就必然存在着某些心理和行为特征上的共同性。但就整体而言，每个人的人格都是独一无二的。

6.1.2 人格的心理倾向性

人格的心理倾向性是人进行活动的动力系统，它包括需要、动机、信念、价值观等。心理倾向性是人格结构中最活跃的因素，它决定着人对现实的态度，决定着人对认识活动对象的趋向和选择。

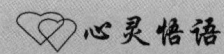

图 6-2 马斯洛的需要层次

1. 需要

人的需要是人对客观事物的需求在头脑中的反映。人为了生存和发展，就得有一定的需求，这些需求反映在人脑中，就形成了他的需要。马斯洛把需要归纳为生理需要、安全需要、归属和爱的需要、尊重和自尊的需要、自我实现的需要(图 6-2)。需要是人寻求生存和发展的原动力。

人有很多种需要，当这些需要得不到满足时，就容易使人变得沮丧，长期处于情绪低落、缺乏生活热情、失望无助的状态，就会降低人对疾病的抵抗力。因此，需要的满足是保持良好心理状态的必要条件，而需要的阙如则会带来一系列的问题。当满足需要的条件不成熟时，可以适当降低需要水平，以求心态平衡。

> **心灵悟语**
>
> 任何人如果不是同时为了自己的某种需要和为了产生这种需要的器官而做事，他就什么也不能做。
>
> ——恩格斯

2. 动机

动机是在需要的刺激下，直接推动人进行活动并使之朝向某一目标的心理倾向。动机是引起行为的原动力、保持行为的续动力。动机的强弱对人的学习、工作效率影响很大。

人的需要是多样的，因此人的动机也较为复杂。当两个以上动机相互排斥或难以取舍时，就会产生动机冲突(又称心理冲突)。动机冲突常常使人的需要不能全部得到满足，产生挫败感。动机冲突有以下几种。

(1) 双趋式冲突，又称正冲突。指个体同时遇到两个并存的、具有同样吸引力的动机。由于条件限制无法获取两个目标，鱼和熊掌不可兼得，就会产生难以做出取舍的心理冲突。解决双趋式冲突的原则是两利取其重。

(2) 双避式冲突，又称负冲突。指同时有两个可能对个人具有威胁的、不利的事件发生，两者都想躲避，但条件所限，只能避开一件，接受一件，解决双避式冲突的原则是两害取其轻。

(3) 趋避式冲突，也称正负冲突。指同一个目标对于个体来说，可能满足某些需要，同时也构成某些威胁，由此产生既有吸引力又有排斥力的矛盾心理。解决趋避式冲突的原则是权衡利弊，然后根据自身的需要做出取舍。

(4) 双趋—双避式冲突。这是最常见的冲突形式。个体面临两种或两种以上选择，每一种选择都有利有弊。解决双趋—双避式冲突的原则是不过分追求完美，权衡利弊而后取舍。

3. 兴趣

兴趣是个体积极探究事物的认识倾向。人对有趣的事物优先注意，积极探索，且带有情绪色彩和向往心情。浓厚稳定而积极的兴趣能够推动学习与工作；杂乱而消极的兴趣使人迷失自我，有害心理健康。高职大学生有必要梳理自己的兴趣，培养和发展有利于自己身心健康的兴趣，摆脱不利于身心健康的兴趣。

4. 信念

信念是对某种观点、理论或某种事业的正确性抱有确信无疑的态度，并以此支配自己行为的心理倾向。信念是认识、情感、意志和行为的高度统一。信念具有坚定性，较难改变。一个人一旦确立了某种信念，只有经历实践反复证实并确认是错误时，才有可能改变它。信念使个体行为具有主动性和积极性。信念使个性稳定而明确。缺乏信念的人，个性往往有模棱两可、见风使舵、朝秦暮楚的特点。

信念对心理健康的意义。人常常不是被事情本身所困扰，而是被自己对事情的看法所困扰，所以，欲改变行为先改变观念。正确认识自己、他人和周围的一切，建立合理的信念就可以远离心理困扰。树立正确的信念不是一蹴而就的事，而是一个过程。我们每个人都有一些正确的信念和错误的信念，我们可以在日常生活中，自觉地纠正不合理的信念，丰富和加强合理的信念。表 6-1 为在生活细节中建立新的信念训练。

表 6-1 在生活细节中建立新的信念训练

旧核心信念	新核心信念	寻找支持新核心信念的证据
我是个无用的人	我是有价值的	我为别人做的事情；我为社会做出的贡献；日常生活中的优点；人们喜欢我的标志
我不够好	像我这样就可以了	人们重视我所做事情的标志，即使这还没有达到我的标准；与我表现如何无关的我的良好品质；人们对我的言行表明他们喜欢我是因为我这个人，而不是其他
我没有吸引力	我是有魅力的	我的与身体、容貌无关的良好品质；人们对我感兴趣的迹象；人们对我给予了亲切的反应
我不受欢迎	我受欢迎	当我敢于真实表现我自己、敢于想象、大声叫嚷，对问题刨根问底和充分释放我的精力时，人们对我的积极反应

续表

旧核心信念	新核心信念	寻找支持新核心信念的证据
我是无足轻重的	我有归属感	一切都显示我是其中的一分子(同学邀请我参加生日聚会、周末与同学一起去远足)
我是不可爱的	我招人喜爱	朋友对我的感情；父母为我做的实事；表明我可爱的优点(我的忠诚、我的体贴)
我是低人一等的	我和任何人都一样	我的积极品质和生活中我得到的好处(对生活中的事例做记录)
我是愚蠢的	我思想开阔	我捕捉学习机会的方式；我的好奇心；我现在正视我的困难并在努力改变

5. 价值观

价值观是人们以自身的需要为尺度，对事物重要性的认识之观念系统。它通常表现为人们认为什么最重要、最有意义因而最值得去追求的看法和态度。个人的价值观是在一定社会文化影响下而逐步形成的。个人的价值观一经形成就具有相当的稳定性，使个体的心理和行为带有明显的倾向性，将对其一生产生影响。

高职大学生正处在价值观的一些最基本的内核形成并逐步定型的关键时期，也是最为迫切地关心人生态度、生活方式、生存价值等一系列问题的时期。同时他们又正处在中国社会的转型时期。社会转型时期的特征表现在价值观上，就是价值观及其评价系统由传统的一元化、绝对化、简单化向当今多元化、相对化、复杂化转变。因此学生在价值观形成的过程中，不可避免地会受到来自传统的和当代的价值观的双重影响，可能伴随着怀疑、困惑和烦恼。努力克服这些心理困惑，在传统观念与现实生活的矛盾中，在价值观日趋多元的今天不盲从、不盲动，逐步树立有利于自己健康成长的积极向上的价值观，是高职大学生重要的人生任务。

6.1.3 人格的心理特征

1. 气质

1) 气质的含义

"气质"一词常被提及，如"某同学很有气质""某用人单位要求应聘者气质佳"等。这里把气质理解为相貌、仪表、举止、风度等。心理学上所谓的气质是指人的心理活动的速度、强度、稳定性和指向性，是心理活动的动力特征。心理活动的速度表现为知觉和思维的快慢，比如，对新知识的接受速度，有的学生快一些，有的学生慢一些。心理活动的强度表现为情绪体验的强弱和意志努力的程度，比如，有的人情绪体验深刻而强烈，有的人则不然。心理活动的稳定性，表现为注意力集中时间的长短。心理活动的指向性，表现为有的人倾向于外部事物，从外界获得新印象，有的人倾向于内部情绪体验、思想和感受。

 资料卡

最早研究气质的是古希腊医生希波克拉底。他认为人体内有血液、黏液、黑胆汁和黄胆汁四种体液，不同的人这四种体液的配置不同。血液优势者为多血质，黏液优势者为黏液质，黑胆汁优势者为抑郁质，黄胆汁优势者为胆汁质。

气质与生俱来，它不以活动的动机、目的、内容、时间、地点为转移，因而气质具有典型性和稳定性，它使一个人的全部心理活动都染上了个人独特的色彩。在日常生活中，有的人性情急躁,喜怒形于色;有的人说话、做事总是慢条斯理,难得发火;有的人活泼好动、善交朋友;有的人则喜欢独处、安静并且少言寡语。这些心理活动的差别正是缘于个体所具有的不同气质。

2) 气质的类型及表现特点

巴甫洛夫通过对动物的实验研究发现,高级神经活动的兴奋与抑制过程具有强度、平衡性、灵活性三个基本特性。这三个基本特性相互匹配,可以组成四种典型的高级神经活动类型(表6-2)。巴甫洛夫还发现,这四种高级神经活动类型在人的行为表现上与希波克拉底提出的四种气质类型有很好的对应关系。

表6-2 高级神经活动类型、气质类型及其心理特性与表现特点一览表

高级神经活动类型	气质类型	气质心理特性的组合	行为方式的典型表现
强而不平衡型（兴奋型或不可遏制型）	胆汁质	感受性低、耐受性较高、反应快而不灵活、情绪兴奋性高、抑制力差、外倾、行为有一定可塑性	直率热情、精力旺盛、行为较刻板、易冲动、心境变换剧烈、急躁易怒、果敢、少忍耐性
强而平衡、灵活型（活泼型）	多血质	感受性低、耐受性较高、反应快而灵活、情绪兴奋性高、外倾、可塑性大	活泼好动、动作敏捷、情绪发生快而多变、敏捷、喜欢交往、乐观、亲切、注意力和兴趣易转移、易适应环境、轻率、缺乏持久力
强而平衡、不灵活型（安静型）	黏液质	感受性低、耐受性高、反应慢而不灵活、具有稳定性、情绪兴奋性低、内倾、行为有一定可塑性	沉着冷静、情绪发生慢而弱、稳重、反应缓慢、喜欢沉思、注意稳定难转移、善忍耐、内心少外露、坚毅、少语
弱型（抑制型）	抑郁质	感受性高,耐受性低,反应慢而不灵活,情绪发生慢体验深,内倾性明显,行为可塑性小	行动迟缓刻板、多愁善感、易疲倦、善觉察他人不易觉察的细节、富于自我体验、沉默寡言、胆小孤僻

3) 正确理解气质

(1) 气质类型没有好坏之分。气质主要是遗传决定的,因而不带有道德价值和社会评价的内涵。气质类型不带人品标签,不分好坏。任何一种气质类型在不同的情境中,或表现为积极的心理特征,或表现为消极的心理特征。

(2) 气质不决定人的社会价值和事业成就的高低。气质只是使人的心理活动染上某些独特的色彩,并不决定一个人能力的高低。拥有同样气质的人可以对社会贡献差别极大,而不同气质的人也可能在成就上相差无几。例如,李白是明显的胆汁质,杜甫则是抑郁质,他们各自具有不同的气质类型,但他们同样都在文学上取得了令人瞩目的成就。

(3) 气质对活动效率有一定的影响。例如,要求速度的活动,多血质和胆汁质的人更适合;要求稳定、持久性的活动,黏液质的人更适应;要求精细、敏锐的活动,抑郁质的人更能胜任等。所以了解气质特征可对选择活动起参考作用。但是,在一般的学习和工作中,这种影响并不显著。这是由于气质的积极方向对其消极方面有补偿的作用。例如,多血质的人注意转移灵活可弥补其注意不稳定的弱点;黏液质的人细致、耐心可适当补偿其速度慢的不足。

(4) 气质对某些性格特点形成的难易有一定的影响,使人的性格表现带有独特的色彩。例如,在环境和教育大致相同的条件下,胆汁质的人比抑郁质的人更容易形成勇敢、大胆的性

格特点；而抑郁质的人则更容易形成精细多思的性格特点。因此，高职大学生在优化自己的性格时，要考虑自身的气质特征，采取适合自己的方式，扬长补短才能充分发挥自己的优势，取得实效。

(5)气质的分类是相对的。很少有人是绝对的某种气质类型。现实中绝大多数人都是介于两种甚至多种气质类型之间。其实，正是这种混合形态使我们更容易适应多种环境。

4)气质的心理健康意义

气质在学生学习及日常生活中都有所表现，有的学生可能会为自己气质中的一些消极因素而烦恼。其实气质是人格中的自然性因素，无好坏之分，要改变它也较困难和缓慢，没有必要为自己的气质而忧虑。常言道"一把钥匙开一把锁"，重要的是了解了自己的气质特征后，找到适合自己气质特征的最佳发展方向、形式和方法，对自己的人格发展、心理健康、学业进步、职业选择、人际交往都有实际意义。

(1)了解自己气质的特征，善于分析自己的气质特征之于学业和职业的长处与短处，学会做气质的主人，不为气质所左右。有意识地控制自己气质中的消极品质，发扬积极品质，就有利于形成良好的个性品质。

(2)在学习过程中充分发挥各自气质的积极特征，控制消极特征，采用不同的方法获取好成绩。比如，抑郁质气质类型的学生，在学习新的科目时可能感到困难和疲劳，但在复习旧科目时表现出主动性；在解决问题时显得缓慢和犹豫不决，有时会出现停顿，但不妨碍他更明确、更完整、更正确地弄清问题。他们的智力活动在数量方面效率显得不够高，但在质量方面丝毫不输多血质和胆汁质气质类型的学生。

(3)气质不同的人，在与别人交往中对不同的人和事的反应会有不同的特点。了解这一点，对于学生之间加深理解、融洽相处大有好处。大家都有这样的体会，彼此摸透脾气，自然就增加了谅解，于是不再为别人说话急躁、不爱与人打交道等之类的小事感到不愉快，减少了人际交往上的苦恼。

(4)气质与健康和疾病有联系。对抑郁质的人来说，承受外界刺激的能力较低，如果长期在不良因素的刺激下容易产生心理障碍或心身疾病，如神经衰弱、抑郁症或胃溃疡；而对于胆汁质的人来说，如果经常处在兴奋、紧张和压力下，容易患心血管疾病等。了解自己的气质，可以加强自我训练。比如，胆汁质的人，如果有意识地控制自己的暴躁脾气，平时尽量克制情绪激动，学会"冷处理"的方法，使自己朝稳重、文静、泰然自若的方向努力，就可以降低心脏病的发病率。

2. 性格

1)性格的内涵

性格是指人对现实的稳定的态度以及与态度相应的习惯化了的行为方式。所谓态度是个人对待社会、他人、自己的一种稳定的心理倾向，表现为对人和事物的评价、好恶和趋避等。态度表现在人的行为方式中，态度不同，由它支配的行为方式也就不同，从而形成了人的千差万别的性格。性格是人格结构中表现最明显，也是最重要的心理特征，是人格的核心部分，对人的一生具有决定性的影响。它是在生活实践中，与环境相互作用的过程中逐步形成和发展的。一个人对作用于他的客观现实通过认知、情感、意志等心理过程，反映在头脑中，并逐渐固定下来，形成个人独特的一贯的态度倾向。

2) 性格的分类

(1) 按情绪的控制程度可划分为理智型与情绪型。

理智型性格的人理智占优势，冷静，自制力强，善于控制自己的情绪，凡事以理智权衡一切，处世谨慎，但容易畏首畏尾，缺少应有的冲劲。如果理智被不健康的意识控制，就可能表现为虚伪、冷漠等。

情绪型性格指情绪体验深刻，举止言行易受情绪左右。这种人待人热情、做事大胆，情绪反应敏感，但情绪容易起伏，有时会出现冲动，注意力不够稳定，兴趣易转移。

(2) 按个体的独立程度可划分为独立型与顺从型。

独立型的人意志较坚定，不仅善于独立地发现问题、解决问题，而且敢于坚持自己正确的意见。但是独立性过强的人，喜欢把自己的意志强加于人，固执己见、独来独往、不易合群。

顺从型的人服从性好，易与人合作，随和、谦恭，但独立性差，依赖性强，易受暗示，在紧急情况下易惊慌失措。

(3) 按个性的倾向性可划分为外向型和内向型。

外向型的人活泼开朗、善交际，感情易外露，不拘小节，对外部事物感兴趣，易适应环境，但轻信，自制力和坚持性不足，有时表现出粗心、不谨慎、情感动荡多变等。

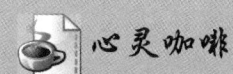

大学生喜欢有这样性格的人：真诚、善解人意、忠诚、智慧、善良、亲切、礼貌周到、温和、友好、善于交际、快乐、能谦让、肯帮助人、幽默、负责任、守信用、开朗、态度明朗、不阴阳怪气、不非议别人。

内向型的人心理活动倾向于内心世界，感情较内蕴、含蓄、处事谨慎，自制力较强，善于忍耐克制，富有想象，情绪体验深刻，但不善社交，应变能力较弱，反应缓慢，易优柔寡断，显得有些沉郁、孤僻、拘谨、胆怯等。

(4) 按行为的表现方式可分为 A、B、C、D 四种类型。

A 型性格特点：急躁好胜。为取得成就而努力奋斗，富有极大的竞争性，很易引起不耐烦的情绪，有时间紧迫感，语言和举止粗鲁，对工作和职务提出过多的保证，有旺盛的精力和过度的敌意。A 型性格的人常处于紧张、急躁、忙乱状态，情绪反应强烈，容易患失眠、头痛，影响消化系统功能，易患心血管疾病等。

B 型性格特点：遇事想得开。情绪较稳定、从容不迫，悠闲自得，生活节奏较慢，稳重、现实、安宁、松弛、顺从、随遇而安，为人较随和，较少侵犯性，社会适应性强。

不论你将来走什么道路，你的性格早为你的行为提供了前提，一个人的历史就是他的性格。
——台尔曼

C 型性格特点：忍气吞声。性格克制压抑，不表现负面情绪，特别是对愤怒的压抑，好生闷气，尽量回避各种冲突；与别人过分合作，原谅一些不该原谅的行为，对别人过分耐心，屈从于权威；生活和工作中没有主意和目标，不确定性多，有孤独感或失助感。

D 型性格特点：焦虑、易怒、孤僻。社会退缩，总是封闭在自己的圈子中，不愿意跟他人接触，哪怕交流也有很多顾虑；对人生的看法十分悲观，对自我抱有消极观念；不敢主动接近他人，没有朋友；经常性焦虑，无缘无故为某些事情忧虑，心情总是很恶劣，爱发脾气，导致情绪十分低落。

3）性格对心理健康的意义

（1）良好的性格有利于成就事业。科学研究发现，凡是取得高成就的人都具备如下性格特征：有取得成就的坚持力和不屈不挠的精神、谨慎、有进取心、自信、不自卑。

（2）性格的好坏是人缘好坏的决定因素。人们常常喜欢与热情善良、机智沉着、谦虚和蔼、乐观豁达、开放豪爽、乐于助人的人来往。因为热情善良的人使人亲切；机智沉着的人给人以踏实、镇定之感；谦虚和蔼的人易于接近；乐观豁达的人犹如春风，能吹去人们心头的郁闷。

（3）良好的性格有助于身体健康。乐观、开朗、坚强的性格可以增强抵抗力，减少疾病。

3. 能力

1）能力的内涵

能力是人们成功地完成某种活动所必须具备的个性心理特征。能力有两种含义：其一是已经表现出的实际能力，其二是潜在能力。要成功地完成某种复杂的活动，仅有单一的能力是不够的，通常需要多种能力的结合。

衡量能力的标准是掌握活动的速度和活动成果的质量。如果一个人能迅速地、成功地掌握某种活动，比其他人更易于获得相应的技能和达到熟练程度，并且能取得比中等水平优越得多的成果，人们就认为这个人有能力。

> **情境聚焦**
>
> 甲、乙两位学生同时从事钳工实习，尽管他们最终都学会了做榔头，但甲比乙做得快，做得好，甲比乙的能力高。两人虽然知识相同，但能力不同。

2）高职大学生应具备的能力

（1）学习能力。学习是高职大学生的主要任务和基本行为活动。要顺利完成学业，除具备一般的智力外，还必须具备自学能力、学习方法及学习技术的应用能力、信息处理能力。这些能力表现为善于协调学习与业余活动的关系，善于通过网络搜集信息，善于对收集的信息进行整理、分析、判断、综合、概括。操作能力是操纵和制作的能力。较强的实际操作能力是高职大学生的优势。

（2）沟通与合作能力。合作能力，一是指有集体主义精神、有大局观；二是懂得与他人合作更好地完成工作任务。沟通与合作能力包括：认清自己，合理定位，敢于竞争；认识他人，善于交往；坚持原则，乐于倾听不同意见，团结合作；重视情感沟通，协调社会关系，有良好的人际交往的技巧和方法。

（3）就业能力。高职大学生学习的一个直接目的就是获得社会劳动的资格和职位。目前就业竞争十分激烈，所以要求学生具备的就业能力有：了解就业形势，正确认识自我，合理定位，及时把握就业机会；有良好的应聘心态和技巧，能恰当地自我推荐；有礼有节，精神面貌佳。

（4）持续学习的能力。知识经济社会的一个显著特征是知识更新周期缩短，产品换代加速。与此对应的是职业更迭频繁，劳动岗位全方位流动，使得人们仅靠学校一次性教育不足以应对生存的长期需要，劳动者学习终身化已成为趋势。学校教育不能完全解决劳动者终身学习的问题，很大程度上依靠劳动者个人在工作中自主学习。高职大学生应该努力培养自己持续学习的能力，如阅读能力、理解力、判断能力、分析综合能力、洞察力等，为自己的终身学习奠定基础。

(5) 创新能力。运用已有知识和技术技巧解决工作中的问题。就业以后,创新能力还表现为善于集思广益,能分析和把握企业发展趋势,能够为企业提出建设性的意见或建议。

3) 能力对心理健康的意义

自尊和自我实现需要的满足通常与能力呈高度正相关。高职大学生是高自尊群体,他们崇尚能力,很多学生争当学生干部、加入社团、参加活动,主要动机就是培养和发展自己的能力。他们希望自己在各项活动中表现出色,得到同学、老师的赞许和认可,体验自尊自强。有的学生不健康的心理由能力不足而引起。比如,因为自己能力不如他人而自卑,想参加活动但觉得自己能力不够而变得胆小孤僻,因为希望获得荣誉但又无能力获得而虚荣,因为自己能力不及他人而心生嫉妒,因为无力而焦虑。所以,大学期间,每一位学生都应该多参加集体活动,在活动中长知识、长见识、长能力、长才干。

心灵家园

我的气质

同学,你一定非常想了解自己的气质吧,下面60道题可大致确定你的气质类型,请以自己真实感受作答。在回答下列问题时,若与自己的情况"很符合"记2分,"较符合"记1分,"一般"记0分,"较不符合"记–1分,"很不符合"记–2分,并填入"表6-3 气质测验得分表"中。

1. 做事力求稳妥,一般不做无把握的事。
2. 遇到可气的事就怒不可遏,把心里话全说出来才痛快。
3. 宁可一个人干事,也不愿很多人在一起。
4. 到一个新环境很快就能适应。
5. 厌恶那些强烈的刺激,如尖叫、噪声、危险镜头等。
6. 和人争吵时,总是先发制人,喜欢挑衅别人。
7. 喜欢安静的环境。
8. 善于和人交往。
9. 羡慕那种善于克制自己情感的人。
10. 生活有规律,很少违反作息制度。
11. 在多数情况下情绪是乐观的。
12. 碰到陌生人觉得很拘束。
13. 遇到令人气愤的事,能很好地自我克制。
14. 做事总有旺盛的精力。
15. 遇到问题总是举棋不定、优柔寡断。
16. 在人群中从不觉得过分拘束。
17. 情绪高昂时,干什么都有趣,情绪低落时,又觉得什么都没有意思。
18. 当注意力集中于某一事物时,别的事很难使我分心。
19. 理解问题总比别人快。
20. 遇到危险情景,常有一种极度恐怖感。
21. 对学习、工作怀有很高的热情。

22. 能够长时间做枯燥、单调的工作。
23. 符合兴趣的事情干起来劲头十足，否则不想干。
24. 一点小事就能引起情绪波动。
25. 讨厌做那种需要耐心、细致的工作。
26. 与人交往不卑不亢。
27. 喜欢参加热闹的活动。
28. 爱看感情细腻、描写人物内心活动的文艺作品。
29. 工作学习时间长了，常感到厌倦。
30. 不喜欢长时间谈论一个问题，愿意实际动手干。
31. 宁愿侃侃而谈，也不愿窃窃私语。
32. 别人总是说我闷闷不乐。
33. 理解问题常比别人慢些。
34. 疲倦时只要短暂的休息就能精神抖擞，重新投入工作。
35. 心里有话宁愿自己想，也不愿说出来。
36. 认准一个目标就希望尽快实现，不达目的誓不罢休。
37. 学习、工作同样一段时间后，常比别人更疲倦。
38. 做事有些莽撞，常常不考虑后果。
39. 老师或他人讲授新知识、新技术时，总希望他讲得慢些，多重复几遍。
40. 能够很快地忘记那些不愉快的事。
41. 做作业或完成一件工作总比别人花时间多。
42. 喜欢运动量大的剧烈体育运动，或者参加各种文艺活动。
43. 不能很快地把注意力从一件事转移到另一件事上。
44. 接受一项任务后就希望把它迅速完成。
45. 认为墨守成规比冒风险更稳妥。
46. 能够同时注意几件事物。
47. 当我烦闷的时候别人很难使我高兴起来。
48. 爱看情节起伏跌宕、激动人心的小说。
49. 和周围人的关系总是相处不好。
50. 对工作抱有认真严谨、始终一贯的态度。
51. 喜欢复习学过的知识，重复做能熟练做的工作。
52. 希望做变化大、花样多的工作。
53. 小时候会背的诗歌我似乎比别人记得清楚。
54. 别人说我"出语伤人"，可我并不觉得这样。
55. 在体育活动中常因反应慢而落后。
56. 反应敏捷、头脑机智。
57. 喜欢有条理而不甚麻烦的工作。
58. 兴奋的事情常使我失眠。
59. 老师讲新概念常常听不懂，但是弄懂之后很难忘记。
60. 假如工作枯燥无味，马上就会情绪低落。

表 6-3 气质测验得分表

胆汁质	题号	2	6	9	14	17	21	27	31	36	38	42	48	50	54	58	总分
	得分																
多血质	题号	4	8	11	16	19	23	25	29	34	40	44	46	52	56	60	总分
	得分																
黏液质	题号	1	7	10	13	18	22	26	30	33	39	43	45	49	55	57	总分
	得分																
抑郁质	题号	3	5	12	15	20	24	28	32	35	37	41	47	51	53	59	总分
	得分																

总分说明：

1. 如果某一项或两项的得分超过 20 分，则为典型的该气质。例如，胆汁质超过 20 分，则为典型胆汁质；黏液质和抑郁质得分都超过 20 分，则为典型黏液质—抑郁质混合型。

2. 如果某一项或两项以上得分在 20 分以下、10 分以上，其他各项得分较低，则为该项一般气质。例如，一般多血质、一般胆汁质—多血质混合型。

3. 若各项得分均在 10 分以下，但某项或几项得分较其余项为高（相差 5 分以上），则为略倾向于该项气质（或几项的混合）。例如，略偏黏液质、多血质—胆汁质混合型。其余类推。

一般说来，分值越高，表明该气质特征越明显；分值越低，表明越不具备该项气质特征。

小贴士　知道自己气质后，要注意扬长避短。

多血质的同学要注意加强组织纪律性，培养自己稳定的兴趣和注意力；在发展朝气蓬勃、满腔热情的同时，克服粗心大意、虎头蛇尾等缺点，培养耐心和毅力；在活泼好动中添几许沉思，避免流于肤浅。

胆汁质的同学，在发扬勇于进取、豪放品质的同时，要防止任性、生硬急躁、经常发脾气的倾向，培养自制力。

黏液质的同学冷静、沉着、自制、踏实，但应多参加各种集体活动，培养对人对事的热情，防止墨守成规、谨小慎微等品质的发展。

抑郁质的同学细心、观察力强、内心世界丰富，但应多参与活动融入集体，避免仅仅沉湎于自我世界，在培养机智、敏锐和自信心的同时，要防止疑虑、孤独等消极品质的产生。

我的人格优势

同学们常常谈论优势，那么你想体悟自己在日常中的显著优势吗？如果你以自己真实感受作答，表 6-4 中的 48 道题可以帮助你。在回答下列问题时，奇数题"非常同意"记 5 分，"同意"记 4 分，"中立"记 3 分，"不同意"记 2 分，"非常不同意"记 1 分；偶数题反向记分。分数已记，你在所选项上打"√"就行。

表 6-4 我的人格优势问卷

题目	非常同意	同意	中立	不同意	非常不同意
1. 我总是对世界充满好奇	5	4	3	2	1
2. 我总会感到无聊	1	2	3	4	5
3. 学习新东西总会让我兴奋异常	5	4	3	2	1
4. 我从来不会主动参观博物馆	1	2	3	4	5
5. 我是一个冷静而理性的思考者	5	4	3	2	1
6. 我常常很冲动，匆忙做出判断	1	2	3	4	5
7. 我总喜欢琢磨解决问题的新方法	5	4	3	2	1
8. 我的大多数朋友都比我有想象力	1	2	3	4	5
9. 各种社交场合我都能应付自如	5	4	3	2	1
10. 我不太善于体察他人的想法和情绪	1	2	3	4	5
11. 我比较擅长分析形势，顾全大局	5	4	3	2	1
12. 很少会有人来向我寻求建议	1	2	3	4	5
13. 我总能在逆境挺身而出	5	4	3	2	1
14. 痛苦或挫折常常让我灰心丧气	1	2	3	4	5
15. 一旦我开始做某事总能坚持到底	5	4	3	2	1
16. 学习或工作时我经常容易分心	1	2	3	4	5
17. 我总能信守承诺	5	4	3	2	1
18. 从来没人告诉我，我是个实事求是的人	1	2	3	4	5
19. 我常常帮助他人，与人为善	5	4	3	2	1
20. 我不太会为他人的成就感到由衷的欣喜	1	2	3	4	5
21. 有人像关心自己一样关心着我	5	4	3	2	1
22. 我不太懂得如何接受别人的爱	1	2	3	4	5
23. 我总会竭尽全力完成团队的任务	5	4	3	2	1
24. 我不太愿意为集体牺牲自己的利益	1	2	3	4	5
25. 我能够平等地对待每一个人	5	4	3	2	1
26. 如我不喜欢某人很难以公平之心对之	1	2	3	4	5
27. 我总能召集他人，同心共事	5	4	3	2	1
28. 我不太擅长组织集体活动	1	2	3	4	5
29. 我能很好地控制自己的情绪	5	4	3	2	1
30. 节食对我来说是异常困难的事	1	2	3	4	5
31. 我尽量避免参加可能危害身体的活动	5	4	3	2	1
32. 我有时会在人际交往中做出有失妥当的选择	1	2	3	4	5
33. 当别人称赞我时我总会试图转换话题	5	4	3	2	1
34. 我常常向人夸耀自己的成绩	1	2	3	4	5

续表

题目	非常同意	同意	中立	不同意	非常不同意
35. 我总能被音乐、戏剧、电影等艺术作品所感动	5	4	3	2	1
36. 我从未亲手创造过任何美好的事物	1	2	3	4	5
37. 哪怕是最不起眼的小事我也会对帮助我的人说谢谢	5	4	3	2	1
38. 我从来不会静下心来回顾生命中曾有过的感动	1	2	3	4	5
39. 我总能看到事情好的一面	5	4	3	2	1
40. 我很少会为达成目标而制定一个周详的计划	1	2	3	4	5
41. 我有明确的人生目标	5	4	3	2	1
42. 我对生活没什么特别的追求	1	2	3	4	5
43. 我能做到既往不咎	5	4	3	2	1
44. 我有时会得理不饶人	1	2	3	4	5
45. 我能很好地协调学习、工作与娱乐	5	4	3	2	1
46. 我不太会说笑逗乐	1	2	3	4	5
47. 做任何事我都能全身心投入	5	4	3	2	1
48. 我总是闷闷不乐	1	2	3	4	5

上面的这些题目，两两一组对应同一优势，例如，第1、2题对应"兴趣好奇"，第3、4题对应"热爱学习"，以下依次为：思维判断、创造才能、社交智慧、洞察悟性、勇敢无畏、坚持勤奋、正直诚实、善良慷慨、爱与被爱、公民责任、公平平等、领导才能、自我控制、谨慎审慎、谦逊谦虚、美德领悟、感恩感激、希望乐观、信仰灵性、宽容宽恕、幽默风趣、生机活力。

现在，请把两题得分相加就是你在某种优势上的得分。然后，再把所有24种优势按得分由高到低排序，最前面的五种优势就是你的"显著优势"啦！

6.2 建立积极的自我意识

心理认知

6.2.1 自我意识的结构及其功能

1. 自我意识的含义

1）自我意识的定义
自我意识是指个体对自己、自己与他人、自己与周围环境关系的认识。
2）自我意识的内容
(1) 生理自我：对自己性别、相貌、身高、体重等的认识、体验和评价。
(2) 社会自我：对自己在群体中的地位、作用以及自己和他人的关系、对自己的社会义务和权利的认识、体验和评价,如"我是一个有人缘的人"。

(3)心理自我:对自己的气质、性格、能力、志趣、需要、信念、价值观等及相应的行为的认识、体验和评价。

(4)学业自我:对自己的学习目标、学习态度、学习习惯、学习方法、学习效果及知识结构、专业兴趣、专业能力的认识、体验和评价。

(5)职业自我:对自己未来职业生涯的认识、设计和评价。

(6)现实自我:是个体从自己的立场出发对自己目前实际状况的客观分析。

(7)理想自我:是指个体对自己未来的憧憬。

3)自我意识的心理过程结构

(1)自我认知是"主体我"对"客体我"的认识和评价。它包括自我感觉、自我概念、自我分析、自我评判等,它主要涉及的问题是"我是一个什么样的人""我为什么是这样的人"等。

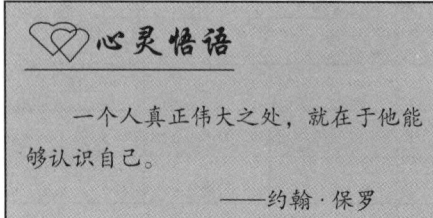

(2)自我体验是在自我认知的基础上,是"主体我"对"客体我"是否感到满意,主要涉及"我是否接受自己""我是否对自己满意""我是否悦纳自己"等。它可以是积极的情绪体验,如接纳、肯定、自尊、自爱、责任感、义务感、优越感;也可以是消极的情绪体验,如自卑、自弃。

(3)自我控制是个体为了实现一定的目标,使用一定手段和方法克服外部障碍与内部阻力。它主要表现为个体对自我的情绪和行为的监督与调节。它涉及"我如何成为我理想中的那种人"。自我控制能力在行为上表现为个体对自我的计划、塑造和监督等,是保证自我良性发展的最根本的约束力之一。自我控制能力对高职大学生的人格发展有至关重要的作用。

自我意识是人类意识最具本质的特征,正因为人有自我意识,才成为一个清醒的、主动的个体,才能意识到自己的能力、个性和资源,并将其合理而有效地利用,促进自我发展和成熟。

2. 自我意识的心理功能

(1)自我意识调节个体行为。每个人的现实行为虽然受诸多社会因素的影响,但更与对自我的认知有着密切的联系。个体怎样理解自己,是保证个体如何行动的重要前提。自我意识积极的学生,其成就动机和学习投入及学习成绩明显优于那些自我意识消极的学生;当学生认为自己名声不佳时,他们极有可能会放松对自己行为的约束。

(2)自我意识决定个体对经验的解释。人们的自我意识不同,对相同的经验解释也就不同。对于一个自认为能力一般、只该获得平均成绩的学生来说,获得比较好的成绩会让其认为是取得了极大的成功,感到十分满足;而对于同样的成绩,一个自认为能力优秀、应当获得出众成绩的学生,会认为是遭到了很大的失败,并体会到极大的挫折。事实证明,当个人的既有自我意识消极时,每一种经验都会与消极的自我评价联系在一起;而如果自我概念是积极的,那么每一种经验都可能被赋予积极的含义。

(3)自我意识影响个体的期望水平。个体对自己的期望是在自我意识的基础上发展起来的,并与自我意识相一致。其后来的行为也取决于自我意识的性质。

6.2.2 高职大学生自我意识的发展

1. 自我意识发展的一般历程

一般来讲,青年期自我意识的发展,经历着一个特别明显的分化—冲突—同一的过程。在自我分化阶段,原先完整的"我"被打破了,出现了两个"我",一个是作为被观察者的"我"(me),另一个是作为观察者的"我"(I),也即"主体我"与"客体我"。这种分化是成长和进步,它表明一个青年开始懂得认识自己了。在自我分化阶段,如果"主体我"与"客体我"不能统一,自我形象便不能确定,就会表现出内心冲突。他们的自我评价常常是矛盾的,对自我的态度常常是波动的,对自我的控制常常是不自觉、不果断的。他们可能忽而只看到自己的这一方面,又忽而只看到自己的那一方面;时而肯定自己,时而又否定自己;时而感到自己什么都行,时而又感到自己幼稚无能;时而步入憧憬境界,对自己的现实缺乏意识,时而又厌恶自己长大而留恋那无忧无虑的童年和不知愁滋味的少年;时而对自己充满自信,时而又感到自卑;要求有属于自己空间又渴望被理解、被接纳等。

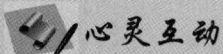

心灵互动

自我意识同一的途径大致有三条:①努力完善现实自我,使之逐渐接近理想自我;②修正理想自我中某些不切实际的过高标准,使之与现实自我趋近;③放弃理想自我而迁就现实中的消极自我。

亲爱的同学,你选择哪条路呢?

较之其童年和少年,高职大学生有了更多的烦恼与痛苦,其实痛苦是成长的代价,痛苦是成长的收获,痛苦是开始成熟的标志。它使高职大学生不再像中学生那样眼光仅仅向外,而是眼光更多地向内,开始审视和探求自己微妙的内心世界,关注自己的内在体验,开始有自己的价值探索和追求,产生了自我塑造、自我教育的紧迫感和实现自我目标的内驱力。如果在"主体我"与"客体我"分化的基础上,能够形成新的认知水平上的协调统一的自我,那么就能建立健康的自我意识。

2. 高职大学生自我意识发展的特点

1) 自我认识的主动性增强但自我认识的自觉性待提高

高职大学生比中学生更渴望进一步认识自我,对自己的成长极为关注。他们不仅关注自己的仪表、仪态、行为举止等外在因素,更关注自己的性格、智力等内在因素,对于有关个性或人格方面的书籍、心理测试表现出异乎寻常的兴趣和热情,希望能从中探索到自己内在的真实面貌。以大学生特有的敏感,能感受到社会对高职大学生复合能力的要求,因而热衷于交际能力、组织能力的提高,比如,参加各种社团和第二课堂活动,应聘学生干部,希望通过这些途径提升自己的综合素质。但整体自我认识的自觉性不够。他们对"我是一个什么样的人""我为什么是这样一个人""我如何实现自己的价值""我如何才能适应社会发展需要"等至关重要的人生命题有所思考,但不深入,不知道"我应该做什么",于是便有些迷惘、空虚和无聊。因此,高职大学生自我认识的自觉性有待提高。

2) 自我认识途径增多

(1)通过自我反省认识自我,通过与他人比较认识自我。现在很多高职院校开设了心理健康课，成立了心理咨询中心，高职大学生可以通过课堂和心理咨询认识自我。越来越多的大学生已能坦然接受心理咨询，与咨询老师一起分析自我、评价自我，使自己的认识更完善、合理。

(2) 通过网络世界认识自我。由于网络世界没有国界、没有长者权威，在网络世界里，他们可以无拘无束地汲取信息、制造信息和传播信息。丰富的网络信息激发了大学生自我分析的灵感，拓宽了他们自我分析的广度。当然，对网络信息要有鉴别力，以免误入歧途。

3) 自我评价的兴趣增加、能力增强，但全面性不够

由于自我认知的迫切感，高职大学生的自我评价的兴趣增强。由于自我意识的不断成熟，生活范围的不断扩大，生活经历的逐渐丰富，拓展了他们自我评价的视野，他们既不像"童年的我"那样依赖外界评价，也不像"少年的我"轻狂不羁，对别人的评价不屑一顾，而是学会了借助一定的社会评价来认识自己。他们的自我评价不完全以他人评价为唯一依据，也同时进行自我分析。多数学生对自己的评价基本与外界一致，并且能按照社会对高职大学生的要求来评价和设计自己。这是高职大学生自我评价能力增强的表现。但是，由于人的心理活动的复杂性，一个人要认识自己并不容易，加上年轻的大学生对客观外界及自我的理解和判断有时失于肤浅与片面，使得他们有时对自我的理解和判断只看到一面而看不到另一面，只看到表象而看不到本质。所以，就有可能时而自我否定，时而又盲目自大。高职大学生要确立较为独立、客观、全面的自我评价体系，仍有一个艰难的过程。当他们的世界观、价值观基本确立以后，这个过程才能相对完成。因为成熟的自我分析和评价必须以自我对待世界及人生的稳定态度与评价为前提。

4) 自我体验丰富深刻

人的自我体验与需要和价值观相联系，满足需要或与价值观相符，则愉快高兴，反之，则闷闷不乐。较之中学时代，高职大学生的需要结构发生了很大的变化，加之价值观尚不稳定，因而自我体验具有丰富、深刻、强烈、敏感、细腻、闭锁、波动等特点。高职大学生自我体验的基调是积极的、健康的。大多数学生喜欢自己，自尊、好胜、热情、憧憬。由于高职大学生所处的现状，有时也表现出不太自信、愁闷、慵懒、急躁等。

5) 自我控制能力有所提高

高职大学生自我控制的自觉性和控制水平明显高于中学生，但自我控制能力还不够强。一方面自我设计、自我实现的愿望十分强烈，他们的许多苦恼、不安以及痛苦的思索，常常都围绕着自我设计、自我价值的实现。他们强烈要求独立，热切期望摆脱对他人的依赖，逐渐确立一个成人的全新的自我形象。另一方面，高职大学生的自我控制水平还不够高，不善于及时、迅速地调整自己的目标和行为，也不善于以理智控制自己的行为。例如，有的学生对自己的不足分析得头头是道，但实际行动却跟不上，一遇到困难和挫折就难以控制自己的惰性。大学校园内，经常看到一些学生一边哀叹生活太累、没意思、郁闷，一边却在纵容自己逃课、睡懒觉、玩手机，这样只会在成才的道路上落伍。

3. 高职大学生自我意识发展的矛盾

随着自我意识的分化，原本统一的"我"分化为若干个相互矛盾的"我"。如若处理不当，会给学生们带来烦恼和痛苦，难怪有人说烦恼皆缘于"我"。高职大学生自我意识发展的矛盾主要表现在以下几方面。

(1) "理想我"与"现实我"的矛盾。这是高职大学生自我意识冲突中最集中的表现。高

职大学生富于理想,志向远大,对未来充满了憧憬,一旦发现"现实我"在许多方面不符合理想的要求,就会苦恼不安。比如,有的学生希望自己出类拔萃、才高八斗,向往着将来干一番轰轰烈烈的大事业,但"现实我"是学习不专心,得过且过,时有科目不及格。有的学生希望自己善于交往,应对如流,落落大方,可是事实是自己自卑、腼腆,一到公共场合就不自在。"现实我"与"理想我"相差甚远。"现实我"与"理想我"的反差给人的冲击是强烈的,如果差距过大,矛盾难以协调,则难免引发对自我的不满和心理失衡。

(2)"思我"与"行我"的矛盾。在高职院校,我们常会看到这样一些学生,他们志向高,抱负大,总是想着"长风破浪会有时,直挂云帆济沧海",在自我的世界里建筑着幻想的王国,为自己的前途想得多做得少,眼高手低,思行脱节。

(3)强烈的自我改变意愿与意志品质滞后的矛盾。高职大学生渴望改善自己的现状。比如,纠正自己某些不良习惯、构建自身的知识结构、培养和提高各种能力、提升综合素质等,这些都是高职大学生认为自己应该着手做的事。但由于意志品质发展滞后,自觉性、坚持性、自控力不足,知易行难,知行分离,使他们常因虚度光阴而自责,加剧了理想与现实的矛盾和冲突。

除了上述的矛盾,高职大学生还存在着其他的冲突,如肯定与否定、积极与消极、上进与消沉等。这些都是成长过程中的正常现象。正是由于这些矛盾和冲突,一个人才能获得追求、完善、进步的动力,不断地改造自我、发展自我、完善自我、超越自我。但是,如果这些矛盾和冲突久久不能化解,易造成自我意识的偏差而影响心理健康。

6.2.3 高职大学生自我意识的偏差及调适

1. 过分追求完美

追求完美是人类的天性,但过分追求完美,会引起适应障碍。过分追求完美的人,往往不顾自己的实际情况,期望自己完美无缺,只接受自己幻想中"完美"的自我,不肯接纳现实中有缺点的自我;不能容忍自己的"不完美",甚至把人人都会出现的问题看成是自己"不完美"的表现,总对自己不满意,严重影响了自己的自信心和情绪。之所以如此,是因为没有客观地、真正地了解自己,或过分受他人期望的影响等。改善的途径与方法如下。

(1)树立辩证的认识观念。任何人都不可能是十全十美的。一事不成功不等于事事不成功,一事成功也不敢保证事事都成功,完美永远只是相对的。正因为留下了"不完美"的遗憾,人们才有了不断进取、不断修正完善、不断超越自我的动力。从某种意义上说,最高的美正是带点缺憾的美,因为它给美留下了无限发展的空间。

(2)评价自己要有合理的参照系和正确的立足点。不与别人比高低。以"现实我"与"过去我"相比,看到自己的进步;以"现实我"与"未来我"相比,提醒自己不断努力。要立足于自己的长处,不断改进自己的短处;胜时看到不足和缺点,败时要看到优点和成绩。

(3)制定恰当的目标。目标要符合自己的实际能力,不苛求自己,不被他人的期望和要求所左右。必须明确自己的期望是什么,这种期望是来自我的本身能力和需要。只有明确了这一点,才可能真正地认清自己,规划好自己的发展方向,建立独立的自我。

(4)悦纳自己。不仅要接纳自己的优点,也要接纳自己的不完美。学会欣赏自己的独特性,不断自我激励,在平凡的甚至有缺陷的自我上,创造自己的不同于任何人的有价值的人生。

2. 过度自卑

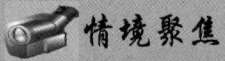

某高职院校的一份抽样调查表明：学生中安于现状、不思上进的占39.8%，悲观消极的占12%。大部分学生对自己所受教育的特点与目的还不十分清楚，认为高职大学生比普通高校大学生低一等，对自己的前途感到失望，对自己的能力感到怀疑，因而对学习、生活的信心不足。有的学生过分贬低自己，认为自己这也不行那也不行，处处不如别人，于是灰心丧气。

自卑是个体自以为不如他人而产生的一种不满自己、轻视自己、否定自己的消极心理。人在某些时候产生自卑感是很正常的，自卑感对人的发展不一定是坏事，有时会有增力作用。但过度自卑是不正常的。过度自卑者不能客观地认识自我，往往只看到自己的缺点，甚至夸大或泛化自己的不足，而忽略了自己的优点；总是不喜欢自己，看不到自己的价值，觉得自己处处不如别人，什么都低人一等，对自己求全责备，抱怨、指责、否定自己。自卑者往往有很强的自尊心，总担心自己的行为会当众出丑，受到别人的伤害，于是为了维护自己的自尊，便遇事回避，处处退缩，不愿抛头露面。这种自尊不但没有消除自卑，反而陷入更深的自卑。

对自身的体形和长相的不满意、童年时期的不幸遭遇、学业求职的忧虑、因经济攀比引起的心理失衡，以及由性和恋爱产生的心理困扰等，常常引起高职大学生过度地自卑。调适方法如下。

(1)建立积极的自我信念。自卑在于自我否定的消极负面信念，如"我不行""我没有能力做好这事""我真是糟糕透了"。这一信念看起来像是在表达事实，而实际上更多的只是当事人自己的看法。自卑的学生要多找自己的优点和长处，逐渐消除消极信念，建立积极信念。

(2)客观地认识自己，无条件地接受自己。在固有的遗传素质基础上，加强锻炼，修炼性情，培养宜人、坦诚的气度，加强内心的修养。树立健康的自我意识，就会在别人面前表现出大方、自信、乐观向上的精神面貌。

(3)正确看待"长"与"短"。第一，人有所长也有所短，不要为自己的所短而自卑。如果凡事都要去计较长短，那么没有一个人是全方位的、永远的胜利者。每个人在不同层次、不同方面都有自己的成败经验，自卑感人皆有之，只是程度不同、感受不同、态度不同而已。第二，欣赏自己之所长，悦纳自己之所短。对于可以改变的，就要加倍努力，促短变长；对于不可改变的，要转变心态与眼光，换个方向发展自己，扬长避短。

(4)适当表现自己，享受生命。经由失败，心灵才能更好地成长，所以古人有言："胜固欣然，败亦可喜。"不怕失败，大胆尝试，成功可以增强自信心，失败可以积累经验，以利再战。不必为自己开始的表现不佳而自卑，钢铁是锻炼出来的。

(5)根据自己的情况调整对自己的期望，确立合适的目标和抱负，区分近期目标和远期目标、蕴含的潜能和现在的表现，不愠不怒，不卑不亢，循序渐进。

(6) 扩大自己的社交圈,多与豁达开朗、见解新颖的人交往,学习别人的良好性格。

(7) 培养新颖的生活方式。自卑的人只有大胆尝试生活变化的滋味,才能发现自己的长处,增强自信心。

3. 过度的自我接受

自我接受是指个体认可自己,肯定自己的价值,对自己的才能和局限、长处和短处都能客观评价、坦然接受。接受自我是心理健康的表现。

过度的自我接受则是指个体对自己肯定评价远远超出自己的实际能力和表现。用放大镜看自己长处,很少认识到自己的缺点和短处。其人际交往模式是"我好你不好""我行你不行"。这类学生一般生活经历比较简单,生活道路一帆风顺,往往自以为是、骄傲自大;在人际交往中总是居高临下,给别人带来不愉快感;由于不切实际地高估了自己的能力和长处,对自己的缺点和短处缺乏清醒的认识,一旦遇到挫折,如考试不及格、求爱被拒、竞选干部落选等,总是把责任推到老师、同学身上,认为别人对自己不公平,从而疏远集体和他人,很难处理好人际关系。

过度的自我接受往往导致妄自尊大,听不进别人的意见,又缺乏自我反思、自我批评的精神和能力,回避、否认自己的缺点,以自我为中心。这样的人难以与人和谐相处,过于敏感,容易有受伤感。调适方法如下。

(1) 看到自己不足。"金无足赤,人无完人。"承认自己的缺点、弱点,承认自己也需要不断完善。

(2) 看到他人的长处,欣赏他人的独特性,理解和尊重他人。

(3) 多与别人交往,以开放的心态尊重和认真对待来自他人的反馈意见;要认识到给你正确反馈和批评意见的人,往往是真心为你好的人。

4. 以自我为中心

以自我为中心是指个体仅从自我的角度出发,以自己的标准去认识、评价事物以及自己与他人的行为,从自我角度出发采取行动的一种行为模式。

以自我为中心的表现:只关心自己,不在乎别人,一事当前先替自己打算,不管他人的感受和需要。与同学相处盛气凌人,处世总以为自己是对的,别人都是错的,好把自己的意志强加于人。过分以自我为中心者很难赢得他人的好感和信任,人际关系多不和谐,生活中缺少知心朋友,做事难得他人帮助,易遭挫折。调适方法如下。

(1) 要摆正自己的位置。不要总是把自己看得重于泰山,唯我独尊;把别人看得轻于鸿毛,微不足道。

(2) 要客观地、实事求是地正确评价自己,既不自高自大,也不妄自菲薄。

(3) 最关键的是要学会设身处地、多从别人角度想一想,从而体会他人的心境与感受,去理解他人,关爱他人,不要事事先想、只想、总想着自己。

(4) 自觉把自己融入他人集体中,走出个人小天地。

6.2.4 确立健康的自我意识

1. 健康自我意识的标志

心理活动不像生理活动那样具体、明显,但并不是说自我意识不可以考察,许多心理学家都从不同的角度对健康的自我意识进行了衡量。目前虽然没有一个统一的健康自我意识的标准,但大致可以从以下几个方面来参考。

(1)有健全自我意识的人应该是一个自我肯定、自我统合的人。

(2)有健全自我意识的人应该是一个自我认识、自我体验和自我调节协调一致的人。

(3)有健全自我意识的人应该是一个独立的,同时又与外界保持协调的人。

(4)有健全自我意识的人应该是一个主动发展自我,且自我具有灵活性的人。

(5)有健全自我意识的人应该是一个心理健康的人,不仅自己能健康发展,而且能促进社会文明和进步。

2. 建立健康的自我意识的途径

1)树立正确的自我观

(1)建立多元的自我概念。年轻人在自我认知与自我评价中易走极端,"我是一个失败的人,各方面都差",或者"我要做一个成功的人,成功的人一切皆好"。于是,一旦在某方面稍有成绩,便沾沾自喜;一旦在某方面受挫,又会全盘否定自己的价值。其实,一事的成功或失败都不足以全面地反映一个人的方方面面,更不能定终生。所以,注意纠正单一的自我概念,建立多元的自我概念,此方面失败并不一定彼方面也失败,某阶段失败并不意味着整个人生失败,从而全面地认识自己,接纳自己,增强自信心。不因不能做十全十美的完人而痛苦,要以做一个平凡普通、身心健康的人而快乐。

心灵咖啡

小李是个安静而庄重的人,但她认为自己是个"笨拙而又无趣"的人,希望自己活泼而又富有幽默感。小王是个口若悬河的人,但他认为"我真是个'大嘴巴',哪天我才能安静一点呢?我真希望变得庄重一点啊!"

他们都不能接受自己。小李想变成小王,而小王嫌自己"大嘴巴",因而也贬低了自己。可是,为什么他俩不能接受自己的原来面貌呢?为什么小李不说:"我真喜欢自己,我很稳重,所以同学们都很信任我。"为什么小王不能说:"我真高兴我会讲话,我虽然讲得多,但人们很爱听,我的笑话常使同学们开怀大笑,真棒!"

(2)建立合理的比较体系。每个同学都希望别人的优点自己也有,"张同学的大方,李同学的文静,王同学的能歌善舞,赵同学成绩第一,我也这样该多好啊!"其实,世界上没有两片相同的树叶,每个人都有自己的特点。重要的是,认识自己的人格特征以及如何运用自己的个性特点,创造性地发展发挥自己。与同学比较,善于吸收别人的长处,克服自己的缺点,扬长避短;与自己的过去比较,科学地对待自己的过去,恰当地确立自我发展的方向,实实在在地把握现在,才能在环境中找到自己恰当的位置。

(3) 经常反省自我。曾子曰："吾日三省吾身。"反省是一种自我监督，是自我调整的出发点。没有自我反省，就无从实现自我完善。茫茫人海，给自己一席独处的空间，匆忙之中，给自己一点反省的时间。在反省的过程中，可以分析自己失败的原因，对自己作一分为二的分析，严于解剖自我，敢于批评自己，提高自我认识，调整自我评价，调整自我定位。

2) 悦纳自我

悦纳自我就是对自己的本来面目持肯定、认可的态度。悦纳自我是发展健康的自我体验的关键和核心。高职大学生怎样才能形成悦纳自我的积极态度呢？

(1) 全面看待自己的优缺点，悦纳自己的优点也接受自己的不足，承认自己的价值，自尊自爱，对自己充满信心。每个人身上都有闪光之处，潜藏着大量待挖掘的能量，要调动自己的积极因素，发挥自己的潜能，相信天生我材必有用。

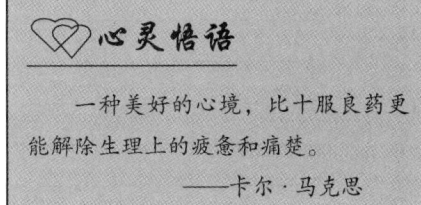

一种美好的心境，比十服良药更能解除生理上的疲惫和痛楚。
——卡尔·马克思

(2) 保持乐观、性情开朗。以开朗的心情把自己的失败告诉他人的人，一定是个充满活力的人。比如，有的同学碰到挫折时说："哎呀，这种可笑的事情竟让我碰上了。"乐观的人常常会觉得自己处在"阳光灿烂、白云飘飘、花儿对我笑、鸟儿对我唱"的环境中。经常保持一种充实、愉悦的心境，用于抵消那些不愉快的情绪体验。保持乐观、性情开朗，就能面对现实，从而采取积极有效的态度去面对现实中的自我。

3) 有效地控制自我

从操作层面看，有效地控制自我是健全自我意识的根本途径，有效地控制自我才能把建立健全自我意识落在实处。

4) 培养自信心

自信心是一种自我肯定的信念。在自我意识中往往以"我行""我能行""我是不错的"等信念表现出来，并有意无意地体现在行为中。对于自卑的人，时常给自己一些积极的暗示。当面临某种事情感到自己信心不足时，不妨自己给自己壮胆："我一定会成功！一定会的。"或者自问："人人都能干，我为什么不能干？我同样不也是人吗？"

5) 不断超越自我

健全自我的过程是一个塑造自我、超越自我的过程。对于高职大学生而言，超越自我更是终身努力的目标。完善自我、超越自我并不是一帆风顺的过程，需要付出艰辛的努力，也是一个"新我"形成的过程，是从"小我"走向"大我"，从"昨天之我"向"今日之我""明日之我"迈进。珍惜已有的自我，追求更好、更高的自我，做到一个"自如的、独特的、最好的自我"。既注重自我又不固守自我，而是根据社会要求不断改造自我；既注重自我价值的实现，又不局限于追求个人自我价值的实现，而是把自我价值实现的过程与为祖国现代化建设做贡献的过程统一起来，在为他人和社会的服务中实现真正的自我价值。

超越是一种境界，投身于火热的社会实践中，辩证地看待社会、分析自我、把握自我，才有可能最终超越自我。

心灵家园

我是谁？

自我认知 20 问是帮助你认识自己的一种方法。

1. 请你把头脑里浮现出来的答案——写出来。
2. 这是自我分析材料，可以不给别人看。所以想到什么写什么，不要有顾虑。
3. 回答每次提问的时间为20秒，如果写不出来，可以略去，继续往下写。

我是_____。
我是_____。
我是_____。
我是_____。
我是_____。
我是_____。
我是_____。
我是_____。
我是_____。
我是_____。
我是_____。
我是_____。
我是_____。
我是_____。
我是_____。
我是_____。
我是_____。
我是_____。
我是_____。
我是_____。

小贴士

1. 如果只能写出七个或更少的答案，则可以认为是过分压抑自己。
2. 如果主观评价和客观评价都有，可以认为取得平衡；如果倾向于主观或客观，则不能取得平衡。在主观评价中，最好是既说到自己好的方面（令人满意的特征），也说到自己的不足之处（不令人满意的特征）。如果只说到好的，或许你有些自满；只作不好的评价，你需要增强自信心。
3. 如果只有一个答案涉及未来，也说明你有理想和抱负，在现实生活中充满生机。如果没有一个答案涉及未来，则可能说明你对未来考虑不多。

帮助你找到优点

你喜欢自己的哪些方面，不论它们看似多么无足轻重、多么转瞬即逝？
你有什么积极的品质？
你有过什么成就，不论它们多么微不足道？
你曾面对过什么挑战？
你有什么天分或才智，不论它们看似多么不足称道？

你有什么技能？
其他人喜欢你的哪些方面？
他人有什么为你欣赏的品质和行为你也有？
你有哪些方面，如果它们表现在别人身上你就会欣赏？
你忽视了哪些细微的积极方面？
你没有哪些缺点？
一个关心你的人会怎样评价你？

小贴士　为了提高自我认同程度，最好是先把自己的优点、才智、技能和实力列出来。最好把清单放在身上，随时把新想到的条目补充上去。并把这些积极品质在日常学习和生活中的具体表现记录下来，你就可以克服自我偏见，自信、自尊、自爱的心态就会悄然而至。

6.3　矫正不良人格，塑造健全人格

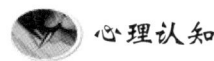

6.3.1　高职大学生人格发展中常见的不良品质及其纠正

人格中的不良品质是指介于正常人格与变态人格之间的一种人格状态，表现为人格发展的不良倾向。这种不良倾向不会像变态人格那样严重干扰个人正常的心理机能和行为，但在一定程度上使心理健康受到损害，因此，必须加以矫正。

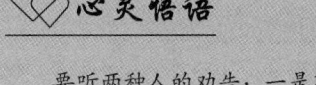

要听两种人的劝告：一是有智慧的人；二是有经验的人。

1．悲观及其纠正

悲观是指精神颓丧，对事物的发展缺乏信心。比如有的同学由于没有考上本科院校就心灰意冷；有的同学觉得自己理想破灭，便垂头丧气，消极怠学，浑浑噩噩。悲观者常常从消极的角度看问题，放大挫折和困难，认为它们不可逾越；用静止的眼光看失败，认为它们不可改变，对自己缺乏信心，改变现状的勇气不够。矫正悲观的建议如下：

(1) 以幽默而乐观的心态坦然接受现实；用发展的眼光看待未来，其中包括你自己。
(2) 即使处境不利也要寻找积极因素，不放弃争取微小胜利转机的努力。
(3) 既不被逆境困扰，也不幻想出现奇迹，脚踏实地、坚持不懈、全力以赴地去争取胜利。
(4) 不管形势多么险峻，也要去争取有利的条件。不久，你会发现，到处都有一些小的一小步一小步的成功。这样，自信心也就增大了。
(5) 你失败了，但要想到你曾经多次获得过成功，这才是值得庆幸的。
(6) 多与乐观的人交往，你会发现，乐观的火种慢慢地在你内心点燃。
(7) 用积极的方式表达自己。消极与积极表达方式对比见表6-5。

表 6-5　两种表达方式对比

消极的表达方式	积极的表达方式
这个太难了，我无论如何也干不了	所有的事情都可以完成，我必须尝试一下
我现在就知道，聚会上我会感觉不好	这是一个认识很多新朋友的好机会
天哪，我真笨	我要试试从哪里做起
我太健忘了，真是活该	我要更好地规划一下我的日程，这样的事情就不会再发生了

2. 纠正 A 型性格中的不良品质

A 型性格有利也有弊。一方面，A 型性格者积极进取，富于竞争意识，讲效率，能充分利用时间并发挥自己的才能，有助于个人事业的成功和潜力的发挥，也有助于人的心理健康。但是另一方面，A 型性格者过于紧张、急躁，情绪起伏大，在生活中心理压力过大，造成较长时间的应激状态而严重影响身心健康及学习和工作。所以，对待 A 型性格要扬长避短，避紧张之短，吸收 B 型性格之精华，及时地调整、放松自己，做到劳逸结合，张弛有序。矫正 A 型性格中不良因素的建议如下。

(1) 确定自己的学习和生活目标，懂得目标的实现是一个过程，不急于求成。人的精力是一个限量，所以要分清轻重缓急，不要去追求那些目前未必值得拥有的东西，否则会因目标太多而不能一一实现，反生压力感和挫败感。

(2) 不要过分追求完美，勇于接受自己的缺点和不足；在团队中，不必事事都亲自去做，要信任别人，相信别人能做好各项工作。

(3) 淡化荣誉、看轻成就，关注生活的和谐，培养多种兴趣爱好，培养艺术修养，增强生活的艺术情调，注重生活的质量，体验生活的美好。

(4) 在时间安排上要井然有序而留有余地，要从容不迫地去干每件事；同时不以数量多寡来衡量成绩，要讲究工作的质量。

(5) 主动控制、调节自己的情绪，避免争论和冲突，以幽默的态度去化解与他人的矛盾，培养宽容的胸怀。

(6) 善于倾听别人的意见，不要打断别人的讲话；不要把别人干着的事抢过来自己干，要耐心地加以指点和帮助，对别人要多加以鼓励和赞赏。

(7) 有目的地利用机会培养自己的耐心和悠闲感，如与人闲聊、去商场精心地为自己挑一件喜爱之物等。

(8) 多交一些知心朋友，建立归属感和安全感，多与朋友交流内心的真切感受。

3. 急躁及其纠正

急躁是指碰到不称心的事情立马激动不安的心理状态或想马上达到目的，不做好准备就开始行动的行为方式。

急躁主要表现为冒失、莽撞、不沉着稳健，遇事不冷静，做事急于求成，解决问题不深入细致，只是走马观花，结果半途而废。急躁者往往成事不足败事有余，甚至祸及他人。急躁者大多缺乏耐心、细致、严谨、恒心和毅力，因而给学习、生活带来不少麻烦。纠正急躁的建议如下。

(1) 遇事三思而后行。在做出行动之前要多沉思,耐心地从多角度考虑,多问几个为什么,不要急着行动。

(2) 加强自我涵养。性格急躁的人容易发怒,应把制怒格言"忍一时风平浪静,退一步海阔天空"铭记在心。在学习和生活中,对非原则性问题,能让则让,能忍则忍,尽量避免与人发生矛盾与冲突。

(3) 及时反躬自问。在做出决定后,每做完一件事都要及时反省检查,吸取经验教训,再制定下一步的行动计划,这样一步一个脚印,稳步前进,否则欲速则不达,甚至前功尽弃。

(4) 改变行为。吃饭时间不得少于 20 分钟,细嚼慢咽;说话控制语速,想好了再说,不随意打断别人谈话;看书一字一句细读,边读边想;走路骑车有意不超过别人;工作中改变风风火火的习惯,不着急,有条不紊地做。

(5) 从容不迫、锲而不舍。在学习、生活中不懈地克服急躁的行为,有意识地培养严谨、自制、有条理、有恒心的优良性格。正如古希腊思想家毕阿斯曾说过的,"要从容地着手去做一件事,但一旦开始,就要坚持到底"。

4. 狭隘及其纠正

狭隘是指一个人心胸气量狭小,容不得他人。比如,与人打交道斤斤计较、患得患失;别人稍有冒犯便耿耿于怀;好嫉妒,容不得别人比自己好;好挑剔等。

"天地本宽,而鄙者自隘。"狭隘的人往往固执己见,听不进他人之言,按照自己固有的框框、模式去批评、抱怨他人的言行,没有广博的胸怀。解决问题思路狭窄,态度、观点极端,方法单一,因而不能取得好效果;在交往中容易伤害他人的感情,使人际关系恶化;狭隘还给自己带来无端的烦恼,影响自己的情绪和在他人心目中的形象。因此,狭隘于人于己有害无益。纠正狭隘的建议如下。

(1) 试着从他人的角度去看周围的世界,设身处地去理解、体会他人的态度和言行,逐渐改变以自我为中心的态度和思维模式。

(2) 投身大自然的怀抱,去感受朝霞的绚丽和夕阳的宽厚、皓月的自谦和星空的深邃、山岳的博大和江河的雄浑;感受世界的无限和个人的渺小,培养宛如海洋、天空一样的宽阔胸怀。

(3) "己欲立而立人,己欲达而达人。"用欣赏的眼光看待别人的优点和长处,对别人的进步和成功表示真诚的祝贺。

(4) 要博学广闻。个人的视野越开阔,就越不会陷入狭隘之中,这就是所谓的"站得高,看得远"。

5. 偏激及其纠正

偏激是指在对现实问题的看法上绝对、片面、过火。偏激表现在态度上就是根据个人的好恶和一时的心血来潮去论人论事,看问题绝对,片面性很大,要么全好,要么皆坏,非此即彼,缺乏理性的态度和客观的标准;表现在情绪和行动上则是冲动莽撞,贸然行事,不顾后果。纠正偏激的建议如下。

(1) 培养辩证思维方式。凡事皆有两面,多视角看问题。

(2) 跳出自我,不以一己之是非为标准。

(3)宽容，容天下难容之事。

(4)有意识地去寻找现实中那些令自我感动、感激的事，哪怕微不足道。

6. 虚荣的纠正

虚荣是指个体为了维护或满足自尊而过分追求外在的荣誉、名望、赞美的心理和行为。虚荣心往往与自尊心、自卑感联系在一起，过分自尊会导致虚荣心，而没有自卑感，也就不必用虚荣心来表现自尊心。虚荣心是过度自尊和自卑的混合物。一般而言，每个大学生可能或多或少都有点虚荣心，这是正常的，一旦过分，则有害无益。虚荣心强的高职大学生在某些方面不接纳自己，内心虚弱，有较强的自卑感、情感脆弱敏感，害怕别人伤害自己的尊严，过分介意别人对自己的看法和评论，与人交往时总有一种防御心理，不允许有稍微侵犯。他们通常不敢正视自己的不足，但为了满足自尊，常会千方百计地抬高自己的形象，甚至不择手段地追求虚假的名誉。虚荣心的纠正方法如下。

(1)清醒认识虚荣的危害性。虚荣是爱慕虚荣者给自己挖的陷阱，他们维护的往往是虚假的、脆弱的、阴暗的、不健康的自我，久而久之将丧失真实的自我。

(2)努力认识自己，了解自己的长处与短处，扬长而不讳短，要有勇气接纳自己、改变自己。

(3)树立自信和健康的荣誉心，正确表现自己，不卑不亢。

(4)不为外界的议论所左右，正确对待个人得失。

(5)不断丰富自我，壮大自我内心，淡泊名利则宁静致远。

7. 怯懦及其纠正

怯懦即胆小怕事。怯懦的学生"怕"字当头，怕别人不高兴，怕伤和气，怕别人说自己不会处世而丢面子等。以为委曲可以求全，于是忍气吞声、逆来顺受，结果怕失去的都失去了。又因为过多地忍让而纵容了别人，使其不把自己放在眼里，于是体验到强烈的挫败感，甚至身心备受摧残。如果到了忍无可忍的地步，怯懦的人可能有极端行为。怯懦的纠正方法如下。

(1)转变认知。懂得良好的人际关系以平等和相互尊重为前提，而不是一味地迁就和退让；有时需要忍让和妥协，但必须以不损害自己的尊严为限度；助人为乐乃绝美境界，但如果以牺牲自己的心理健康为代价，何美而言？何乐而言？

(2)怯懦的背后是自卑与讨好的混合，所以要增强自信心。

(3)学会勇敢而恰当地表达自己的看法和情绪，对自己不喜欢做的事，如果别人提出要求，要勇于拒绝。

情境聚焦

小Z，某高职院校学生，一直认为只要忍让就能有好的人际关系，同学用他的书不还，借他的钱不还，他心里不高兴但忍着，平时对同学是有求必应。冬天，该别人值班查夜，让他代值，尽管他非常不情愿但还是从热被窝里爬起来……后来，他病了，头痛、吃不下饭、夜间常惊醒。

你如何评价小Z为人处世的方式？你觉得他应该怎么办？

6.3.2 塑造健全的人格

人才首先是一个人格健全的人,高职大学生应该充分发挥主观能动性,努力把自己培养成为一个人格健全的人。

1. 健全人格的标准

(1) 人格各因素发展协调统一,内心和谐,言行一致。能正确评价自己的所作所为是否符合客观需求和社会道德规范,能及时调整自己与外界的关系。

(2) 充分理解自己的现实情境,既不生活在过去也不生活在未来,而是坚定地立足于现在,并注意到未来的目标和任务,对自己的生活负责。

(3) 对经验具有开放性,乐于接受未经历过的新观念、新的生活体验、新的行为方式,并作恰当的取舍。

(4) 守时惜时,有很强的时间观念,做事讲效率。

(5) 思路广阔,头脑开放,富有创造性。

(6) 尊重他人,善于倾听不同的意见,尊重他人的价值观和生活方式。

(7) 乐于交往,有较深刻的人际关系。

(8) 有独处的需要,能够享受独处的乐趣。

(9) 富有哲理性的和友善的幽默感,具有广阔的胸襟和宽容心、同情心。

(10) 具有坚强的意志,能为自己的目标合理地调节、控制自己的行为。

> **心灵咖啡**
>
> 人各不相同,健全人格的标准也不唯一。同学们应根据自己的特点和发展的需要,灵活而创造性地参考上述标准,塑造自己,使自己的人格朝健康全面的方向发展,做一个自立、自信、自尊、自强、幸福的人。

2. 塑造健全人格的重要意义

(1) 人格素质是大学生综合素质的重要组成部分,大学生健康人格的塑造关系到大学生的健康和成才。

(2) 健全人格是人生成功的第一要素。现代社会,人生较量有三个层次:最低层次是技巧的较量,中间层次是智慧的较量,最高层次是人格的较量。古今中外但凡人生成功者,无一例外地拥有优秀的人格品质。

(3) 健全人格是幸福生活的保证。有生活质量研究表明,人类的健康和幸福越来越多地取决于人格的健康状况。

(4) 健全人格是实现现代化的决定因素。美国社会学家英格尔斯指出,一个国家,只有当它的人民是现代人,它的国民从心理和行为上都转变为现代人的人格,国家才可真正称为现代化国家。

3. 塑造健全人格的方法

(1) 做一些科学的人格测试,了解自己的人格类型特点及其优劣。

(2) 择优汰劣,择优即选择某些良好的人格品质作为自己努力的目标,如自立、自信、自尊、自强、乐观、开朗、热情、勇敢、勤奋、坚毅、诚恳、善良、诚信、正直等;汰劣即针对自己人格上的弱点予以纠正，如自卑、以自我为中心、冷漠、懒散、急躁等。

（3）博览群书，丰富知识，注重人文修养。人的知识面越广，人的本身也越臻完善。现实生活中，不少人的人格缺陷源于知识贫乏。例如，无知容易使人粗俗、自卑、狭隘，丰富的知识则容易使人自信、坚强、理智、谦恭等。可见知识的积累与人格的完善是同步的。大学生不能仅局限于自己的专业知识学习，还应该扩大自己的知识面，理工科学生要有人文社会科学知识，文科学生要有自然科学知识，用丰富的知识充实自己。

> **心灵悟语**
>
> 读史使人明智，读诗使人灵秀，数学使人周密，科学使人深刻，伦理学使人庄重，逻辑修辞之学使人善辩，凡有所学，皆成性格。
>
> ——培根

（4）注重细节，养成好习惯。一个人不经意流露在细节上的言行就是他的习惯，就是他的人格。因此，优化人格要从身边的小事做起，锲而不舍、持之以恒、积沙成塔，最终构建成优良的人格大厦。

（5）乐于交往。人格发展、塑造的过程，是人与他人相互作用的过程。健全的人格只有在与人交往中才能体现出来，完善起来。通过交往，我们可以学会理解、学会尊重、学会关心、学会宽容、学会赞美、学会独立。通过与他人交流，可以看到别人的长处和自己的不足，及时调整人格发展的方向。

（6）融入集体。通过与集体交往，个体的某些人格品质或受到赞扬、鼓励，或受到压制、排斥，从而有助于做出有针对性的调整，而且集体能够伸出手来帮助集体中的个体择优汰劣。比如，班级活动、社团活动，尤其是成长小组的团体咨询，都给个人人格成长提供了良好的氛围。

（7）积极参加社会实践活动。积极参加公益劳动，能培养关心社会、责任感、勤奋、耐心细致、乐于奉献等优良品质。积极参加科技创新活动，可以培养自主、严谨、细致、有恒心、协作、思路开阔、诚实等品质。适当参加校外社会实践。较之学校，社会是一个更复杂、更现实的环境。利用假期做一些勤工助学工作，可以感受生活的不易，从而体谅父母的辛劳；可以触摸真实的世界，有利于理想自我与现实自我的统一；能培养独立性强、富于创造性、善于交往、果断、讲效率、自立、自强、自信等良好个性。

（8）坚持锻炼身体。健康的体质是人格健全发展的物质基础。一个体弱多病的人是难以发展健康人格的，拖拉、懒惰、急躁、怯懦等不良人格就与不坚持体育锻炼明显有关。经常坚持体育锻炼，不仅能强健体魄，还能锻炼意志。

（9）把握适度。人格的发展和表现重在适度。孔子曰："过犹不及。"一个人的缺点仿佛是他优点的继续。如果优点超过了应有的限度，表现得不是时候，不是地方，那就会变成缺点。因此，人格塑造的过程中把握好度很重要。具体地说应该是坚定而不固执，勇敢而不鲁莽，豪放而不粗鲁，好强而不逞强，活泼而不轻浮，机敏而不多疑，稳重而不寡断，谨慎而不胆怯，忠厚而不愚蠢，老练而不世故，谦让而不软弱，自信而不自负，自谦而不自卑，自珍而不自骄，自爱而不自恋。

把握人格优化的"度"还体现在人格优化的目标要立足于自己已有的人格基础，实事求是地确立合理的、切合实际的人格发展目标。人人都想追求健康人

> **心灵悟语**
>
> 播下一种思想，你将收获一个动作；播下一个动作，你将收获一种习惯；播下一种习惯，你将收获一种性格；播下一种性格，你将收获一种命运。

格,但不同的人由于客观条件和具体环境不同,人格层次也不同。人格目标过高会增加挫折体验;目标过低,人格发展就缺乏内在动力。

健全人格的培养和塑造既是一场轰轰烈烈的心灵革命,也是一个艰难的心路历程。只要我们坚持不懈地努力,就可以使人格更加健康、完善。

心灵家园

人格训练

人格的塑造在于日常积累。表 6-6 是一个积极人格训练表,每天对照检查一下自己,做到的打"√",没做到的打"×",并写出改进方法。

表 6-6 积极人格训练表

项目	周一	周二	周三	周四	周五	周六	周日	改进方法
积极								
勤奋								
认真								
及时								
坚持								
负责								
好学								
诚信								
热忱								
宽容								
谦虚								
整洁								
分享								
适度								

 本周的生活使你豁然、欣慰,还是心情沉重呢?写下自己的感受。不过,不管怎样你都应该再坚持一段时间,然后看看自己发生了哪些变化。

第 7 章 磨砺优良的意志品质

> 知人者智，自知者明；胜人者有力，自胜者强。
>
> ——老子

 心灵求索

成都航空职业技术学院一男生的"显著优势"测试显示：勤奋好学、坚忍不拔是他最显著的人格优势。他这样总结自己："刚进校的时候，我给自己定了三个目标：第一，第一年第一学期通过全国大学英语四级考试；第二，第一年第二学期通过全国大学英语六级考试；第三，第一年通过全国计算机等级考试二级。通过不断地努力与坚持以及行之有效的计划，我第一学期顺利通过全国大学英语四级考试，第二学期顺利通过全国大学英语六级考试，在全国计算机等级考试中，机试部分满分通过。在完成三个目标的过程中，我付出了汗水，体味了坚毅，收获了成果。现在每当回首，最值得回味的就是曾经为之努力的过程。"这就是优良的意志品质的力量！

问题导入

1. 请描述意志的含义。
2. 意志的品质表现在哪几方面？
3. 用上例说明意志品质如何构成意志活动过程中的动力。
4. 为什么有的人很努力，仍然不能实现自己的目标？
5. 迄今为止你制定过多少次计划，有几次实现了？谈谈你的感受。
6. 你认为高职大学生应当具有哪些优良的意志品质？你自己拥有哪些？

7.1 意志品质与高职大学生心理健康

 心理认知

7.1.1 意志及其特征

1. 意志的内涵

意志是自觉地确定目的，并根据目的支配和调节自己的行动，克服各种困难，实现目的的心理过程。意志是人类特有的心理现象，是意识能动性的集中体现，它对行为有发动、坚持、制止、改变等方面的控制和调节作用。意志的品质表现在四个维度。

(1) 自觉性，个体对自己行动的目的及其社会意义有清醒的认识，并以此支配自己的行动，达到既定目标的品质。

(2)果断性，个体在选择目的、采取决定和执行决定的过程中，善于辨明是非真伪，善于抓住时机，迅速而坚决地进行决断，或及时调整决策以适应不断变化着的外界环境的品质。

(3)坚持性，个体在行动中坚定不移、坚持不懈地克服一切困难，不达目的不罢休的品质。

(4)自控力，个体控制和调节自己心理状态与行为活动以达到目的的能力。

确定目标是意志活动的起点，根据目标支配、调节自身的行动，不懈努力，拒绝诱惑，排除困难是意志活动的过程，实现预期的目标是意志活动的结果。在这一起点、过程、结果的运动中，自觉性、坚定性、果断性和自制力整合为由起点向终点运动的必不可少的心理动力。

2. 意志行为的特征

(1)意志行为具有明确的目的性。一个成熟的意志行为不是勉强的、无方向的盲目冲动，而是经过深思熟虑与反复权衡的有明确目标的自觉行为。只有当个体对自己的行为具有明确的目的，并认识到实现这一目的重大价值时，他才会以勇往直前的态度和决心去实现预定目的，并且以坚强的毅力去克制与预定目的相背离的活动。

(2)意志行为具有方向性。并非所有的意志行为都促进目标的实现，只有顺应个体自身和社会发展规律的意志行为，可以帮助我们实现有利于自身和社会的积极目标；反之则南辕北辙。

(3)意志行为具有调节能力。意志对行为的支配和调节表现为激励与克制两个方面。激励表现为推动人们去从事达到预定目标所采取的行为。克制是个体抑制和阻止与预定目的相冲突的愿望及行动。通过激励和克制，心无旁骛，专一于预定目标。

(4)意志行为通过克服困难表现出来。人在实现目的的过程中，总会遇到种种困难，因而克服困难的过程也就是意志行动的过程。意志坚强的水平通过战胜困难的难易体现出来。我们需要战胜两种困难：内部困难和外部困难。内部困难来自我们自身，如心理冲突、消极的情绪、不良性格、知识不足、经验不够、能力有限、体力不支等。外部困难是指外在条件的障碍，如缺乏必要的工具和工作条件，或来自他人的讥讽和打击等。外部困难必须通过内部困难而起作用。因此，敢于藐视和克服困难既体现了意志品质，又是锻炼意志的途径。

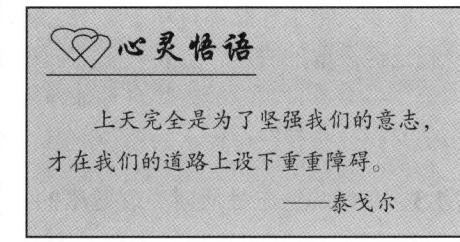

心灵悟语

上天完全是为了坚强我们的意志，才在我们的道路上设下重重障碍。
——泰戈尔

7.1.2 高职大学生应具备的良好意志品质

1. 高度的自觉性

这是高职大学生顺利完成学业的基本意志品质，也是高校学习和生活对高职大学生的基本要求。具有自觉性的高职大学生有明确的生活目标，并将目标的实现落实在日常学习和生活中；能自觉地把自己的行为与社会的要求统一起来，遵守法律法规和学校的各项规章制度；既有原则性，又有灵活性，能独立自主地达到既定目标。

2. 辨别是非的果断性

果断性是指一个人能明辨是非，能适时坚决地做出决定并加以执行。所谓适时，即指在需要立即行动时，当机立断，毫不犹豫，在不需要立即行动或情况发生改变时，能立即停止执行或改变已做出的决定。果断性是以大胆勇敢和深思熟虑为前提的。果断性良好的高职大学生在面对诱惑和得失时，基本上能够做出符合自己实际情况与追求目标一致的选择。果断的高职大学生对自己行为的目的、方法及可能的结果有清醒的认识和相当的把握。当今社会，瞬息万变，高职大学生更应该学会把握转瞬即逝的机遇。这就要求高职大学生逐步培养紧急关头当机立断、及时行动的品质。

3. 始终如一的坚持性

坚持性包括充沛的精力和坚韧的毅力。毅力不仅表现为坚持的决心，还含有顽强奋斗的行动，这是高职大学生确立目标之后最需要的意志品质。要在学习、工作中取得优异成绩，必须始终保持足够的精力投入，做事三分钟热度终会一事无成。坚定则是要求人们能坚守目标，专心致志并保持平衡的心态，努力不懈，直到达成你想成为的人、做成你想做的事。坚韧是指长时间地坚持，忍辱负重，韬光养晦，积蓄力量，等待时机成熟，一举取胜。"坚持到底"，简短的四个字揭示了成功的秘诀。

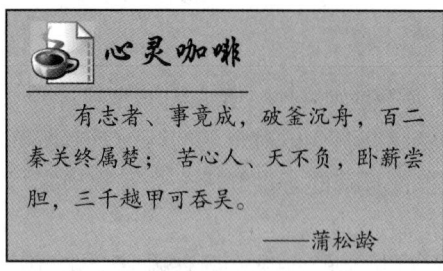

有志者、事竟成，破釜沉舟，百二秦关终属楚；苦心人、天不负，卧薪尝胆，三千越甲可吞吴。
——蒲松龄

坚持到底并不是说我们终生只坚持做一件事。如果发现当前从事的工作并不适合自己的发展，我们应当积极地转向更适合我们的工作上去。坚持到底真正的含义是：我们应当始终保持顽强的毅力、必胜的信念，大胆尝试，敢于不断突破自身能力的限制，永远不满足已取得的成绩，从一个成功走得另一个成功。

4. 约束自我的控制力

高职大学生在意志行动中要学会控制自己的情绪、约束自己的言行。既要善于促使自己去执行已经采取的决定，也要善于控制盲目冲动和没精打采的消极情绪，更要克服懒惰、散漫的习惯。一个有自制性的人能自觉地控制和调节自己的行动。教育家马卡连柯说，坚强的意志，不但是想什么就获得什么的那种本事，也是迫使自己在必要时放弃什么的那种本事。

7.1.3 良好的意志品质对心理健康的意义

1. 有利于建立积极的自我意识

意志脆弱的学生往往被消极情绪所困，被困难和挫折所击倒。他们时常给自己消极的暗示："这个对我来说太难了，我不行。"而意志坚强的学生则可以控制自己的情绪，战胜困难和挫折，以坚忍不拔的精神迎接人生的挑战，体验战胜困难后的喜悦，更加自信，暗示自己"我能行！"可见坚强的意志品质有助于积极的自我观念的确立。

2. 有利于良好的学习习惯和生活习惯的养成

学习是一项持久、复杂而艰苦的劳动，需要学生付出一定的意志努力才能完成。一个意志品质良好的高职大学生，有明确合理的学习和生活目的，就会自觉克制自己的不良欲望，不受有害刺激诱惑，遵纪守法，勇于克服坏习惯，戒除不良嗜好等，能自觉养成良好的习惯，其行为表现出果断、坚韧、自制和毅力。

3. 获得成功的基础

研究表明，在事业上有大成就的人意志品质明显优于那些一事无成、默默无闻或成就平平的人。他们有坚强的进取心、自主性，有不屈不挠、坚持到底的精神，而无成就的人则多意志薄弱，常常由于被动、退缩、害怕失败或优柔寡断而失去很多机会。

7.2 高职大学生常见意志品质问题及其纠正

7.2.1 高职大学生意志品质特点与现状

 心理认知

高职大学生意志品质特点如下：

(1) 自觉性与盲目性共存。高职大学生知道把自身的前途与社会的发展联系起来，懂得为自己学业、就业担心，也知道自己应该干什么。但有相当一部分高职大学生常困惑于为长远的目标而牺牲眼前的安逸，还是放弃追求目标而及时行乐的冲突之中。

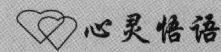 心灵悟语

在人生的旅途中，让自己的目光始终盯在目标上。

(2) 坚持性与动摇性共存。高职大学生在意志品质的形成上表现为有目标有计划，也能坚持一段时间。可是一部分高职大学生由于外界的种种诱惑，常不能持之以恒，虽得一时轻松，却不能实现自己的目标。

心灵悟语

在最成功和最不成功的人之间差别最大的 4 种品质是：取得最后成果的坚持力，为实现目标不断积累成果的能力，自信心和克服自卑感的能力。
——推孟

(3) 果断性有所增强，但也常伴有冲动行事和犹豫不决。随着年龄的增长和心理的成熟，知识和技能的积累，高职大学生自主意识有所增强，喜欢自己决定、自己选择。但也容易由于人生经验不足，误把武断当果断而冲动草率，或优柔寡断动摇不定。

(4) 自控力与随意性共存。一些高职大学生不能自觉调节自己的行动而由情绪左右。例如，可能因为一点小事，或者被感动、振奋，或者被激怒、怄气；他们在遭受挫折时，也往往容易产生烦恼、苦闷、不满甚至绝望。

高职大学生的意志品质中，既有良好的、健康的一面，也有不良的、软弱的、不健康的一面。这种意志水平和性质的差别，以及发展的不均衡、不稳定的特点，说明他们尚未完全成熟，在他们的成长道路上还会遇到不少的困难。

7.2.2 高职大学生意志品质问题的纠正途径

1. 懒惰及其纠正

1) 懒惰的含义

懒惰是不能按自己的意愿行事的精神状态，是高职大学生中常见的，也是许多学生深感苦恼而又难以改正的意志缺陷。

高职大学生懒惰的表现：不思进取，只有被别人逼着才向前走；无法将精力集中到学习中去；有目标无计划，该实施的行动，无休止地拖延；做事磨磨蹭蹭，效率极低；虽多次下决心改正却仍不能自拔；除了玩手机，似乎对其他任何事情都兴趣不大。总之，惰性使他们不满现状又不去改变，回避现实，生活在等待和无奈之中，常怀内疚之心。

> **心灵悟语**
>
> 在时间的大钟上，只有两个字——现在。
>
> ——莎士比亚

2) 懒惰产生的原因

（1）意志薄弱，不能勇敢地面对自我现状，缺乏吃苦耐劳的精神，贪图轻松安逸，缺乏约束自己的毅力。

（2）想法多，但缺乏近期可实现的目标，缺乏可操作的计划。

（3）缺乏时间管理，很少有学生有三年高职生涯安排，总以为今天短而明天长，今天事多，明天事少。

懒惰的危害：懒惰像腐蚀剂，处于懒惰状态的学生常常陷于恶性循环之中，即"惰性拖延→低效能→情绪困扰→失败"，于是他们常常苦恼、自责、悔恨，但又无力自拔，影响了个人的进步成长和心理健康。

> **情境聚焦**
>
> 某高职院校一名大三学生L，眉头紧锁，愁云密布，一进心理咨询室便历数自己的不是：英语没过级，计算机数次折戟，重修的课程还有两门，眼看用人单位就要开始招聘了，自己还有好多事没做，都怪自己大一、大二时没抓紧时间……
>
> 同学，面对如此情景，你有何感想？

3) 懒惰心理的纠正

（1）为自己制定详细而可行的作息时间表，按时去完成它。时间表内容应包含课程学习、业余爱好、锻炼身体、休闲娱乐、购物、人际交往等。这样有张有弛，比较符合人的作息规律，而且易于实现。要求言必行，行必果。只要每天都坚持，就能形成习惯。

（2）与同学一起学习，相互监督。有时候一个人学习感觉很枯燥无趣，这时候可以邀同学一起学习。两个人可以相互监督，相互交流，如果一个人坚持不下来了，另一个人可以鼓励、督促，共同进步。大家一起学习，交流心得，学习效果要比一个人好得多。

（3）制定自己的奖惩机制。按照自己的计划和时间安排完成了任务就奖励自己。如果没有完成任务就惩罚自己，并抓紧时间补上。

在线学习　普瑞马法则

2. 缺乏恒心及其纠正

1) 恒心的定义

恒心，是意志坚持性的重要表现。很多高职大学生常立志但就是不能立长志，三分钟的热情，五分钟的干劲。有的学生经常说，"我想早起，可就是没有恒心""我想学习，可就是想玩"。想锻炼身体，坚持了两天就偃旗息鼓，背外语单词几天后就鸣金收兵。缺乏恒心常使许多有价值的计划、行动半途而废。

2) 缺乏恒心的原因

第一，对目标的认识肤浅，对自己缺乏责任感。第二，随意性大，当原定目标达不到时，以放弃的方式来摆脱，达不到目标可能带来的焦虑。第三，缺乏成功经历的体验。

3) 培养恒心的方法

(1) 要有明确的目标。目标具体明确且有重大的价值，就会有行动的动力和勇气。

(2) 根据目标制定切实可行的计划，有步骤地完成。

(3) 培养自己的兴趣。

(4) 克服懒惰的作风，不要原谅自己懒惰的行为，不要拖延、推托。

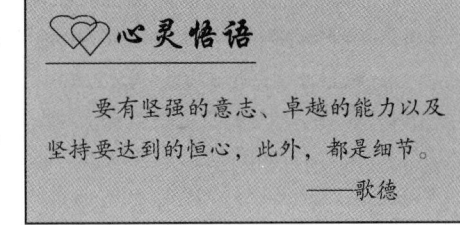

心灵悟语

要有坚强的意志、卓越的能力以及坚持要达到的恒心，此外，都是细节。
——歌德

(5) 对自己要有信心，不要稍遇困难和挫折就怀疑自己的能力，就轻言放弃。世上最容易做的事就是放弃。放弃或许是一种轻松，但是生命中有许多不可承受之轻，为了此刻的轻松你将付出沉重的代价，其实最后的胜利往往存在于再坚持一下的努力之中。

3. 盲从及其纠正

盲从是没有主见，随大流，或轻信别人而忘记自己的目标。盲从主要表现为无独立自主意识、无自己目标，凡事自己不愿多动脑，别人怎样我也怎样，从众。那如何克服盲从呢？

心灵互动

审视你的独立性：你是否在意别人对你的评价？你会穿自己感觉并不怎样但朋友评价很高的衣服吗？在学习、工作或生活中，你会因为别人懒散、消沉而跟着迷惘吗？

(1) 培养独立思考的能力，要有自己独立的意志。只有凡事都经过自己的思考，能根据自己的实际制定自己的目标，坚持自己的原则，才能逐渐克服盲从。

(2) 提高自己的认识能力。自己认识事物的能力提高了才能遇事胸有成竹，防止盲从。

(3) 从小事做起，提高自信和勇气。盲从有时是因为对自己不自信或没有勇气坚持自己的观点和目标。先学会小事自主，小事成功渐渐自信了，就不盲从别人了。

 心灵家园

📝 **看看你的意志品质**

下面是意志自测题。每道题你可按下列情况回答：A 很符合自己的情况，B 比较符合自己的情况，C 介于符合与不符合之间，D 不大符合自己的情况，E 很不符合自己的情况。

1. 我很喜欢长跑、远途旅行、爬山等体育活动，并不是我的身体条件适合这些项目，而是因为它们能使我更有毅力。
2. 我给自己制定的计划常常因为主观原因不能如期完成。
3. 如果没有特殊原因，我每天能够按时起床。
4. 制定计划应该有一定的灵活性，如果完成计划有困难，随时可以改变或者撤销它。
5. 在学习和娱乐发生冲突时哪怕这种娱乐很有吸引力，我也会坚决去学习。
6. 当学习、生活、工作中遇到困难时，最好的办法是立即向他人求援。

7. 在练长跑时我觉得跑不动时，我常常咬紧牙关，坚持到底。

8. 我常常因为读一本引人入胜的小说而不能按时睡觉。

9. 我在做一件应该做的事以前能考虑到后果，从而有目的地做。

10. 如果我对一件事不感兴趣，那么我的积极性也就不高。

11. 当我面临一件该做而另一件不该做的事时，我常常需要经过激烈的斗争。

12. 有时我躺在床上，决定明天想干一件事，但到了明天，我的劲头又没了。

13. 我能长时期地做一件枯燥但十分重要的事。

14. 在生活中遇到复杂的事情时，我经常优柔寡断，举棋不定。

15. 做一件事情时，我首先想到的是它的重要性，其次才想到它的兴趣性。

16. 我遇到困难情况时，常常希望别人帮我拿主意。

17. 我决定做某件事时，会说干就干，决不拖延。

18. 在和别人争吵时，虽然明知道自己不对，我还要说几句过头话，甚至还要骂几句。

19. 我深信"有志者，事竟成"。

20. 我相信机遇，因为许多事例说明，取得成功机遇大于努力。

评分原则：

凡奇数号题，A、B、C、D、E 依次为 5、4、3、2、1 分。凡偶数号题，A、B、C、D、E 依次为 1、2、3、4、5 分。

20 道题的总得分，如果在：

81～100 分，说明你的意志很坚强。

61～80 分，说明你的意志比较坚强。

41～60 分，说明你的意志一般。

21～40 分，说明你的意志比较薄弱。

21 分以下，说明你的意志很薄弱。

小贴士 优良的意志品质是成就你的有力工具，如果你意志很坚强，要保持；意志比较坚强，要提升；意志一般，要努力；意志比较薄弱，要锻炼；意志很薄弱，要磨炼。

7.3 培养优良的意志品质

7.3.1 建立积极的人生价值观

1. 要坚持正确的价值观念

培养优良的意志品质从建立正确的价值观开始。不把生活目的和意义想透，人生何以起步？然而由于社会价值观的多元且有时表现为良莠不齐，一些不公正、不合理、不合法的社会现象模糊了人们的价值判断，这无疑给高职大学生价值观的形成造成消极影响。但有一点可以确信不疑，发达的市场经济必然崇尚勤奋、进取、持之以恒、吃苦耐劳、诚信、责任感。这些正确的超越时空、超越文化界限的价值观是无形无价的精神财富。不要盲从，不要一叶障目，要有选择地接受社会价值观并树立自己独立的、积极的价值观。

2. 培养自觉的选择意识

创造与实现人生价值，只有具备了自觉的选择意识，才能掌握人生的主动权，否则就可能陷入自我和社会双重否定的困境中。

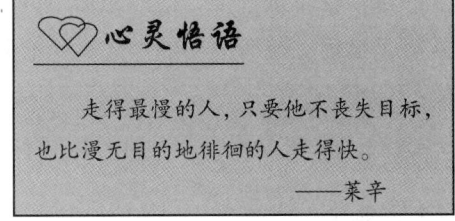
走得最慢的人，只要他不丧失目标，也比漫无目的地徘徊的人走得快。
——莱辛

人生价值的创造与实现之所以强调人生自觉的选择意识，是因为人生没有彩排，生命历程对每个人来说只有一次，每个人在人生道路上面临的问题、障碍、机会和可能性是不一样的。具有自觉、科学的选择意识就能使人在纷繁复杂的多种可能性中做出较积极和主动的选择，在充满诱惑的现实中牢牢地把握住自己追求的目标和发挥自己的优势。因此，选择体现了意志的自觉性，不能将其片面地理解为"随心所欲"，否则便是对选择的一种肤浅认识。

3. 要有承担责任的勇气

选择了就要担当，这就是责任。责任是什么，是一个人应当接受的社会任务和承担的社会职责。人与人之间的责任关系是人的社会联系中一种内在的基本的关系。对高职大学生而言，要学会为自己的不同角色（子女、学生、同学、未来职业人）行为负责，要学会为自己的行为及其后果承担责任。

7.3.2 优化个性

个性特征强烈地影响着意志品质的发展，是人生成功的关键素质之一。培养良好的个性，对有效地应对各种压力、磨砺优良的意志品质、保持健康的心理有重要意义。

1. 针对个性弱点进行训练

针对自己个性中的某些弱点进行训练，如多血质的同学加强坚持性、毅力的培养；胆汁质的同学加强自制力的训练；黏液质的同学重视自主性和果断性的锻炼；抑郁质的同学更加胆大、顽强，这样有的放矢，扬长避短，必将使意志品质更加完善。

2. 要有吃苦耐劳的奋斗精神

"天将降大任于斯人也，必先苦其心志，劳其筋骨，饿其体肤，空乏其身，行拂乱其所为，所以动心忍性，增益其所不能。"理想目标的实现是一个不断克服各种困难，逐步接近目标的过程，是意志磨炼的过程，也就是吃苦耐劳、艰苦奋斗的过程。我们需要不断地努力、创造，脚踏实地、一步一个脚印地接近理想目标；我们需要与来自自然、社会和自我的各种困难、障碍进行艰苦的斗争。高职大学生在这个问题上应有充分的心理准备。

3. 保持浓厚的兴趣，从事喜欢的活动

有些高职大学生的失败并不是意志力的问题，而是勉强自己做自己不感兴趣的事情。如果所从事的活动不能使人感到充实和趣味，这样自然难以持续下去。浓厚的兴趣能激发出巨大的毅力。在条件许可的范围内，尽量去尝试自己既感兴趣的，又符合社会要求的事情和活动，也会发挥意志力。

4. 用自信塑造自己的意志品质

自信是一种意志。信心实质上就是一种欲望，一种坚定不移的、积极的心态。有了它，就有了自信。要有成功的信念，信心是成功的秘诀。心存疑惑，就会失败；相信胜利，必定成功。相信自己能移山的人，会成就事业；认为自己不能的人，一辈子一事无成。

信心能产生巨大的威力，它起作用的过程是这样的：相信"我确实能做到"的态度，产生了能力、技巧与精力这些必备条件，每当你相信"我能做到"，近而自然就会想出"如何去做"的方法。

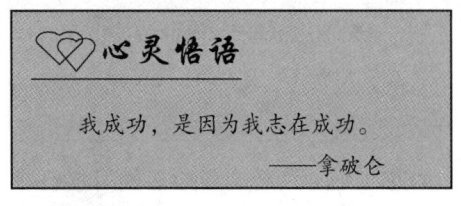

1) 端正行为才能自信

当你做任何违反良心的事情时，罪恶感会使你心神不定，会阻碍你的思考过程，使你无法顺畅地思考。你的行为符合社会规范的要求，既有益于社会、他人，也有益于自己，你就会充满信心地思考，并且充满信心地行动。

2) 利用积极的心理暗示建立自信

"说你行，你就行。"这是一种自信的表述，这种坚定的、无畏的心态驱散了阴影，形成强大的人格力量，使困难变得容易克服。有这些心理暗示，就能振奋自己。"我不行，毕竟比不上他""我是无能为力的"等这些话是忌语，因为它会使你丧失斗志，暗示你不自信，使自卑、恐惧占据你的心灵。

3) 自信的行为或自我训练

(1) 在上课或参加活动时，挑前面的座位坐，坐在前面能建立自信心。从现在开始就尽量往前坐。当然，坐前面会比较显眼，但你记住：有关成功的一切都是显眼的。

(2) 练习正视别人。正视别人等于告诉他："我很诚实，而且光明正大，我相信我告诉你的话是真的，毫不心虚。"要让你的眼睛为你工作，就是要让你的眼神专注别人，这不但能给你信心，也能为你赢得别人的信任。

(3) 把你走路的速度加快25%。从一个举止懒散、步伐缓慢的人身上能找出多少自信？你走路比一般人快，像跑，你的步伐告诉整个世界："我要到一个重要的地方，去做很重要的事情，更重要的是我将很快地完成它。"使用这种"走快25%"的技术，抬头挺胸走快一点，你就会感到自信心在滋长。

(4) 练习当众发言。不论是什么样的场合，每次都要主动发言，也许是评论，也许是建议或提问题，都不要有例外。而且，不要最后才发言，要做破冰船，第一个打破沉默。多发言，这是信心的"维生素"。沉默寡言的人会越来越失去自信。总许诺"等下一次再发言"的人很清楚自己是无法实现这个诺言的。

(5) 咧嘴大笑。笑能给自己很实际的推动力，它是医治信心不足的良药。真正的笑不但能治愈自己的不良情绪，还能马上化解别人的敌对情绪。咧嘴大笑，你会觉得美好的日子又来了。但是要笑得"大"，半笑不笑是没有什么用的，要露齿笑才能见功效。

5. 培养良好的自制力

自制力是指一个人在意志行动中善于控制自己的情绪，约束自己的言行。自制力对人走向成功起着十分重要的作用。

很多人在生活、工作中听到不希望听到的话时，会立即针锋相对，用同样的话进行反击，遇到不顺心的事会愤怒、恐惧、抑郁、紧张狂躁，结果出现了不愿看到的后果。反过来，如果你此时是自制而镇静的神态，人们会对你另眼相看的。

> **心灵悟语**
>
> 美好的人生建立在自我控制的基础上。
>
> ——亚里士多德

如何自我控制，从哪些方面自我控制呢？

(1) 多学习哲学知识，用辩证的观点指导生活、学习和实践。当我们取得成绩和胜利时，要保持冷静，及时警醒自己，找一下自己的不足，把自己放到一个更大范围的环境中去审视自己。当遇到挫折、失败时，要学会自我激励，这一点尤为重要，因为在现实的学习、生活中，任何人都不会一帆风顺，会经历成功，也会经历失败。

(2) 控制思维。如果你的思维无边无际，那就不可能有思维的结果。掌握思考方法，集中精力思考，才会有结果。确定你有目标、计划、兴趣爱好，你的思维应尽力控制在这些领域，去驰骋穿梭。

(3) 控制自己的时间。时间虽不断流逝，但也可以任人支配。你可以选择时间来工作、游戏、休息、烦恼……虽然客观的环境不一定能任人掌握，但人却可以自己制定长期计划，当你能控制时间时，你的行动就十分有效。让自己每天的生活过得充实无隙，今日事今日毕。时间就是生命，把握时间就是掌握生命。

(4) 控制接触的对象。年轻人有好奇心，兴趣广泛，这有好处，但也有不利。你的目标要集中力量去实现，接触过多自然分散精力。

(5) 控制沟通的方式。你可以控制说话的内容和方式，沟通方式最主要的是聆听、观察以及吸引。

(6) 控制承诺。承诺太多，又无力一一兑现，就成了谎言。你的承诺应该是一种契约式的，定下次序与期限，按部就班，平稳地实现。

(7) 控制目标。三心二意，目标过多，结果思及一生却一事无成。你可以定下生活的长期目标，而这个目标也就成为你的理想，你为此制定了一项计划，并充满了信心和勇气。

(8) 控制情绪。一般人最关心的莫过于如何创造一个喜悦的人生。多数人对会威胁自己价值观的事，都会有情感上的反应，如愤怒、抑郁、紧张、烦躁等，这会影响你的人生。

7.3.3 将意志品质的培养融入日常生活中

不为昨天而懊悔，不为明天而空想，立足此时此刻此地，将意志品质的培养融入日常生活中。

1. 有恰当的近期目标和可实施计划

确定明确而恰当的近期目标是大学生培养坚强意志的可实现前提。有近期目标才能使自己的行动具有高度的自觉性和能动性。如若一个人只有远大目标，没有近期目标，则可能空怀壮志、懒散拖延，整天稀里糊涂度日，结果一事无成。所以，为自己制定一个明确的、有价值的、远近结合的、通过努力可以实现的目标，此为其一。其二，为目标的实现制定切实可行的计划。其三，随时检查计划的实施情况，定期检查自己的进展情况。

2. 遵循循序渐进的规律，切忌浮躁

做任何事情都不会一蹴而就，都需耐心与始终如一的努力。俗话说，"一口吃不成个胖子"。

滥用意志力，过分强制自己去做超出自己心身现实的事情都有损于心身健康。所以在磨炼意志的时候，应注意选择突破口，分阶段、有步骤地进行。目标可以具体地按渐进式排列，一个目标完成了，对于个体是一种积极的反馈，能增加其自信，从而更积极地完成下一个目标，进入一个良性循环。这样，意志的行为逐步强化为意志习惯，再慢慢固化成一种意志品质。

3. 从小事上锻炼的意志品质

在大学日常生活中，学习、劳动、集体活动和社会实践等都需要付出意志努力，个体意志的培养就蕴含其中。对老师交给的工作、留下的作业，要督促自己按时完成；坚持按时起床；坚持写周记，强迫自己去做不愿但又应该做的事情。注意遵守纪律，用校规、校纪和《大学生守则》约束、规范自己的言行。

4. 坚持锻炼身体

体育运动一般都具有艰苦、疲劳、激烈、紧张相对抗以及竞争性强的特点。学生在参加体育锻炼时，总是伴随着强烈的情绪体验和明显的意志努力。因此，通过体育运动，有助于培养学生勇敢顽强、吃苦耐劳、坚持不懈、克服困难的思想作风，有助于培养团结友爱、集体主义精神，有助于培养机智灵活、沉着果断、谦虚谨慎等意志品质，使学生保持积极健康向上的心理状态。

5. 做事专心致志

"专心"就是把意识集中在某个特定的欲望上的行为，并要一直集中到已经找出实现这项欲望的方法，而且成功地将其付诸实际行动，并产生理想的效果。

大多数人在做一件事时，大脑里都会想另一件事，不会完全地集中于此时此刻所做的事上。他们的头脑每时每刻都在进行着"交谈"，以及拥有各种各样的意识流。此刻你的头脑里正在进行着什么样的交谈呢？你把多少注意力集中在这本书上？你的思维是否已游离到别处了？

如果你的思维不可控制地转移到那些令人分散注意力或使人苦恼的事上，那就说明你并没有把你的注意力集中于你手头的工作上，你的大脑在想一些其他的事。如果你经常如此，甚至成了习惯，你将无法干好事情。

你要做一件令人满意的事吗？请学会专注。

(1)清除你头脑中分散注意力、产生压力的想法，使你的思维完全进入当前的工作状态。如果无法清除，就找一件你感兴趣的事情去做，想尽办法把它做好。清除杂念最好的办法是用心灵呼唤你的目标，朗诵你的责任。

(2)把你的注意力集中在某个具体、令人愉快、平静的事物上，你的头脑将会变得清醒、开放、富有创造性。做一些有质量的决定，较大程度地提高自己的效率。

(3)一旦你感到大脑有点僵化，不能很好地思考问题或不能集中注意力时，停止你手中的工作，让大脑得到片刻休息。走一走，谈一谈，听些轻音乐等。

(4)每天早晨深思你的首要使命和指导准则，你将在生活中变得冷静、沉着、自信、富有成果和健康。

(5)一次只专心地做一件事，全身心地投入并积极地希望它成功，这样你的心理上就不会感到精疲力竭。了解你每次任务中所需担负的责任，了解你的极限。当你感到工作不是你能力所及而压力过大时,你需要同有关人员面对面地坦率交谈和协商,以减轻你的压力,减少你的负担。为了保证你的效率,你必须学会如何拒绝那些耗尽你能力的事情。这会使你更有效率、更健康、更快乐。

 **心灵家园**

📖 **你的意志品质是怎样的?**

你要做一件事,"事"会考问你;你要成就你的事业,事业会时时考问你:

1. 当你遇到不顺心的事时,你会立刻表现出愤怒、恐惧、紧张不安、抑郁吗?还是靠自制,让自己冷静对待呢?
2. 你是否有勇气面对现实的困难和未来的挑战,从而坚持不懈、奋勇向前呢?
3. 你是否尝过失败的滋味?你觉得可怕吗?
4. 当遇到意外的打击时,你会一蹶不振吗?
5. 你会时常被五花八门的诱惑搅得不知所措吗?

面对这些问题,你的回答是什么?

小贴士　这些问题告诉你,成就一件事还需要自制力、自信心、承受力、忍耐力、专注力,这些力量的强弱关系到你的事业之路能走多远,成事的大小。这就是意志品质,力强品质高,力弱则品质弱。

顽强坚定的意志品质多是后天的磨炼形成的。你需要磨炼,也需要明白其中的道理,从而有意识地、自觉地磨炼培养。

📖 **阅读与思考**

在线学习　坚持不懈,直到成功

思考　成功的秘诀是什么?你如何做到?

第8章 维护性与恋爱的心理健康

> 性与爱是人类精神的一道最强烈的光辉,穿越灵与肉,穿越神圣与世俗,涤荡着我们的灵魂。
>
> ——冉超凤

 心灵求索

我是大二的男生,20岁。在高一的时候,一次无意的行为使我染上了自慰的习惯,在过去,大约一个星期有一次吧,但上大学后,这种行为越来越频繁,有时在白天也会有那种冲动,人整天都是无精打采的,最近我常常感到腰酸背痛……,学习也集中不起注意力。老师我该怎么办?我这人是否天生就比较放纵,我将来还能结婚生子吗?……

"性",似懂非懂的事情,搅得年轻的高职大学生心烦意乱。那么性究竟是什么呢?

 问题导入

1. 性是什么?性心理成熟的标志有哪些?
2. 高职大学生常见性生理的心理困扰及其调适方法有哪些?
3. 如何培养和维护健康的性心理?怎样看待婚前性行为?
4. 艾滋病是什么?如何预防艾滋病?
5. 什么是爱情?怎样处理恋爱中的问题?

微课

8.1 高职大学生性心理的发展

 心理认知

8.1.1 性的定义与本质

1. 性的定义

 心灵悟语

> 一切无知都是令人遗憾的,但是对性这样的事,无知则是严重的危险。
>
> ——罗素

性从生物学角度理解是有关生物的生殖或性欲,以及雌性和雄性个体差异,同时也包含他(她)们的生殖繁衍。性是人类最基本的生物特征之一,是人的一种自然属性。

随着人类文明的发展,性除了纯生物学的意义外,还涉及社会学、伦理学、心理学等多方面的意义。因

此，人类的性是指以生物种的繁衍的机能为基础，受特定的社会关系和伦理价值观念的影响以及人的心理因素支配的性行为。

2. 性的本质

人类的性行为具有自然属性和社会属性。性的社会属性是人类性行为的本质，其自然属性是通过它的社会属性来表现的。

性是人的生理本能之一，身体发育到一定的时候就会自然生出性的欲望。所谓性的欲望是指对与性内容直接相关的行为的期盼与要求。当这一要求较为强烈时就会形成性冲动。性欲的产生依赖于一定的生理因素与心理因素。性激素是产生性欲的生理基础，与性有关的感觉、情感、记忆、想象是引起性欲的心理基础。青年学生在生理和心理正常的情况下，大都会产生一定的性的欲求。虽然性是人的本能之一，但"性"不能如饥要食、渴要饮般随意宣泄。人类社会对性的宣泄从来就有众多的限制，对性的适当压抑与控制是个体适应社会的基本要求，是个体社会化的基本能力与义务。正是如此，人类才将自己与动物区别开来，使性得以升华。图8-1反映了性与几种价值之间的联系。

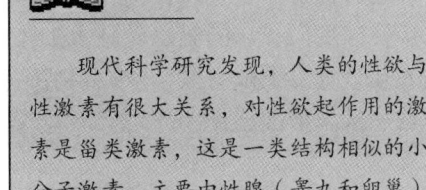

资料卡

现代科学研究发现，人类的性欲与性激素有很大关系，对性欲起作用的激素是甾类激素，这是一类结构相似的小分子激素，主要由性腺（睾丸和卵巢）分泌，雄激素的代表是睾丸酮，雌激素中作用最大的是雌三醇。雄激素和雌激素在两性体内都存在。

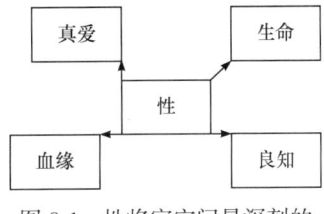

图 8-1　性将宇宙间最深刻的
价值连在一起

8.1.2　青少年性心理的发展

性心理是指人们对"性"这一客观现实的认知（性知识与性观念）、情感（基于感情）和意志（适度的性控制）的综合反映。性心理的发展大致经历了以下四个阶段。

第一阶段，异性疏远期。这一时期为性发育的开始阶段。一系列生理变化使青少年感到不安。他们很想知道异性的秘密，但又不敢直接询问，对异性产生了羞涩、好奇、反感的心理。表现在行为中则是彼此开始疏远，分男女界限，对异性采取冷漠的态度。这种对异性的疏远，客观上使得青少年在同性伙伴中实现了对自身性别的认同。

第二阶段，崇拜长者期。十五六岁的青少年往往会对年龄较大的异性产生崇拜和向往，称为"牛犊恋"期，被崇拜的对象通常是二三十岁的异性，其一举一动都对青少年产生强烈的吸引力，这种偶像心理对缓解青少年内心的焦虑有一定的作用。

第三阶段，异性接近期。直至十七八岁以后，青少年爱恋的对象才逐渐过渡到年龄相近的异性。随着性生理的日趋成熟，他们产生了相互接近的意愿。青少年常常以欣赏的眼光和友好的态度对待异性的言谈与行为，开始注意异性对自己的态度，愿意在异性面前表现自己，希望博得异性的好感。此时的青少年往往分不清好感、友情与爱情的区别，一方面希望接近异性，一方面又感到不安和困惑。

第四阶段，两性恋爱期。此时的青少年开始以自己的标准（即兴趣、爱好、审美观）来选择自己理想的恋爱对象，对自己心仪的异性表现出特别的关心，充满了浪漫的爱情向往，对其他异性的关心明显减少。青少年的恋爱一般分为初恋期和热恋期。当青少年第一次对异性产生爱慕之情，并得到如愿的反馈时，会产生一种从未有过的新奇感，会激动不已，觉得世上的一切都是那么美好。

从以上可以知道,性心理的发展经历了对异性的抵触、关心到爱慕、恋爱的动态变化和发展过程,青少年进入各阶段的具体年龄以及发展过程,既因个体的性生理发育状况和性文化接受程度而异,同时也受制于个体整体心理发展水平,与周围的环境也有一定的关系。有些人几个阶段都很明显,有些人则比较模糊,这都是正常的。

8.1.3 高职大学生的性心理特征及其表现

1. 高职大学生性心理的特征

(1)性心理的本能性和神秘性。高职低年级的学生的性心理主要还是生理发育阶段带来的本能反应,对异性往往情不自禁地产生好感;再加上对性生理和心理知识的缺乏,从而对性有较浓厚的好奇感,使得这种本能反应在心理上蒙上了一层神秘的色彩。

(2)性心理的动荡性和压抑性。高职大学生虽然生理已基本成熟,但心理还不够成熟,还未形成稳定的性道德观和恋爱观,自控能力还不够强,其性心理容易受到各种外来因素的影响,显得动荡不安,从而导致过分的性焦虑和性压抑。

(3)性意识的强烈性和文饰性。高职大学生已处于从少年到青年的转变,往往较注重自己在他人心目中的形象,特别是在异性心目中的形象,因而十分在意来自同龄异性的评价,但其表现上却可能显得无动于衷、拘谨、冷漠、羞涩等。如有的学生表面上对男女间的亲昵行为视而不见,但实际上却对文学作品或影视中的男女亲热情节很感兴趣,甚至希望自己也能体验。

2. 高职大学生性心理的表现

(1)对性知识的需求,通过各种途径获得的有关性的知识,主要包括性生理知识和性心理知识以及男女两性不同的知识。有时候,寝室里的卧谈会也常常以性为主题展开讨论。

(2)在感情方面希望与异性同学交往,异性同学之间有时会产生微妙的感情,这种感情促使两性之间具有吸引力。喜欢和异性同学交往,愿意相互接近,出现情感上的相互吸引和爱慕,但在异性同学面前又常表现出兴奋和紧张,希望自己在异性同学面前表现得更出色,展示自己的才华和外貌,以吸引异性同学。

(3)性感受是指在自身的性发育过程中获得的关于性的实际感受和体验。这是性成熟过程中必然要经历的体验。青年学生的性感受主要是通过性幻想、性梦、自慰和恋爱获得的。

(4)性观念是指对有关性问题的看法和态度评价。高职大学生对性的态度由于受传统文化和现代文化的双重影响,呈现出开放的、多元的性价值观。

(5)性道德是指对规范个体的性行为、调节两性之间关系的各种道德规范的遵守。高职大学生的性道德主流是健康的、文明的,但也有个体自我约束力不够,有时表现出一些轻率和随意性。

(6)男女性心理的差异。在性意识发育方面,女性早于男性。在性感受方面,男性早于女性。在情感流露方面,往往男性外显而热烈、女性内敛而深沉。在表达方式方面,男性多为主动,女性多用暗示。在性冲动诱发因素方面,女性着重听觉、触觉,男性则着重视觉。

3. 高职大学生性心理成熟的标志

随着高职大学生生理的发育和对性知识的了解与认识,性心理逐渐趋向成熟,其标志有以下几个方面。

(1)能正确理解男女两性的内涵,能正确区分和处理与异性(包括一般朋友、知心朋友和恋人)的关系。

(2)有正常的性冲动和性需要，其表现为能以社会认可的方式追求异性，能以双方认可的方式确定恋爱关系或发展爱情关系。

(3)能形成正常的性情感和性意志，能自觉按照社会道德规范、风俗习惯、身份特点和法律要求，来控制自己的性冲动和性行为，这是一个人性心理成熟的主要标志。

(4)最终建立一个以爱情为基础的和睦家庭。

8.1.4 维护性生理的心理健康

1. 高职大学生常见性生理的心理困扰及其调适

1)体像困扰

随着青春期发育，男女出现了第二性征，使体像发生了很大的差异，如男性身材高大，音调浑厚；女性的乳房发育，音调柔软，这些体像特征会对异性产生较大的吸引力。往往青少年都希望自己在这些方面具备优点，如果以第二性征为重点的体像不尽如人意，而且很难将它改变，有时候就会出现烦恼和忧虑。这些性生理发育问题，有时给一些高职大学生带来较大的思想负担和心理变化。

要正确认识到，由于生活环境、营养程度、遗传等因素的影响，乳房或阴茎的发育程度有很大的差异，但其大小并不影响功能的发挥。

2)性幻想困扰

性幻想又称性想象，是一种介于显意识和潜意识之间的、带有性色彩的精神自慰行为，是在没有异性参与的情况下，在大脑中进行的自我满足的性欲活动。性幻想的内容可以是自己身边喜欢的对象，也可以是用极其浪漫的方式假想出来的性爱对像。性幻想能够最大限度地满足个体的性心理需求，能够让心理冲突得以平息、心灵得以抚慰。从某种程度上看，性幻想是一个安全阀。

性幻想是性成熟过程中的一种正常的生理和心理现象，但不能过分依赖这种特殊的精神刺激，否则会对学习、生活等带来负面的影响。

3)性梦困扰

性梦是性成熟的个体在睡眠状态下，由以往的性刺激所留下的意识痕迹所引起的一种自然的弥散性、盲目性的性生理和性心理现象。性梦的内容和表现多种多样，一般来说，男子的性梦比较直白露骨，并伴有梦遗现象，甚至有时候醒后余兴未尽，希望再度入梦；而女子的性梦大多温情脉脉，但也有一些女子会梦见与男性发生性交等性行为,同时也会伴有一些生理反应。性梦是正常的生理和心理现象。性梦的自然宣泄类似安全阀的作用，可以缓释性能量。

对于已醒的身体，应尽可能自我控制，避免赖床，避免过分依赖性梦。

弗洛伊德认为，梦是愿望的满足。所有梦的最终目的是满足自我的本能愿望、消除烦恼，在睡梦中得到现实中得不到的愉快。现实生活中，个体受到种种社会道德的约束，不可能随便放纵自己；即便在梦中，人们的自由也是有限的。所以梦必须通过伪装把自己的真实意图做一些掩饰，反映的是一种内心冲突，这就是梦的内容很古怪的原因。

4)性自慰困扰

性自慰俗称手淫。它是指用手或其他器具刺激性器官获得快感，宣泄性冲动的一种行为，它是生物本能的重要组成部分，通常也是人们体验性快感的一种方式。许多青少年由于受传统观念的影响，误以为它是淫秽、肮脏、罪恶的行为，进而产生恐惧、自责、可耻等想法，从而造成巨大的心理压力，这种心理状态又进一步引起身体上的症状，使个体产生"精神恍惚""神经衰弱""浑身乏力""腰酸背痛""学习退步"等一系列问题，并反过来使心理负担加重，以为这些变化都是性自慰造成的，从而形成恶性循环。

现代性学家、心理学家认为，性自慰是性心理发育、性意识发展的一种表现，是解除性紧张、宣泄性能量的方式之一，并将其作为性心理发育的一项指标。关于性自慰，目前国际上广泛接受的新观念是："手的性自慰既不是不正常的，也不是对身体有害的行为。"

当然，任何事物都有两面性，性自慰过度会引起性欲增强、性冲动加重，反而达不到缓释性能量的目的，还会使人经常处于兴奋状态，身体得不到充分的休息，会感到疲劳，引起食欲下降和身体的免疫力下降，严重者还会出现神经衰弱现象。同时，毫无节制的性自慰可能会造成泌尿生殖系统的持续充血和其他病变。由此可知，性自慰过度是有害的，有碍于身心健康。

因此，应树立正确的观念，既不自轻自怨，也不频繁性自慰。

2. 如何转移对性的过度关注

(1)学习性生理和性心理的有关知识。阅读一些健康的、与年龄身份相适合的性知识书籍。了解青春期性意识的发展规律，树立科学的、健康的性观念和性道德。

(2)专注学习，同时培养广泛的兴趣和爱好。高职大学生精力旺盛、情感丰富，充满了生命的活力。把充沛的精力放在学习科学文化知识、锻炼职业专业技能培养广泛兴趣和增长实干的才能上，使自己的生活丰富多彩，避免沉湎于性追求、性满足上。

(3)积极参加各种活动。积极参加集体活动和体育活动，可以使性能量得以转移和释放。

(4)养成健康的、有规律的生活习惯。恰当的作息制度和紧张有序的生活节奏能降低对性问题的注意。

(5)养成良好的卫生习惯。注意生殖器官的卫生和保健，勤换内衣。不嗜好烟酒、不过度上网聊天、少玩游戏，积极参加体育锻炼。

走出性认知的误区

1. 我有权利处理自己的性器官，他人无权干涉　　(不绝对)
权利与义务、责任是一对孪生姐妹　　(正)
2. 成年人没有性体验＝性盲　　(误)
过早的性体验会降低性满足的"阈"值　　(正)
3. 婚前性行为＝性魅力+爱的保证　　(误)
男生：确定了恋爱关系还没有"搞定"，很无能
女生：我很爱他，拒绝他的性要求，怕失去他
"性"只能证明一个人一时的性能力；"爱"却能保证一个人一生的性和谐　　(正)
4. 试婚＝婚后幸福的保证　　(不绝对)
男生：试婚可以检验自己"性"与"爱"的能力

女生：别人都是这样，我也不能太落伍
"试婚"，没有法之外的义务和权利　　（正）
5. 安全的"性"与"情"＝避孕+人工流产　　（误）
男生：又不是傻瓜，避孕就安全了嘛
女生：人工流产后，他说更加爱我
怀孕与人工流产的后果：有损于身心健康　　（正）

小贴士　对上述问题的简单评价供你参考。

8.2　培养和维护健康的性心理

 心理认知

8.2.1　性心理健康及其标准

1. 性心理健康的内涵

(1) 性生理健康。没有性器官疾病、性器官发育良好、性功能与生殖功能良好。

(2) 性心理健康。在性认知方面，有正常的性态度与性欲望，没有性心理障碍与性行为变态。在性情感方面，具有正常的性爱感情和性人格。在性意志方面，对性需求能恰当满足与控制，能摆正性在人生目标中的位置。

(3) 性社会健康。个人的性角色、性行为、性观念与社会文化和谐统一，性权利与社会责任统一。因此，性心理健康是指个体具有正常的性欲，能够正确认识和理解与性有关的问题，并且具有比较强的性适应能力，能正确处理与异性交往中产生的问题，使自身免受性问题困扰，同时还能提高自身的修养和文明程度，促进自身身心健康发展。

2. 性心理健康的标准

根据性心理健康的内涵，高职大学生性心理健康应符合以下要求。

(1) 能正确认识和接纳自己的性别。一个性心理健康的人，首先应是对自己的性别角色能够正确认识并接纳自己性别角色的人，同时能成功地扮演好自己的性别角色，对自己的性别角色有相应的自尊感和自豪感。

(2) 能有正常的性欲望。性欲望是一个人能够获得性爱和性生活的基础和前提，所以，性心理健康的人会具有性欲望，否则性心理健康就无从谈起。正常的性欲望的对象是指向他人的，而不是其他物品等替代物。

(3) 与同龄人的性心理发展水平相当。不同发展阶段的人的心理特征是不同的，性心理特征也具有阶段性，如果一个人的性心理与大部分同龄人的不相同，那他的性心理就可能有一些问题。

(4) 具有较强的性适应能力。性适应是个体的性活动与外界形成的一种和谐关系。性适应能力则是个体达成这种和谐关系的能力，即在个体出现性冲动后，知道如何排解、调控自己

的性冲动，能够使自己的性行为与性活动符合社会的性规范和性要求。

(5)能与异性保持和谐的人际关系。对青年学生来说，随着其性生理和性心理的发育成熟，渴望与异性交往并保持和谐的关系，是个体自然而正常的性要求，如果这种要求得不到满足，其性心理就很难达到健康的要求，同时和谐的异性人际关系对青年学生的日常生活和学习也非常重要。

8.2.2 培养和维护健康性心理的途径与方法

1. 掌握科学的性知识

性包含着丰富的内容，性科学是一门综合性的学科，它包含性生理学、性心理学、性社会学、性伦理学、性美学等。因此，高职大学生应当努力学习和掌握性科学知识，面对大量的各种媒体上的性信息，高职大学生要提高自我鉴别能力，自觉抵制不良性文化的影响。

从科学健康的途径获取性知识。高职大学生应该选择恰当的性知识传授者(父母、性教育工作者、医生等)，或去书店购买正式出版发行的、符合自己年龄与特点的有关性知识的图书资料，从科学健康的途径获取性知识。以科学的态度坦然面对性的问题。许多高职大学生由于受传统的性观念和文化的影响，有了性的困惑常常不好意思向家人、老师和医生求助或进行探讨，而是压抑自己，或者四处寻找与性相关的书籍，或通过影视媒体的广告，或通过与同学、朋友间隐晦性的交流，获取一些相关的性知识。但是现在一些性知识书籍良莠不齐，广告媒体也含有误导和夸大性信息，同学朋友的认识也大多带有片面性，通过这些渠道获取的所谓性知识，往往是不准确的，还可能完全是错误的。

2. 培养正常的异性交往

1)异性交往的功能

异性间的正常交往，有利于破除对异性的无知和好奇，增进对异性的了解，有利于丰富情感体验，培养社交能力。在异性交往中，无论男生还是女生，都应注重仪表整洁、举止得体，更注重谈吐的机智、风趣与文雅，这些无疑都促进了高职大学生个性的全面发展及健康人格的完善。异性交往的另一个重要作用即可以使性能量在合适的人际渠道中以升华的方式得以合理宣泄，保持心理的平衡。

2)异性交往的原则

在异性交往中应遵循一定的原则。第一，相互尊重。尊重对方的人格也尊重对方的性别。在与自己有好感的异性交往中，要尊重别人的感情，不可将自己的情感体验强加于人。第二，自尊。一个人有了自尊心就能严格要求自己，维护自己良好的个人形象。异性交往中，男、女生要举止文明、稳重大方，不可轻浮与矫揉造作。第三，心态自然。在异性交往中，举止言谈、情感流露自然而流畅。第四，适度。适度就是指异性交往的方式和程度要恰到好处，为多数人所接受。第五，自律。自律就是指在异性交往中要有道德意志。在与异性交往时，一旦产生了某些欲望，要用坚强的毅力克制自己，自觉用道德规范约束自己的行为。

3)异性正常交往的艺术

(1)在异性交往中，不能带有实用主义和功利主义的目的，或带有性攻击的动机和强制性。

(2)与异性交往时要保持一定的距离，距离产生美。要有一定的分寸感，才能使异性之间的交往安全可靠，友谊长存。

(3) 异性交往还应具有自己独特的风度，这是自己在与异性交往中保持永恒魅力的法宝，因为"一个人不是因为美丽才可爱，而是因为可爱才美丽"。

(4) 异性交往还应自信而坦诚，自信而不浅薄，自信而不轻狂，坦诚是异性交往的最佳艺术，坦诚是建立友谊的重要品质，虚伪则会伤害对方，最终只能断送友谊。

(5) 异性交往要讲究礼仪和注意小节。在异性交往中，在形式上一定要讲究礼仪，要谈吐文明、行为良好、举止优雅，尤其要注意小节。

(6) 要克服异性交往的心理障碍。当发现自己喜欢的异性爱上别人时，要学会调剂由此产生的嫉妒、失落心理，要及时摆脱低潮情绪的困扰。

3. 培养健康的性角色行为

性角色行为就是在对自己生理性别有一定认同的基础上，使自己的言行举止能被社会认可和符合规范要求。由于受传统的道德观念和文化的影响，或者受从小生活的环境(家庭和父母的教育方式、学校老师等)影响，或者受影视、体育明星等的影响，一些高职大学生对自己的性角色认同发生偏差，从而导致性角色行为异化。例如，一些男生的衣着打扮、言谈举止甚至心态女性化；反之，女生则男性化。当代高职大学生应正确认同自己的性角色，有正确的性角色行为，男女生之间应有"你有你的铜枝铁干，我有我的红硕花朵"，各自扬长避短，相得益彰。

心灵咖啡

一花独放不是春，万紫千红春满园。人类社会之所以能世代繁衍生息，是因为有了不同的男男女女。男性有男性的伟岸，女性有女性的柔美，亲爱的同学为自己的性角色自豪吧。

4. 建立负责任的性态度

性问题不仅包含生物性，还包含社会性和伦理性。因此，高职大学生在性问题上应建立负责任的态度，严肃对待自己的性行为，不要因此对自己和他人造成伤害，在性行为上要拒绝性交易。

5. 培养性适应能力

随着性成熟而出现的性欲、性冲动，需要通过合法的婚姻来满足。而从性成熟到建立婚姻，高职大学生至少需要十来年的时间，这个过程就是性欲延缓满足的过程。对于性延缓满足的适应，称为性适应。

性冲动引起的心理冲突，并不是青少年主观上的过错，而是生理发展的必然。如何解决性的自然性和社会性的矛盾，性的适应是十分必要的，而且也是可能的。控制性冲动，男性起主导作用，是男人有毅力、高尚、成熟的表现。

作为人类本能的需求都不是无条件立即满足的，即使满足饥饿、睡眠、排泄等本能，也是受一定的社会生活条件制约的。人的性欲的满足与动物有本质区别。文明社会中，人的性欲的满足是以配偶的互爱为前提的，以对社会、对他人具有高度义务感和责任感为前提的。人是有主观能动性、有理智的，延缓性欲的满足是完全可以做到的。

6. 注意性保护

性保护是指在与异性的交往中保护自己不受异性的性骚扰和性侵犯。由于成年人受性生

> **心灵悟语**
>
> 性不仅是神秘、神奇、神仙般的；更是神圣的，有重要的人性价值。
>
> 大学生要在性与爱方面树立积极的观念，建立高尚的性人格——做自己性的主人。

理本能的驱使，有与异性发生性行为的生理需求，因此在与异性交往中要注意自己的性保护。女性在与男性交往中要注意保持一定的距离，不能有过分的身体接近；尽量避免在隐秘场所与男性单独相处；不要随便接受陌生男性的帮助和食物，不要深夜单独外出；在生病看男医生时，特别是接受男医生的身体检查时应有同性朋友、家人或护士在场。随着社会的发展和各种传媒对性行为的渲染，在现实社会中一些女性也有了一定的性攻击能力和行为，所以男性在与女性的交往中也应注意自己的性保护。要知道，性侵害的实施者不分男女，其侵害行为都会对受害者造成严重的身心损伤。总之，注意性保护是培养和维护健康的性心理的重要因素之一。

7. 寻求性心理咨询

性心理咨询是心理咨询人员运用性心理学知识和技巧，给需要进行性心理咨询的当事人以启发、指导和帮助，使当事人免受性意识或性行为障碍困扰，改变不当的性适应行为方式，提高当事人性适应能力，增进当事人身心健康的过程。所以，高职大学生如果遇到性心理方面的问题，可以寻求正规的心理咨询或治疗机构进行咨询或治疗，以求得理解、支持和帮助，使自己能很好地摆脱来自性心理障碍的困扰，以便能够更好地培养和维护健康的性心理。

8.2.3 正确看待婚前性行为

1. 婚前性行为及其原因

婚前性行为是指没有配偶的男女双方在恋爱时期发生的性交行为。婚前性行为不受法律保护，不存在夫妻间应有的义务和责任。

高职大学生婚前性行为的原因有以下几方面。第一，热恋心理。两人由初恋进入热恋，感情如胶似漆，难舍难分，海誓山盟，性行为也易随之而来。第二，好奇心理。进入青春期的男女，随着体内性激素水平的增高，在身体发生一系列变化的同时，对性也产生了好奇感和神秘感，于是抱着好奇的尝试心理而发生性行为。第三，迎合心理。一方提出，另一方出于爱或其他原因而迎合。第四，占有心理。怕失去对方而发生性行为。

2. 婚前性行为的后果

最初是双方担心女方怀孕而焦虑不安。一旦发现怀孕，双方往往一时不知如何是好。一旦发生婚前性行为，最要紧的问题就是避孕。

介绍两种常用的避孕方法。

（1）避孕套。避孕套又称安全套，是一种男用的避孕工具。避孕套的避孕有效率较高，只要掌握正确的使用方法，其避孕有效率可达 93%以上。若与杀精子剂合用，则效果更佳。除避孕作用外，避孕套还可以预防性传播疾病，尤其是预防艾滋病。使用时，须注意避孕套可能会滑脱或撕破。

（2）口服避孕药。大部分避孕药可靠性较高，短效口服避孕药有效率甚至可以达到 99%以上。但避孕药必须按规定服用，否则会导致避孕失败。避孕药有一定的副作用，它会引起内分泌功能异常（最明显的是月经不调）、阴道出血、肠胃功能不适等。所以服用避孕药一定要谨遵医嘱，特别强调不要长期服用。对于未婚的大学生来说不建议使用口服避孕药。

8.2.4 珍爱生命，远离艾滋病

1. 艾滋病的含义

艾滋病是获得性免疫缺陷综合征英文缩写 AIDS 的音译，是一种受人类免疫缺陷病毒（又称艾滋病病毒，简称 HIV）感染后，引发的一种综合征。艾滋病本身不是一种疾病，而是一种综合征。艾滋病病毒本身并不直接引发疾病，但它会破坏人体免疫系统。当免疫系统被艾滋病病毒破坏后，人体就容易感染其他的疾病，这种无法抵抗其他疾病的状态和感染上其他疾病后表现出来的综合症状就是艾滋病。

艾滋病病毒把人体免疫系统中最重要的 CD4+T 淋巴细胞作为主要攻击目标，大量破坏该细胞，使人体丧失免疫功能，易于感染各种疾病，死亡率较高。艾滋病病毒在人体内的潜伏期平均为 8~9 年。

艾滋病病毒携带者发病之前，可以没有任何症状地生活和工作多年。发病以青壮年较多，80%的患者的发病年龄在 18~45 岁。

目前世界上没有治愈艾滋病的特效药，但服用抗病毒药，能延缓艾滋病病毒的繁殖速度，延长艾滋病患者的寿命。艾滋病已被我国列入乙类传染病，并被列为国境内卫生监测传染病之一。

> **资料卡**
>
> **世界艾滋病日**
>
> 为了提高公众对艾滋病的认识，共同对抗艾滋病在全球的传播，世界卫生组织 1988 年组织召开"全球预防艾滋病规划"部长级高级会议，决定将第一个艾滋病病例被检测出的日子——12 月 1 日定为"世界艾滋病日"。每年艾滋病日都会设一个主题，通过宣传，唤起人们对艾滋病患者的同情和理解，共同对抗艾滋病。

2. 艾滋病的预防

1) 建立预防意识

随着艾滋病的迅速蔓延，艾滋病防治已成为全球关注的重要公共卫生和社会热点问题。尽管目前仍无有效治疗药物，但艾滋病是完全可以预防的。树立预防观念、提倡健康的生活方式、保持高尚的道德情操是预防艾滋病传播的最有效的途径。

2) 倡导全民参与预防

正如设立"世界艾滋病日"的 WTO 所期待的那样：

(1) 让人们知道艾滋病在全球范围内是能够加以控制和预防的。

(2) 让人们知道，防止艾滋病传播就是每个人都要对自己的行为负责。

(3) 通过"世界艾滋病日"的宣传，唤起人们对艾滋病病毒感染者的同情和理解，因为他们的身心已饱受疾病的折磨，况且有一些艾滋病病毒感染者可能是被动的、无辜的。

(4) 希望人们支持各自国家制定的防治艾滋病的规划，唤起全球人民共同行动起来支持这方面的工作。

3) 有效预防艾滋病

(1) 洁身自好。性生活不洁、杂乱，是导致染上艾滋病的主要原因之一，所以预防艾滋病，必须避免不洁的性生活。

(2) 正确使用避孕套，减少感染艾滋病、性病的危险。

(3)生病时到正规的医院看病，避免使用未经消毒的医疗器械；注意输血安全，不用非正规医疗单位的来历不明的血液。

(4)输液时要确保输液针头是一次性的，如果乱用输液针头，很容易传染艾滋病。艾滋病通过血液传染很快。

(5)如果想献血，必须找正规的献血单位，否则卫生条件无法达标，很容易传染艾滋病病毒。即使去正规的献血部门，也要看好是否用的是一次性针头抽血。

(6)远离毒品，更不能共用注射器吸毒。

(7)不共用可能会刺破皮肤的用具，如剃须刀、修脚刀等；尽量避免接触他人体液、血液；不用未消毒的器具穿耳孔、文身、美容等。

(8)尽量不文身，文身用的刺针很难保证充分消毒，多次重复使用的刺针，往往是艾滋病病毒的传播媒介。

(9)避免不洁净的针灸治疗。针灸用的针反复使用，如果不彻底消毒容易传染艾滋病，因此在针灸时一定要确保针经过高温彻底消毒。

(10)患有艾滋病的女性不建议怀孕，很容易将艾滋病病毒传给孩子，因为体液传播艾滋病病毒非常快。

(11)要避免直接与艾滋病患者的血液、精液、乳汁和尿液接触，切断其传播途径。

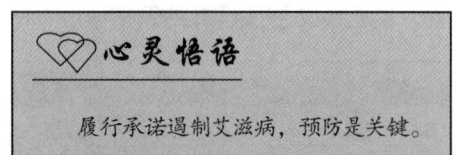

履行承诺遏制艾滋病，预防是关键。

4)感染了艾滋病病毒的处理方式

如果不幸感染了艾滋病病毒，生活和情绪可能会受到很大干扰。但是，感染了艾滋病病毒，并不等于就是艾滋病患者。艾滋病病毒在体内有很长的潜伏期，感染者潜伏期内跟健康人没有什么两样，关键是要延缓发病时间。只要你做到以下几点，就可以保持免疫力不下降太快，艾滋病病毒数量不增加太快。

(1)接受事实，不自暴自弃，保持平衡的心理和乐观的情绪。

(2)定期到医院检查，接受医务人员的指导。

(3)避免感染和皮肤破损，积极进行有针对性的治疗。

(4)如果你的身体状况良好，完全可以继续工作。有工作、能劳动，既有利于自己的心理健康，也可保持经济的来源。

(5)坚决改变高危性行为。

(6)保证充分的营养和充足的休息。

(7)戒烟戒酒，适当锻炼身体，过有规律的生活。这样将会大大延缓艾滋病的发作，延长寿命。

(8)有信心，相信人类总有一天会战胜艾滋病病毒。

(9)有良知，有社会责任感，不把疾病传染给他人。

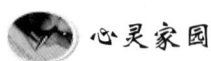

思考　党的二十大报告提出："加强重大疫情防控救治体系和应急能力建设，有效遏制重大传染性疾病传播。深入开展健康中国行动和爱国卫生运动，倡导文明健康生活方式。"

小贴士　艾滋病防治已成为全球关注的重要公共卫生和社会热点问题。作为高职大学生，在倡导文明健康生活方式，有效预防艾滋病传播方面应该怎么做？请谈谈你的看法。

有关婚前性行为的心理

婚前性行为的心理畸变

1. 初次性交后的女性心理

A. 我不再是姑娘了。
B. 我是他的人了。
C. 我为他奉献了一切,他应该心里只有我。

由于没有法律的保障,她会感到不安全,对男友的态度往往表现为两种极端:
(1)苛刻、纠缠、刁钻,对他的一举一动都想控制。
(2)百般依赖、迁就、顺从,即使发现他有难以容忍的缺点,也不能或不想与之分手。

> **小贴士** 好姑娘,爱是心的交流、情的交汇。

2. 初次性交后的男性心理

A. 这是她同意的,我又没有强奸她。
B. 感到放心了,对女友不再像从前那样呵护和关怀备至。
C. 对女友的纠缠和控制感到厌烦。
D. 女友越是依赖、顺从、迁就,越感到她变得"无价值、不值钱"。
E. "始乱终弃"——男性态度的规律性描述。

> **小贴士** 真正的男子汉是一诺千金的。"始乱终弃"是男子汉的耻辱,"始终不渝"是男子汉的成熟美。

婚前性行为后的社会性心理的变化

无爱情和责任承诺的婚前性行为导致——
A. 自制力削弱,个体人格降低。
B. 伤害别人/自己,"对谁也无法认真"。
C. 不诚实:欺骗自己,欺骗别人,欺骗家长,婚后不忠于配偶。
D. 双方相互平等、自由选择的关系开始变化,出现不利于女方的趋势。
E. 怀孕无法律保障,得不到社会承认,当事人的人格尊严会蒙受损害。
F. 使新婚蒙上阴云。
G. 给婚后生活造成诸多不愉快。

8.3 高职大学生的恋爱心理

8.3.1 爱情与恋爱

1. 爱情的内涵

爱情,是一对男女基于一定的客观物质条件和共同的人生理想,在各自内心中形成的对对方的最真挚的倾慕,并渴望对方成为自己终身伴侣的最强烈的、稳定的、专一的感情。其基本内容涉及三个方面:生物因素、精神因素、社会因素。生物因素是指爱情基于性生理的成熟度,是基于男女两性之间的性吸引,从而具有与之相结合的强烈的愿望。精神因素主要是指爱情是一种高尚的感情,也就是说爱情是以男女两性之间的共同信念、理想、追求和优良的道德品质为基石,健康的爱情会愉悦身心,使人产生美好的心理体验,让人在生活、学习和工作上积极向上,充满活力。社会因素是指爱情是一种社会现象,它一方面要受社会道德、法律规范制约,另一方面还将涉及繁衍后代的社会功能。

2. 恋爱的内涵

一般来说,美好的爱情要经历一个萌芽、开花和结果的过程。恋爱是一对相互倾慕的男女共同追求、培育及发展爱情的过程。按进程来看,恋爱一般可分为初恋期、热恋期和恋爱质变期(爱情成熟或失恋)。

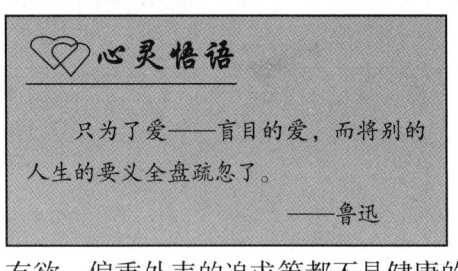

真正的爱情是美好的、健康的。其表现为:不过分痴情;不咄咄逼人,能够充分尊重对方;将爱情给予对方比起向对方索取爱情更使自己感到欢欣;彼此个性独立。反之,太过痴情、一味地要求对方表露爱的情怀、缺乏体贴怜爱之心、对对方表现出强烈的占有欲、偏重外表的追求等都不是健康的爱情。

8.3.2 高职大学生恋爱动机、类型与性别差异

1. 高职大学生恋爱的动机

(1)渴望自身价值得到认同心理。很多高职大学生把有异性朋友作为自身价值的一个表现,说明自己有人爱、值得人爱,就反证了自身的魅力和价值。

(2)兴趣和爱好的相似心理。由于在某些方面有共同的爱好和兴趣,互相吸引,逐渐成为恋爱伴侣。例如,在一起担任社会工作,接触较多,相互配合默契等都有可能使同学逐渐演变成恋爱伴侣。

(3)好奇和从众心理。在当今大学校园,恋爱已经成为一道特殊的风景,在这样的氛围中,有些原本没有恋爱打算的人也成了"跟潮的人";或者对于没有恋爱经历的人来说,恋爱是新鲜而又具有很强吸引力的事情,于是,也开始寻找自己的"意中人"。

(4)空虚和寂寞的心理。有些高职大学生由于缺乏生活和学习的动机与目的,内心空虚和寂寞,企图用恋爱来打发无聊的时光和填补灵魂的空虚;或者为了摆脱来自内心的和外在的各种痛苦,企图以此来麻醉自己。

(5)欲望和冲动心理。有些高职大学生为满足性生理和心理的需求,寻找异性进行恋爱,这种纯粹因原始的欲望冲动而进行的恋爱是不会结出幸福之果的。同时,往往在这种恋爱关系中的男女在性行为上表现为非常随便。

(6)功利和实用心理。有些高职大学生由于受某种目的和利益的诱惑,或者为了对方的优势地位或物质财产而拼命地追求对方,甚至不惜付出任何代价。靠这种心理而进行的恋爱也是不会结出幸福之果的。

(7)感觉和浪漫心理。这是一种被人们歌咏、赞美和追求的爱情。双方都有着炽热的感情,当两人相遇时,相见恨晚,一见钟情,彼此一往情深地相爱。这是对功利和实用心理的反叛。

以上的一些不同恋爱心理和动机如果过度,就会造成一些不良的后果,会引发当事人悲

伤、忧郁、失望等消极情绪和心理痛苦。

2. 高职大学生恋爱的类型

(1) 浪漫型。认为爱情和恋爱是生活的全部内容，将爱情和恋爱对象理想化、神圣化，让爱情和恋爱远离现实社会，不食人间烟火。

(2) 游戏型。视爱情和恋爱如游戏，不能投入真情实意，只求个人需要（性生理的需要或物质的需要等）的满足，对恋爱的对方不肯负任何责任，追求"但求曾经拥有，不求天长地久"。

(3) 占有型。一经确立恋爱对象，对所爱之人赋予极其强烈的感情，并要求对方响应以同样的感情；对其所爱之人具有极强的占有欲，要求对方不能对其他的异性有一丝情感，这种人对恋爱对象常常心存猜忌和防备心理。如果恋爱失败，将仇视对方或伤害对方。

(4) 伴侣型。这种类型的爱情和恋爱是在长期的学习、生活过程中培养起来的，是建立在信任和真诚的基础上的，温情多于激情，信任多于嫉妒，是一种平淡而厚实的爱情，这种恋爱是可以结出幸福之果的。

3. 男女生恋爱的心理差异

男女青年在恋爱心理上存在一些差异，男生比女生在追求对方或边缘性行为中更积极主动；女生的防备心理比男生重；女生比男生更重视爱情在生活中的作用；女生比男生更重视情爱，而男生比女生更重视性爱；男生在爱情表现上比女生更为热情和直截了当，而女生在爱情表现上比男生更含蓄、更持久。

8.3.3 高职大学生恋爱心理的困惑与调适

1. 友情和爱情混淆不清

如何处理友情和爱情混淆不清的烦恼？

(1) 把握友谊与爱情区别的标准：①支柱不同。友谊的支柱是理解，爱情的支柱是感情。②地位不同。友谊的地位是平等，爱情的地位是一体化。③体系不同。友谊的系统是开放的，爱情的系统是关闭的。④基础不同。友谊的基础是信赖，爱情则纠缠着不安和期待。⑤心境不同。友谊充满充足感，爱情则充满欠缺感。

(2) 仔细观察你所爱的异性对其他与你同性的同学的态度和行为有无明显区别，这是辨别友谊与爱情的最直观的方法。

2. 单恋

单恋俗称单相思。单恋是误认为别人爱上了自己或明知别人不爱或不可能爱自己，但却深深地让自己陷入爱河。这种爱的情感越深，它所带来的情感体验就越苦涩，越心痛。

从产生单恋的原因来看，单恋有以下两种情况。

(1) 毫无原因地单相思，对方无任何表示，甚至根本还不认识自己，自己却一味地爱着对方，恋着对方。

(2) 受对方言谈举止的影响，错误地认为对方对自己有情，从而深深地陷入对对方的爱恋之中不能自拔。

高职大学生由于心理尚未完全成熟,单恋的现象比较常见。一些高职大学生处在单相思的情形下,既不能勇敢地向对方表白,又无法停止对对方的爱恋,真是"为伊消得人憔悴",似乎很难从痛苦中摆脱出来,然而只要真正明白自己当前的处境,问题也是不难解决的。

(1)冷静地面对自己的感情。当你无缘无故地爱上对方时,请先冷静一下,你正处在青春萌动期,这种情形是自己把潜意识中的理想恋爱对象的印象投射到现实中的具体的某个人的身上的结果,实际上自己爱上的是潜意识中的那个虚幻对象,并不是现实中的对方,这时爱情是不存在的。

(2)主动避免恋爱错觉。学会准确地观察和分析对方的言行,用心明辨。例如,某位男生经常帮助女生,而这位男生是副热心肠,对谁都乐于帮助,那么女生大可不必胡思乱想,当然如果这位男生只对这位女生特殊照顾,那就必须留意了。或者对方只是偶尔对你一两次的帮助,你就更没有必要去"自作多情"。如果你已经产生了恋爱错觉,那就必须客观地正视自己的问题,才可能成功地转移自己的感情。

(3)扩大人际交往圈。明知对方不爱自己,但依然深深地爱着对方而不能自拔时,这就要求自己用理性来对自己的感情加以调整,扩大人际交往圈,用更加精彩的世界来疏淡其相思之情。

(4)勇敢地用心灵去撞击。当单相思出现时,自己需要拿出十足的勇气,不能犹豫不决、顾虑重重,勇敢地用心灵去撞击对方的心灵,如果真是对方也有意,那么爱的欢乐就会来临,如果是"流水无情",那么就应挥动"慧剑"斩断情丝,从距离和环境上远离痴心所爱之人,通过感情的转移和升华来获得心理平衡,开始新的生活和学习。

> **情境聚焦**
>
> 倩倩和小明是在学校的一次社会实践活动中认识的,他俩不仅是同乡,而且还是同一所中学的校友,只是小明高了两届。从此,两人你来我往,十分频繁。节假日时,两人相约游玩很愉快。寒暑假,他们一同回家,又一同返校。这样两年过去了,小明毕业分配到了本市,他还是常回校看倩倩,倩倩也常去小明单位玩,一转眼,倩倩也将毕业了,考虑到分配的问题,倩倩写了一封信表明自己的心迹。小明的回答却是出乎她的意料。他说她误解了自己的意思,他总觉得一个女孩来到异乡求学,举目无亲的,也许会有一些寂寞之感,所以,他一直很关心她,常常抽出时间看望她,是出于对同乡、校友的友情。事实上,他有女朋友,他为造成这种误会而道歉。
>
> 倩倩对此感到深深的羞愤,她觉得小明欺骗了她,可细细想来,小明对她确实始终没有越过友谊的界限,至多不过是一个兄长对小妹的情谊。

3. 失恋

失恋就是指恋爱的一方被恋爱的另一方抛弃,也就是恋爱的中断。失恋引起的情绪反应是痛苦、绝望和难堪。该如何消除失恋苦果的苦涩呢?

(1)勇敢面对现实,调整自己。任何事情都有两面,恋爱既然有成功的喜悦,当然也就有失败的悲伤。应该这么想:这没有什么了不起的,他(她)不选择我,这不是我的错,也不是他(她)的错,这只是他(她)认为我不适合他(她)而已。谁都有爱的权利,也有拒绝爱的权利,"己所不欲,勿施于人"。

(2)适当发泄情绪,找人倾诉。寻找合适的途径把痛苦、难堪和绝望的情绪发泄出来。如找朋友或亲人倾诉你的痛苦，得到他们的理解、关心和心理支持；或干脆找个没人的地方大哭一场，再擦干眼泪朝前看，不回首。

(3) 转移注意力，投身到其他的活动中去。失恋后之所以难以摆脱恋情的困扰，是因为你还把自己放在与昔日恋人的环境中。所以，你应及时适当地把情感转移到别的人、事或物上。如清理掉与昔日恋人相关的物品，不要到你们曾经常去的地方；扩大人际交往圈，积极参加一些社团活动；把身心投入到学习和生活当中去，把失恋的悲伤化作奋发向上的动力，塑造一个全新的自我。

(4) 进行心理咨询。当高职大学生遇到失恋的困扰时，可以通过专业咨询人员的帮助和鼓励，使自己重新建立起心理平衡，走出失恋的困境。

当然，感情创伤的修复是需要一定时间的，如何来面对感情风暴的席卷，从根本上来说还是要看个人的修养、心理承受力和意志品质。

 心灵家园

测一测，你是否单相思了

你是否单相思了？请你自己测一下。请对下列各题做出"是"或"不确定"或"否"的选择。选"是"划"√"，选"否"划"×"，选"不确定"划"○"。

1. 我十分崇拜某些偶像明星。（　　）
2. 最近我感到十分空虚。（　　）
3. 我常心烦意乱，什么事也做不下去。（　　）
4. 我常常在梦里与某个人谈情说爱。（　　）
5. 我是那么地喜欢他（她），可对方却没什么反应。（　　）
6. 最近我在学习时总是不能集中注意力。（　　）
7. 平时我喜欢的活动，现在兴趣也减少了。（　　）
8. 我常常看描写情感方面的小说或电视连续剧。（　　）
9. 我常记日记倾诉心事。（　　）
10. 我总是盼望她（他）能出现在我的面前。（　　）
11. 我希望她（他）能向我表白爱意。（　　）
12. 她（他）好像总是故意躲着我。（　　）
13. 我相信"心有灵犀一点通"。（　　）
14. 我最近饮食状况不太好。（　　）
15. 我喜欢打听有关她（他）的一切信息。（　　）
16. 她（他）好像挺喜欢我。（　　）
17. 听说她（他）已经有恋人了。（　　）
18. 我的桌上一直放着她（他）的照片。（　　）
19. 爱一个人不需要说出来。（　　）
20. 我常换新衣服和新发型，想引起她（他）的注意。（　　）
21. 昨天她（他）从我身边走过，态度不怎么热情。（　　）
22. 她（他）只要和我说话，我就有点紧张。（　　）
23. 她（他）好像只把我当普通朋友看待。（　　）

24. 我看见她(他)和别的异性在一起有说有笑,心里就不是滋味。(　　)

25. 多么希望她(他)能约我出去玩。(　　)

评分规则:

选择"是"记 2 分,选择"不确定"记 1 分,选择"否"记 0 分。各题得分相加,统计总分。

小贴士　1~16 分:说明你已经喜欢上对方了,找个方法试探一下对方是否喜欢你。

17~33 分:说明你已经爱上对方了,但对方好像没有给你同等的感情回报,使得你近日比较痛苦,也影响你的生活和学习。

34~50 分:说明你已经深深爱上对方了,但对方好像只把你当成一般的朋友。你不妨鼓起勇气去问问对方,并做好准备承受被拒绝的痛苦。

8.4　培养和发展健康的恋爱心理

8.4.1　培养健康的恋爱观

1. 健康爱情的特征

(1)高尚性和互爱性。爱情是高尚的,对爱情的追求是一种美的追求,是一种高层次的精神享受;同时爱情是以互爱为基础的,是双方的相互倾慕,不是仅仅为了满足生理上的需求。因此"没有爱情的婚姻是不道德的"。

(2)专一性和排他性。爱情是稳定的、专一的感情,所以爱情是专一的、排他的。高职大学生中出现的三角恋或多角恋以及频繁更换恋爱对象的现象是违反恋爱中的道德的,是对自己和他人的感情的一种不负责任和伤害。

(3)爱情具有持久性。爱情不是一时的热情,不是一时的感情冲动,不是一时的精神快餐,而是一种天长地久的情感,能够经得起时空和艰难困苦的考验。那种朝三暮四、变幻莫测的所谓的爱情,不是真正的爱情。

2. 培养健康恋爱观的策略

心灵悟语

爱的第一个环节,就是我不欲成为自我生存的孤单的人,我如果是这样孤单的人,就会觉得自己残缺不全。第二个环节,就是我在另一个人身上找到了自己,即获得了他人对自己的承认,而另一个人反过来对我也有这种感觉。

——黑格尔

1)注重心理相容

心理相容有两层含义,其一是指恋爱双方品质、情操、价值取向的一致性;其二是指能宽容对方与自己的差异性。心理相容第一层含义是恋爱成功的心理背景。恋爱阶段注重对方的人品、情操、志趣,注重双方的共同的价值追求,不仅是维系恋爱关系的保证,也是恋爱道德的显著标志。当然,在具体选择情侣时,也会考虑其他一些因素,如外表、毕业去向、经济状况等,但一般应把心理相容放在首位。而另一方面恋爱双方毕竟是两个独立的个体,同一是相对的,差异是绝对的。只要双方能够接纳并将彼此的差异看作取长补短的因素，差异在一定程度上能给爱情带来活力。

2) 有责任感，为对方承担恋爱过程中的道德义务

男女双方一旦有了恋爱关系，就有责任共同承担这一关系所包含的各种义务。爱是一种给予，它蕴藏着对对方强烈的责任感和义务感，它要求恋爱双方的所作所为都必须向对方负责，这也是恋爱道德最突出的表现。

3) 摆正爱情与学业的关系

爱情是人生价值的重要部分，但不是人生价值的全部。鲁迅先生曾告诫青年人，不能只为了爱而将别的人生要义全盘疏忽了。大学时期是高职大学生人格全面发展的重要时期，也是夯实专业基础的重要时期。学习是学生的主要任务，应当把主要精力放在学习上。学做人学本事，习得一技之长，培养多种能力，求得学业人格的全面发展，既是将来立足社会、事业成功的基础，也是将来爱情婚姻美满幸福的必要保证。

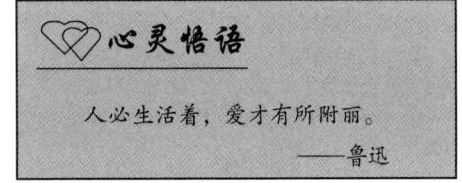

人必生活着，爱才有所附丽。
——鲁迅

8.4.2 培养爱的能力

1. 培养识别爱的能力

对于渴望爱情的高职大学生来说，学会识别爱的真伪，是迎接爱情的必要准备。

(1) 好感不是爱情。好感是一种知觉性的、比较浅表的感情。尽管爱情有时也是知觉的，如一见钟情，但它如闪电般直击心灵。好感可能发展为爱情，但也不一定会发展成爱情。

(2) 感情冲动不是爱情。感情的冲动常常是暂时的、脆弱的，往往使人头脑发昏、忘乎所以，甚至做出不久便后悔的愚蠢举动。尽管爱情也需要激情的表达，但这种激情犹如地下滚烫的岩浆，炽热、深沉、持久。

2. 培养表达爱的能力

一个人心中有了爱，在理智分析之后，要敢于表达、善于表达，以免错过良机。不过一定做好被拒绝的心理准备。在恋爱过程中，男女双方的相互施爱是爱情发展的推动力。有的高职大学生在恋爱中有爱心但表达笨拙，常遭恋人抱怨。因此，恋爱中的男女同学相互施爱要真诚、大方、适度、得体以及相互理解。

3. 培养接受爱的能力

接受爱的能力的培养，必须具备以下条件。其一，具有一个正确的择偶标准。其二，具有能及时准确地对求爱信息作出判断分析的能力，以利于做出正确的响应。其三，具有良好的心理承受能力，能坦然地对待因接受爱所引起的心理变化，保持心理平衡。

4. 培养拒绝爱的能力

当接收到你所不愿得到的求爱信息时，就需要你具备拒绝爱的能力。怎样才能培养拒绝爱的能力呢？其一，善意理解对方的爱意，尊重他人和尊重自己。其二，掌握恰当、适度的拒绝方式，不要让人难堪或心生恨意。其三，准确无误地表达自己的拒绝之意，切不可含含

糊糊，贻误他人，也让自己烦恼。

 情境聚焦

芳芳"众里寻他千百度"，终于找到了她梦中的白马王子小林。她觉得世界上再没有第二个能像小林一样令她如此动心的男子了。所以，她对这个白马王子简直言听计从、百依百顺，唯恐失去他对自己的爱。

每次约会她都会提前半个小时去等候着，而从没有让小林等过半分钟；一同吃饭，从来都是按照小林的口味点菜；出去游玩，从来都选择小林所喜欢的地方；再往后，她包揽了小林生活的方方面面。然而有一天，小林却提出了分手，因为他要找一个有独立人格的妻子，而不是一个唯唯诺诺的女儿或者絮絮叨叨的母亲。芳芳委屈万分，甚至痛不欲生，她认为男人都是忘恩负义的白眼狼。

芳芳的问题在于，她过于害怕失去小林，于是就过分地去讨好对方，对对方的要求不敢提出一点异议。这样她便失去了自我，失去了追求，失去了独立的人格，因而也就失去了对方。

5. 培养发展爱的能力

追求和保持美好的爱情是每个人的心愿，然而怎样才能给爱情"保鲜"呢？这就需要具有发展爱的能力。如何培养发展爱的能力呢？其一，在爱情的发展过程中，双方要有意识地培养自己的人格魅力，要不断地丰富自己，增强相互的吸引力。其二，在爱情的发展过程中，双方要保持自己独特的个性，不能让自己消融在对方的影子里，但同时又要保持与对方和谐，两心相悦，互补为美。其三，在爱情的发展过程中，要不断提高处理各种问题(与异性朋友的关系问题、与对方家人的关系问题、家庭与事业的关系问题、原则问题与非原则问题的关系问题等)的能力，使爱情健康稳定发展，充满浪漫、温馨和幸福。

8.4.3 培养健康文明的恋爱行为

在恋爱过程中，高雅文明的行为方式发挥爱情的愉悦心理效应，低级粗俗的行为则往往起着情感分离的消极心理效果。因此，要有文明健康的恋爱行为。

(1)平等相待。不拿自己的优点去比对方的不足，借以抬高自己；不要想方设法考验对方或摆架子，这样会影响双方感情，因为每个人都是有自尊心的。

(2)言谈要高雅，讲究语言美。交谈中要真诚坦率，不要为显示自己而装腔作势，矫揉造作，否则会令人生厌，不利于感情的发展。

(3)行为要大方。恋爱中的男女会逐渐从一时的羞涩与紧张走向自然大方地交往，不过这期间尤其要注意自己行为举止，亲昵行为的过早表达只会适得其反。

(4)亲昵行为要高雅，避免粗俗化。粗俗鲁莽的亲昵动作有损于爱情的纯洁与尊严，有害于恋爱者的心理健康，对他人影响也不好。

(5)善于用理智控制感情。对恋爱中引起的性冲动，一方面要注意克制和调节，避免婚前性行为，保持性纯洁。另一方面要注意转移和升华，参加各种文体活动，广泛与同学交往，与恋人多谈谈学习和理想，把

♡ 心灵悟语

爱是给予，而非索取；是主动行动，而非被动感受；是"立于其中"，而非"坠入其中"。

——埃里希·弗洛姆

恋爱行为限制在社会规范内，使爱情沿着健康方向发展。

恋爱中的性纯洁的价值：性纯洁对个人的价值在于使人保持心的良知和身体的纯洁，保持情感与心理的完美性，使人有发展人格的充分自由，并维护了求学的自由以及努力追求事业生涯的自由。性纯洁所造就的人格特征和习惯，如忠于理想、有自律性、克制、毅力等，能为将来的婚姻乃至整个人生奠定良好的基础。

异性相互评价

对异性性吸引因素的排序

1. 男生对女生的期待：
(1) "举止谈吐优雅" 71.0%
(2) "更具内涵的文化素质" 63.8%
(3) "衣着得体" 60.6%
2. 女生对男生的期待：
(1) "更具内涵的文化素质" 69.0%
(2) "举止谈吐优雅" 67.3%
(3) "学业有成" 45.2%

思考　亲爱的同学，你对异性的期待是这样的吗？希望它能对你有所帮助，有所启示。

对异性性形象因素的排序（人格魅力形象）

1. 男生对女生的期待：
第一位 "感情专一"
第二位 "性格脾气好"
第三位 "有才学"
2. 女生对男生的期待：
第一位 "感情专一"
第二位 "性格脾气好"
第三位 "有事业心"

思考　亲爱的同学，你愿具有这些人格魅力吗？

第 9 章　互联网与心理健康

> 互联网不是工具，而是一个新环境——它正在重塑人类的意识结构。
> ——威廉·吉布森

 心灵求索

某高职大学生很喜欢玩网络游戏，玩游戏时他可以不吃饭、不出门、不跟任何人交流，在网络里寻找现实不能给他的兴奋。清醒时，理性又跳出来了，他感到自己是失败的，是无用的，因而不想出门，不想见任何人。只有跟网络在一起，他才会感到欣慰，感到安全。他无法让自己从这样的矛盾生活里走出来，去融入真实的生活。

 问题导入

1. 什么是互联网？它有哪些特性？
2. 互联网给人们的生活带来了哪些变化？
3. 你怎样理解"互联网是一把双刃剑"？为什么？
4. 你过分依赖互联网吗？
5. 网络会给大学生带来哪些心理问题？其形成原因是什么？
6. 怎样健康高效地使用互联网？
7. 你认为培养高职大学生良好网络心理有哪些方式和方法？

9.1　互联网的特性

心理认知

1. 互联网具有开放性、平等性

互联网最大的特点就是它的开放性。它采用简单开放的 TCP/IP 协议，将世界各地的网络联结在一起。这些计算机系统就成为人们生活中众多网络的一部分，它可以是超级市场中的收款终端、一套监控高速公路的自动监控系统、证券交易所中高速运转的服务器、学校的远程教育终端、联网的游戏机、联网的自动售货机、智能手机等。生活中的众多网络与互联网联结之后，就从有限变为无限。从而我们可以在互联网上建立自己的网站、信息网、人际关系网、资金网等。互联网打破了信息交流的时空限制，它没有所有者，不从属于任何人，全世界的人，都可以通过网络传播信息。

网络的开放性极大地开拓了人们的视野，满足了人们对知识的渴求；网络的平等性使人们无差别地被接纳，这满足了人们的参与需求，使人有归属感。

2. 互联网具有快捷性、高效性

网络中的信息以数字为形态、以电磁波为传递载体。所以，我们发布或获取任何信息，都是即时的、交互的。我们可以在网上传递文档及照片、图片、表格等，视频更是将表情表达得淋漓尽致。网络使信息的获取变得极为便利、快捷，信息共享成为现实。

互联网的快捷性和高效性极大地提高了人们的工作效率，使人们获得了更多自我支配时间。

3. 互联网身份不确定性和网际关系非中心化

互联网中的信息虽然在构成上是确定的，但是由于信息的庞杂性、虚拟性，所以作为行为目的、意义和情感的传播通道并不是清晰可辨的。这就使得网络上的人际交往和人际关系充满了不确定性。在互联网技术的加持下，人的身份、行为方式、行为目标等都能够被隐匿或篡改：一个白发老翁可以将自己伪装成红颜少女，强盗亦可自称警察而难被发觉，甚至就像《纽约客》上的那个玩笑："在互联网上没人知道你是一条狗！"

互联网是由世界上许多国家的局域网构成的，在科学家设计互联网的前身阿帕网时，军方就要求这个网络没有中心，让信息在网络中能够自由地传播，因此它采用离散结构，不设置拥有最高权力的中央控制设备或机构，这样互联网就成了一个没有中心的网络世界；此外，从地理角度讲，互联网覆盖在整个地球表面上，既没有明确的国界和地区界限，也没有开始和结束。网际交往突破了现实社会行为所具有的以自我为中心的互动特征。当你随着网络进入他人的行动空间，或在线交谈、讨论，或进行超文本的创作和阅读时，他人也可以进入你的行动空间。互联网技术消灭了"客体"这个字眼，消灭了权威式中心化的主体意志，而代之以平等自由的主体间交往，所形成的网际关系是非中心化的。

互联网的虚拟性拓宽了社交的方式和范围，满足了人们社交需要；互联网的身份不确定性，在一定程度上让人们获得了交往的隐蔽感和安全感，使得人们可以在网上自由自在地吐露心声。

9.2 互联网与高职大学生

9.2.1 青年群体是我国互联网用户的主力军

中国互联网络信息中心（CNNIC）2022年2月发布第49次《中国互联网络发展状况统计报告》显示，截至2021年12月，中国网民规模达10.32亿，较2020年12月增长4296万，互联网普及率达73.0%。在已经进行的49次统计中，青年群体一直是互联网用户的主力军。截至2021年12月，20~29岁、30~39岁、40~49岁网民占比分别为17.3%、19.9%和18.4%，高于其他年龄段群体（图9-1）。

9.2.2 互联网对高职大学生的积极影响

1. 开拓知识视野，引领创新激情

网络是知识和信息的载体，网络本身的广谱应用和软硬件技术的不断改进与更新，给广大学子带来了极大的创造空间。如网页制作、计算机设计、三维动画、工业造型、网络科研

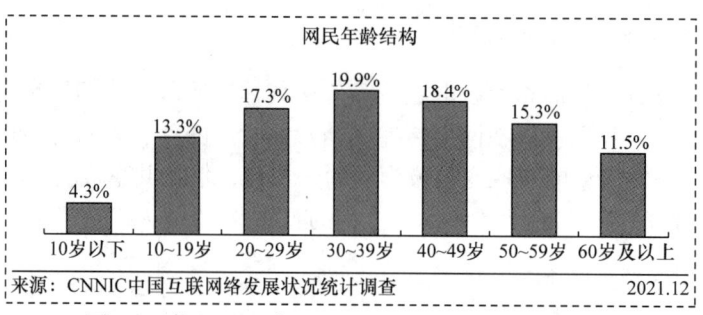

图 9-1　截至 2021 年 12 月我国网民年龄结构分布图

项目、网络课件教辅、远程教育技术服务、大学生网络创业大赛等，无不在内容和形式上激发了高职大学生的创新欲望。于是，一大批以在校大学生为核心的计算机公司、信息公司、装饰设计公司等学生企业应运而生，它推动并引领了当今高校学子的无限创造激情，也给国家的未来和现实的经济发展带来了生机与活力。据调查，国际知名品牌海尔集团公司就从全国各高校招聘了大批在高校学习中创造性极强的学生，充当其技术核心力。

2. 进行友情互动，放松身心

网络最突出的优点是它的交互性，它既是信息的载体，又是媒体中介，实现了人与人之间交流的通畅。花样繁多的交流平台使广大学生网民可以直抒胸臆，发表自己的见解和看法，并充分表达和表现自我，结交各种朋友，相互介绍经验，共同进步。

目前，在校高职大学生大多在家倍受呵护，家庭中的中心地位在走出家门的人际交往中受到了强烈的冲击和挑战，许多心理和情感苦恼常会不期而至，他们渴望和同龄人交流，获得他们的认可。在网上交友既可以抒发情感、交流思想和心得，又可以大发牢骚、排遣抑郁，达到缓解学习和精神压力的双重功效。

3. 开凿信息渠道，广纳百川

互联网使得高职大学生能够从网络上获得千变万化的信息和人文科技知识，汲取各种知识营养，来发展和壮大自我。社会经验不足的高职大学生可以通过互联网了解校园文化、社会热点、国家大事、国际风云；了解政治、经济、文化、军事、哲学、科技的发展动向、历史沿革；进行休闲娱乐、感情交流、学术讨论等，来拓宽视野、提升能力。所以，互联网在很大程度上可以使青年大学生得到各方面知识的陶冶。

4. 拓展教育空间，共享学习资源

登录各种各样的教育和科研网站，获得丰富的学习资源。如报考全国大学英语四、六级，研究生，托福，GRE 等的网站，各种层次的培训、网络公开课、微课、慕课等。每位高职大学生可以根据自身发展需要，浏览不同网页，来给自己充电。另外，还可以从网站上浏览和学习本校不具备而其他高校具备的相关教学资料和实验，借鉴学习方法，达到居一校而广学各高校之长的效果。

9.2.3　互联网对高职大学生的消极影响

1. 网络垃圾对高职大学生价值观的影响

网络资源虽然极其丰富，但是网上虚假信息、文化垃圾屡见不鲜，这种不良的网络环境，对一些自主管理能力差的高职大学生容易产生不良的影响。在网络虚拟的环境中，容易出现责任心不强、冒名顶替、肆意破坏、粗言恶语等道德伦理问题、感情问题、人际关系及个人安全等问题，从而影响心理健康。

青年学生的价值观尚未成熟和稳定，在传统文化与现代文化的碰撞和融合中，在东西方文化碰撞与融合中，在价值取向多元化的现实中，面对形形色色、良莠不分的网络信息，就很容易受到侵扰，使他们在价值观念上产生迷茫，使他们对未来的目标偏离轨道。

2. 沉湎网络，荒废学业

一些自制力差的高职大学生占用学习和休息时间，投入太多的时间和精力在网上。他们把上网看得比上课还重要，从而导致上课注意力涣散，课堂上玩手机者不在少数。这影响了正常的教学环境，也荒废了学生自身的学业。

3. 着迷人机对话，影响人际交往

一些高职大学生着迷于人机对话，弱化了与他人交往的愿望。在人机相对封闭的环境里，他们在很大程度上丧失了与别人交往的机会。人际交往的减少容易加剧自我封闭心理，导致一部分高职大学生脱离现实，造成人际关系淡漠。一些学生在真实的交往中感到紧张，不适应，产生孤僻的情感反应，甚至还会出现"网络孤独症"等症状，造成人际关系障碍。

4. 高职大学生网络道德观念淡漠

网络社会提供的虚拟环境，常使人们以保护隐私、保护自己或美化自己的名义撒谎。网络虚拟的隐蔽性容易引发青年学生随意地宣泄欲望。这种欲望若不加以约束，可能陷入破坏性发泄的误区。在网络交往中，现实生活中大家所熟悉、并遵循的"真诚""守信""责任"等交往礼仪、社会规范极易失去效力，许多人的

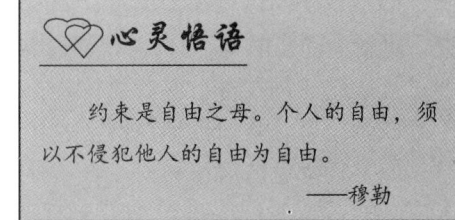

♡ 心灵悟语

约束是自由之母。个人的自由，须以不侵犯他人的自由为自由。

——穆勒

网络行为既不能得到强有力的法律制约，又没有道德的约束限制，使部分高职大学生道德观念趋于淡漠，于是出现各种网络不道德行为。

5. 互联网使用不当容易引发高职大学生网络性心理障碍

> 📹 情境聚焦
>
> 某农家子弟以优异的成绩考上名牌大学，因家境贫困，获得西部开发助学金，并且得到学杂费减半的困难补助。遗憾的是他进大学后迷恋上网交友，经常旷课外出，夜不归宿，成绩一落千丈，经学校多次批评教育，仍不改正，最后学校劝其退学。他回家后，决定第二次考大学，但他还是抵挡不住上网的诱惑，对父亲说要去找网友，就离开了家乡。其父泪流满面地说："希望那些整天迷恋网的人，不要像他一样执迷不悟。"

网络性心理障碍是指因无节制地上网而导致的行为异常、人格障碍、交感神经功能失调。其表现症状为：开始是精神上的依赖，渴望上网，不上网则茫然若失，情绪低落，只有上网

后精神才能恢复正常；随后发展为身体上的依赖，疲乏无力、外表憔悴。有网络性心理障碍的学生多表现为整日上网（打游戏、聊天等）、失眠、焦躁、容易发脾气、不愿上学等症状，学习效率明显下降。

9.3 高职大学生常见的网络心理障碍与调适

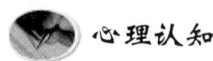心理认知

9.3.1 高职大学生常见的网络心理障碍

1. 网络行为失范

(1) 网络较恶行为，是指违反网络道德准则，对他人和社会造成较大危害的网络不道德行为，它介于不正当行为和极恶行为之间，如信息欺诈，散布大量虚假信息，导致社会普遍信用危机，甚至导致社会政治、经济的混乱。

(2) 网络极恶行为，即网络犯罪行为，又称为数字化犯罪或计算机犯罪。它是指借助于计算机网络，故意实施危害他人和社会，触犯有关法律的行为。

2. 网络迷恋

网络空间的信息异常丰富，同时这些信息在内容上的新颖、包装上的新奇、查询上的便捷、更新上的及时等，对具有较强猎奇心理的大学生又是一个强大的吸引。沉溺于网络游戏，通过互联网与网友进行游戏对抗赛；热衷于网络聊天，沉醉于网络创造的浪漫幻想中；醉心于互联网信息，强迫性地在网上收集无关紧要的或不急需的互联网信息并堆积和传播这些信息；网上猎奇色情信息和图片以及影像等种种行为，都造成对互联网的过度依赖。

3. 网络孤独

网络孤独症是指过分关注人机对话，淡化个人与社会及他人的交往，远离周围伙伴，变得越来越孤僻。主要特征为，社会交往功能和交流技巧出现障碍、出现异常动作及复杂多样化的行为。对于许多高职大学生来说，上网的初衷是为了获取大量的信息、娱乐，或通过网上人际关系来改变自己。但由于大量精彩、刺激的网络游戏吸引广大高职大学生网民，消耗了他们的体力和精力，使他们忘记了自己在现实生活中的角色，整日沉溺在网络世界中，心甘情愿地退出现实生活，逐步患上了网络心理依赖症。正如精神病专家托尼所说："长期的网上冲浪会渐渐失去自我，改变个性。"这种网络心理依赖改变了部分高职大学生网民正常交往的需求心理，使一些高职大学生网民成了"孤独的计算机人"，久而久之引发网络孤独的心理障碍。

4. 网络人格心理失真

网络人格心理失真是指网络自我迷失。这种人表现为脱离现实、退缩、孤僻、耽于幻想等。一些高职大学生过分迷恋网络上的"人机"式交往，出现"人机热、人际冷"现象，导

致忽视现实存在的人际关系、产生现实人际交往萎缩和角色错位。在现实生活中，每个人都根据社会的需求，扮演不同的社会角色，虽然社会分工不同，但每个人总能找到自己合适的位置。而网络使人在交往中隐匿了真实姓名、性别、年龄等信息，现实生活中的多种社会角色、规范、道德等在虚拟世界中被冻结，把社会自我抛弃得越来越远。此外，部分大学生企图借助网络在现实社会中凸显自我，藐视社会的法律和道德规范，制造如黑客攻击、网络犯罪等扰乱社会安定的行为事件。尤其是近年来频频出现因长时间上网而患上精神疾病、伤害亲人、迷恋网络与家长产生矛盾而轻视自己生命等事件，这些都是网络人格心理失真和自我认同混乱造成的结果。

5. 网络成瘾综合征

美国精神病学协会(American Psychiatric Association，APA)正式出版的《精神障碍诊断与统计手册(第五版)》(DSM-5)，在关于"网络游戏成瘾"中，首次全盘采纳中国医学教授陶然制定的《网络成瘾临床诊断标准》。本书亦采用此标准。高职大学生可根据《网络成瘾临床诊断标准》的九条诊断标准来判断自己是否是网络成瘾患者。

1) 定义

网络成瘾综合征指在无成瘾物质作用下的上网行为冲动失衡。

2) 网络成瘾的标准

(1) 渴求症状(对网络使用有强烈的渴求或冲动感)。

(2) 戒断症状(易怒、焦虑和悲伤等)。

(3) 耐受性(为达到满足感而不断增加使用网络的时间和投入的程度)。

(4) 难以停止上网。

(5) 因游戏而减少了其他兴趣。

(6) 即使知道后果仍过度玩游戏。

(7) 向他人撒谎玩游戏的时间和费用。

(8) 用玩游戏来回避现实或缓解负面情绪。

(9) 因为玩游戏而失去了友谊、工作、教育或就业机会。

3) 网络成瘾的类型及其表现

(1) 网络交际成瘾。网络交际成瘾是指沉溺于通过网络进行人际交往、结识朋友，且以虚拟空间的网络聊天室或网络社群的人际关系取代了现实生活中的亲朋好友。

(2) 网络色情成瘾。网络色情成瘾是指沉迷于成人话题的网络聊天、网络色情文学、色情音乐、色情图片及影像。

(3) 网络游戏成瘾。有的高职大学生对自己所处的现状不甚满意但总想超越他人，而网络游戏则以独特的魅力给他们提供了心理上的满足感。他们一旦从中寻出快乐，就难以从中走出来。他们在游戏中使自己更加强大、更具统治力。更为严重的是，暴力互动游戏容易诱发未成年人的冲动，引发各种争执，并且会玩物丧志，产生厌学心理甚至荒废学业。同时，游戏中的画面颜色具有压抑感、对抗性，刺激性强，玩时需要耗费一定的脑力，且精神高度紧张，很难达到放松的目的，如果在游戏中屡次失败受挫折，会使上网者变得悲观抑郁、消极甚至颓废、沮丧、绝望，把这种消极情绪带到生活和学习中，会引起更严重的心理障碍。

(4) 网络信息收集成瘾。网络信息收集成瘾是指因惧怕所拥有的信息不足而强迫性地浏览网页以查找和收集信息。

(5)虚拟社区成瘾。虚拟社区是通过角色扮演或者现实生活的网络化的方式使得参与者很有一种亲切感,虚拟社区里面有着现实社会里面有的大多数涉及工作、娱乐、生活的方式,甚至还可以结婚、炒股、养宠物、赚钱等。虚拟社区仿佛是构建在网络中的一个现实社会的翻版,却没有现实社会那么多的无奈和烦扰,所以让少数自制力差的高职大学生迷恋。

(6)网络强迫行为。网络强迫行为指以一种难以抵抗的冲动,着迷于在线赌博、网上拍卖、网上购物等。互联网在某些方面吸引人的地方就在于它像赌博一样令人着迷。

9.3.2 网络心理障碍产生的原因

1. 来自网络的客观原因

(1)网络信息的丰富性。网络空间是一个丰富的百科全书式的信息世界,在这里,高职大学生几乎可以搜索到自己所需要的任何资料。这对他们而言,无疑是一个不可抵挡的诱惑。

(2)网络身份的匿名性。网络空间无身份、无性别、无年龄、匿名的特点,使得高职大学生能够在"人—机"的环境中不受传统社会人际交往的约束,可以随心所欲地变换自己的身份,扮演不同的角色,体验不同的感受,这种身份的匿名性满足了高职大学生对自由度、安全感和成就感的追求与需要,他们极易在心理上形成对网络的深度依赖。

(3)网络地位的平等性。由于网络的权利扁平化,每个人都有自己的身份标识号(ID),大家的地位都是平等的。在网上,高职大学生作为平等的一员既可以倾听别人的观点,也可以发表自己的观点。

(4)网络行为的去抑制性。去抑制性是指个体更少地受自我意识的约束,不在乎他人的存在,我行我素,随心所欲。它被认为是网络导致用户成瘾的最根本特性。上网者在网络空间感觉到了梦寐以求的自由和平等,真正实现了"天高任鸟飞,海阔凭鱼跃"的理想,于是乐此不疲。

2. 来自大学生自身的主观原因

1)大学生的生理因素

每当网络成瘾者上网时,大脑相关高级神经活动中枢持续处于高度兴奋状态,并释放多巴胺。伴随多巴胺水平的升高,肾上腺素水平在短时间内异常增高,交感神经过度兴奋。兴奋过后则令人更加颓废、消沉。这些劣性改变可伴随一系列复杂的生理和生物化学变化,尤其是自主神经功能紊乱、体内激素水平失衡、免疫功能降低。如果这种刺激是经常性的,大脑会强化自身的这种化学反应,进而产生成瘾行为。

2)大学生的心理因素

近期调查结果显示,年龄在20~30岁、受过良好教育的学生群体是网络成瘾的易感群体。他们具有强烈的好奇心,关注新事物并且容易接受,这种求新求异的特点促使他们积极投身于由网络架构的新奇、丰富、动感的社会空间;网络与大学生之间存在很多契合点,造成他们对它"一网情深",如大学生具有追求流行、赶时髦的特征,上网的时尚性符合他们追逐流行的心理,这样网络就为青少年提供了最好的心灵释放场所;大学生在认知能力上的局限以及较弱的自我控制能力也是造成网络成瘾的原因。

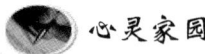

测一测你自己是否有网瘾

下列一组问题可以让你自我测试你有没有网瘾或网瘾程度，如果有或者有些相似，请你赶紧悬崖勒马。

A. 你是否觉得互联网占据了你的身心
B. 你是否觉得需要不断增加上网时间才感到满足
C. 你是否无法控制使用互联网
D. 当互联网接口被断开时你是否感到烦躁不安
E. 你是否将互联网作为能解决痛苦或改变心情的办法
F. 你是否对家人或朋友隐瞒你迷恋互联网的程度
G. 你是否因为上网面临危险
H. 你是否在超出预算后经常忍不住第二天再去上网
I. 你是否在下网后感到焦虑
J. 你的上网时间是否经常比预算的长

对于网络成瘾的大学生的一些建议

1. 首先，不要把上网作为逃避现实生活问题或者排解消极情绪的工具。借网消愁愁更愁，理由之一是，不论你上网多长时间，现实生活问题仍然在那儿，"逃得了一时，逃不过一世"。

其次，上网之前先定目标。每次花 2 分钟时间想一想你上网要干什么，把具体要完成的任务列在纸上。不要认为这个 2 分钟是多余的，它可以为你省 10 个 2 分钟，甚至 100 个 2 分钟。

最后，上网之前先限定时间。看一看你列在纸上的任务，用 1 分钟估计一下大概需要多长时间。假设你估计要用 40 分钟，那么把小闹钟定到 20 分钟，到时候看你进展到哪里了。

2. 如果你的症状符合《网络成瘾临床诊断标准》，请到正规的专业医院找专业医生实施治疗。必要时可住院，应采用综合疗法。

9.3.3 高职大学生网络心理问题的调适

1. 网络心理问题的调适目标

(1) 在网络和现实社会环境中保持旺盛的求知欲望和浓厚的学习兴趣。
(2) 在网络和现实社会环境中具有独立生活的能力。
(3) 面对网络，具备正确的自我意识，能悦纳自我。
(4) 具备完整统一的网络和现实人格品质。
(5) 网络活动中具备良好的心境和情绪的协调、控制能力。
(6) 具备良好的网络环境适应和环境改造能力。
(7) 具备良好的网络交际和现实交往能力，人际和社会关系和谐。
(8) 具有符合年龄特征的网络心理行为。

2. 网络心理问题的自我调适

1) 建立辩证的思维方式，重构社会认知和网络世界的认知

(1) 树立科学的网络观。要科学地看待网络的功能、特性、作用。科学合理地利用网

络给我们带来了方便、快捷和高效，但同时也要认识到，任何事物都有两面性，它只是我们工作、学习和生活的工具与手段，我们不能成为它的奴隶，更不能以健康为代价，使自己沉迷其中。

(2) 区分现实世界和虚拟世界。网络世界的存在形态是无形的，它以图像、声音、信息等电子文本形式存在。网络信息传播技术把真实世界和虚拟世界变得界限模糊了，把实体的现实和创造的现实连接起来了，这就从根本上改变了人的认识方式，这种认知会导致高职大学生的网络行为方式与现实生活中的行为方式存在很大差异，即形成虚拟人格和现实人格，只有把虚拟人格和现实人格实现统一和协调，良性互动，才能使现实人格变得更加丰富、完善。

2) 正确掌握和使用互联网

高职大学生必须全面学习网络知识和技术，通过学习网络科学知识、掌握网络技术技能，从科学层面的角度来认识网络、走进网络，吸取全世界优秀的文化成果，同时也在网上向世界展示中华民族的伟大形象和灿烂文化。高职大学生无论在学校里，还是跨入社会之后，都要学会冷静地分析、处理和创造各种有用的信息。高职大学生作为利用网络最多的群体之一，应积极利用网络的优势，打造主流阵地，开发信息资源，真正以理服人，引导更多的高职大学生参与有益的网络活动，积极向身边的同学推荐一些优秀的计算机软件，鼓励同学访问一些优秀的站点，使优秀的网络文化在潜移默化中对我们进行熏陶，从而达到良好的教育效果。

3) 专注学习，不负光阴

高职岁月，弥足珍贵。高职学习只有三年，在这珍贵的时光中，每一位高职大学生都应该学会管理时间的技巧，把时间和精力主要集中到学习上去。明确上网的目的，合理控制上网时间，从而避免漫无目地地网上"冲浪"，尽可能不进入网络聊天和网络游戏，不浏览色情图片等，避免掉入色情陷阱中。

把网络当成学习的工具，把上网的主要精力用在搜集资料，获取时事新闻，查阅与学习、工作、生活有关的信息上。要选择一些内容积极向上、富有教育意义、具备良好信誉的网站，提高上网的有效性。对于那些含金量较高的科技文化信息，应该如获至宝。对于那些网络垃圾和色情毒素，应该不屑一顾，自觉拒绝进入一些黄色的、反动的、不健康的网站，让色情、暴力、赌博、迷信失去市场。

4) 积极参加集体活动

参加学校的各类集体活动，可以分散自己对网络的专注，在参加活动的同时也能获得身心的愉悦。通过参加各种活动，可以增长知识，提高认知能力。在活动中，通过各种感官去感受事物，也可接触各种人与事，开阔视野，增强思考能力，学到某些技能，提高实践能力。通过班级集体活动能够促进学生良好个性的形成。性格内向的学生在多次活动中获得满意的角色而积极参与，其智慧和特长得到发挥，人开始变得活泼开朗，喜与别人交往；而热情欠踏实的学生，可在集体活动中承担较复杂的任务，使其锻炼得比较冷静、实在。

5) 体验成功的喜悦

研究表明：在生活中失败的人受网络游戏的消极影响较大，更容易沉溺于虚拟时空。其实，现实生活中很多小事可以给我们带来成功的感受。比如，喜欢在计算机空间创作一些机智的电子邮件信息或者聊天室便条的学生，可以在院系报刊撰写一个专栏；参与班级事务，与同学交谈以替代网友之间的联系；明白独特的校园环境确实能提供许多比互联网所具有的社交好处更多的长处；积极参加体育锻炼；参加与自己爱好相符的社团和组织，培养自身广泛的兴趣。

3. 寻求心理咨询帮助

有网络心理障碍的学生，多数性格内向，较为孤僻，人际交往能力较弱，一些负面的生活体验对其影响较大，安全感水平不高。这些学生对个人自我的关注较多，将个人自我和社会自我整合起来的能力还有待提升。所以对他们的心理咨询也应从追踪个人心理发展的早期经历开始，引导他们从正反两方面认识社会和网络两个世界，纠正他们固有的单向度、片面的思维方式。对他们进行一定的人际交往行为训练，引导他们发现和发展自己现在及潜在的兴趣与特长，克服自卑，树立自信，走出阴影，拥抱生活的阳光。

9.3.4 高职大学生健康网络心理的培养

1. 培养高职大学生健康网络心理的必要性

互联网对大学生的思维方式、行为模式、价值取向、心理健康、道德观念等产生着前所未有的、越来越大的影响。大学生上网是否健康安全，直接关系着网络文明和大学生的成长。面对互联网络这把"双刃剑"给高职大学生带来的正负两方面的影响，有必要重视高职大学生健康网络心理的培养，使其能更好地适应互联网时代，从而充分利用信息网络技术给他们的学习、生活以及未来的发展带来的机遇。

2. 高职大学生健康网络心理的养成

1)遵纪守法维护网络安全，建立网络安全意识

当今，互联网已然成为人们的一种生活方式。人们在网上交流、交往、交易，话在网上说，钱在网上花，事在网上办，已经成为一种习惯、一种常态。互联网安全就成了我们日常生活的心理需求。维护互联网安全是每一个网络参与者应尽的责任和义务。欧洲网络与信息安全局在《提高信息安全意识》中指出："在所有的信息安全系统框架中，人这个要素往往是最薄弱的环节。只有革新人们陈旧的安全观念和认知文化，才能真正减少信息安全可能存在的隐患。"目前大学生的网络安全意识还不够，网络安全意识亟待提高。

大学生的网络安全意识的建立健全是维护网络安全的第一道防线。做一个遵纪守法的网民，维护网络安全从我做起。怎样做呢？第一，了解国家有关网络安全的法律法规，具备一定的网络信息安全的基本知识。第二，自觉拒绝网络谣言、网络暴力、网络欺诈、色情、低俗等污泥浊水，让网络空间清朗起来。

2)培养良好的网上道德，遵守网络行为规范

互联网的虚拟性和隐蔽性，可能使有的高职大学生误认为网络就是个"无规则、无道德"的空间，似乎可以随心所欲地任我行。这种认知可能会导致一些学生网络是非观混乱，行为缺乏网络道德规范。所谓网络道德，是指以善恶为标准，通过社会舆论、内心信念来评价人们的上网行为，调节网络时空中人与人之间以及个人与社会之间关系的行为规范。内容包括

 资料卡

网络道德的基本原则是诚信、安全、公开、公平、公正、互助。网络道德的斟酌原则是全民原则、兼容原则、互惠原则。

基本原则和斟酌原则。

斟酌原则有：第一，全民原则，一切网络行为必须服从于网络社会的整体利益。第二，兼容原则，网络主体间的行为方式应符合某种一致的、相互认同的规范和标准，个人的网络行为应该被他人及整个网络社会所接受，最终实现人们网际交往的行为规范化、语言可理解化和信息交流的无障碍化。第三，互惠原则，任何一个网络用户既是网络信息和网络服务的使用者与享受者，也是网络信息的生产者和提供者，网民有网络社会交往的一切权利，同时也应承担网络社会对其成员所要求的责任。信息交流和网络服务是双向的，网络主体间的关系是交互式的，用户如果从网络和其他网络用户那里得到利益与便利，也应同时给予网络和对方利益与便利。高职大学生在认知上要知晓并理解网络道德要求，在行为上践行网络道德规范。高职大学生作为青年中知识层次较高的群体，在网络中做出表率，讲信誉，守规则，树先锋，维护好网络安全和网络秩序。

3）提升自我约束力

有的高职大学生缺乏自我约束力，迷失在网络中，严重贻误了学业，最终"一失足成千古恨"。更有甚者，盲目跟风，消极模仿，结果铤而走险，走上犯罪的道路，断送了自己美好的前程。古语云"没有规矩不成方圆"。高职大学生上网应该有个"度"，这个"度"就是有节制，不能只图痛快，只求过瘾。提升自我约束力，上网有"度"，上网有"节"，是高职大学生应该遵循的原则。

3. 网恋交友，慎之又慎

随着网络的高速发展，人与人之间的交流变得越来越容易了，更多的网络情缘也由此而来，网恋交友分为以下五种类型。

(1) 超越型：现实生活中的爱情往往带有许多功利主义的色彩，或者受传统观念的约束，许多理想主义者幻想在网络上能够有超越一切的纯爱情。带有此类心态的人往往很容易在网络上坠入爱河，不能自拔。

(2) 超脱型：现实生活中爱情往往不可避免地与婚姻联系起来，这大大限制了人们对情感、美好生活的向往。而在网上可以爱得死去活来，但不必非得娶或嫁给对方。

(3) 游戏型：有些人只是想在网络上体验一下交友的感觉，他们既无意于真诚地爱一个人也无意于对自己的言行负责，他们追求的只是一种感觉。带有此类心态的人往往比较潇洒，不必担心被爱情这把"双刃剑"刺伤。

(4) 实用型：由于网络具有影响广、时效快、手续简便等特点，很多有意于寻找终身伴侣的人把网络作为一种手段，或者说作为一种实用工具。带有此类心态的人往往会主动挑明自己的条件和要求，因为他们不想浪费时间。

(5) 恶作剧型：有些人以在网络上勾引异性为快感，当他们成功地勾引到一个异性，使对方爱上自己时，就悄悄地退出了，对方越是痴情，他们越是有快感。更有甚者在不了解对方底细的情况下与其见面，遭到暴力，被劫财劫色，更有甚者惹来杀身之祸。

通过以上五种典型的网恋交友类型，我们就可以知道，不要沉溺于网上的虚拟世界，要合理地把握虚幻的网络在现实生活中所占的比例，即使网上有心灵相通的恋人，要以真、善、美的态度对待对方，诚实交友，不侮辱欺诈他人，并要保持一定的警惕性，自我保护。

4. 寻求社会资源帮助

互联网是一把"双刃剑",它既是一个充满自由、开放、平等的世界,也是一个充满诱惑与陷阱的危险之地。高职大学生应该看到网络只是一个工具,应该认清网络社会并非真实的社会,虚拟情感的宣泄与满足并不能得到真正的快乐,对网络使用不当,可能会出现网络孤独症、网络迷恋、网络成瘾等各种心理问题。如果感到自我不能调适,就需要寻求社会资源帮助,积极求助于你信任的人,包括老师、家人、医生、心理咨询师、朋友、同学等。通过找同学和朋友倾诉、向心理咨询老师咨询、请心理医生治疗等手段,可以释放网络心理压力,缓解内心痛苦,改善心理状态;也可以利用电话、网络等进行远程心理咨询,特别是可以向许多比较好的心理咨询网站了解有关心理健康方面的知识,通过网络解决网络心理问题,这些都是高职大学生网民培养良好网络心理的好路子。

 心灵家园

服几味良药,让我们来主宰网络

中国现代学者和思想家胡适曾给大学生推荐过一个"防身药方"的"三味药",并为这三味胡家铺子的成药正式定名为问题丹、兴趣散、信心汤。在这里我们再加两味,即目标丸、朋友膏,一起送给高职大学生网民。

1. 目标丸。迷恋网络主要源于空虚,而空虚则主要源于空闲。经常制定切实可行的目标是治疗空虚的一味良药。
2. 兴趣散。寻找一定的兴趣,形成一定的爱好是治疗空虚让"网虫"走出网络阴影的又一良方。
3. 问题丹。时时寻一两个值得研究的问题是养成兴趣爱好、打发空虚无聊的有效途径。
4. 信心汤。树立坚定的信心是大学生"网虫"走出网络泥潭的关键。
5. 朋友膏。交几个知心的朋友,建立良好的人际关系是避免迷恋网络不能自拔的好方法。

小贴士 面对网络,这五味良药是否能够帮助大家建立起健康的网络心理呢?请同学们试一试。

在线学习 2022年2月25日《第49次中国互联网络发展状况统计报告》

第10章 职业选择与心理健康

> 不管你天性擅长什么,都要顺其自然;永远不要丢开自己天赋的优势和才能。顺其自然就会成功,否则,无异于南辕北辙,结果一事无成。
>
> ——西德尼·史密斯

 心灵求索

小梁是某职业技术学院旅游管理专业大二学生。小梁把自己未来从事的行业归纳为"青春行业",她说:"高职毕业时只要有好工作,我将选择就业,而不是专升本。我们今后的去向将是酒店、宾馆、交通和旅行社,这些单位对年龄的要求很严,所以我需要抓紧时间,趁年轻早点工作,也好有机会谋求更好的发展。"她说:"从一进校门,我就树立了踏实工作、刻苦做人的人生目标。我的家庭并不富裕,我也没有什么特别的能力。因此,与其花费更多的钱来等待一份没把握的未来,还不如牢牢抓住现在,早点工作,早点挣钱。"小梁说,她的职业定位很简单,就是做一个能胜任旅游一线岗位,并获得大家认可的普通员工。她说:"我就想踏踏实实干点基础工作,而且我相信社会上有很多岗位需要像我这样想的人。相信我会很快适应社会需求,并有信心能早日适应社会的激烈竞争。"

问题导入

1. 什么是职业与择业?
2. 影响职业选择的个性心理因素有哪些?如何结合自身特点正确择业?
3. 小梁对自我的认知怎样?
4. 她对未来从事的行业的看法怎样?
5. 她对自己的职业定位是怎样的?
6. 高职大学生择业中常见的不良心理有哪些?如何进行心理调适?

10.1 职业选择与个性特征

 心理认知

10.1.1 职业及择业含义

1. 职业的含义

职业是人类社会发展到一定阶段的产物,是劳动者足够稳定地从事某项有酬工作而获得的社会角色。这个定义包含两层含义:第一,它表明在社会中只有能吸引劳动者长期稳定地投入其中，并能取得一定的经济收入的工作才能成为职业。第二，职业是劳动者获得的社会角色，劳动者必须按照这一社会角色规定的规范行事。例如，医生要救死扶伤，军人以服从命令为天职，教师要为人师表等。

2. 择业的含义

择业就是通过自我评估，认识自己，分析环境，在此基础上对自己的职业做出选择。也就是说，高职大学生在职业选择时，既要充分考虑到自身的特点，还要了解社会对劳动者的需求趋势和素质要求。"知己知彼"，使自己的优势能得以发挥，这对即将步入社会选择职业的高职大学生来说非常重要。

> **心灵悟语**
>
> "骏马能历险，犁田不如牛；坚车能载重，渡河不如舟。"人何尝不是这样呢？热门的工作未必适合自己，光鲜亮丽的岗位背后也有酸甜苦辣，只有从事适合自己的职业，才能更好地发挥自己的优势和潜能。

10.1.2 影响职业选择的个性心理因素

1. 兴趣与职业选择

传统的职业观是"做一行，爱一行"，可明明不喜欢的工作又必须天天面对，使得很多人爱得很痛苦。数学家陈景润年轻时被安排在一所中学当老师，可他是个"闷葫芦"，有货倒不出，据说当时是一位成绩很差的老师，就好比安排一头大象去上树一样，大象能上树吗？如果陈景润还是"做一行，爱一行"继续在中学教书，他能成为数学家吗？

> **心灵悟语**
>
> 要使事业成功的第一个条件就是选择自己喜欢的工作。享受自己的工作，这样即使再苦再累也会心甘情愿。

爱因斯坦曾说："兴趣是最好的老师。"兴趣可以提高人的工作效率、开发智力。它是一种强大的精神力量，可以使人集中精力去获得知识，积极思考，大胆探索，并创造性地开展工作。另外，兴趣也是行动的动力。例如，爱迪生在学校里被人骂为"傻瓜""低能儿"，可他在发明的王国里却显示了杰出的才华，是兴趣促使他在发明领域里不停探索，不断追求的。又如，凡·高是举世闻名的艺术家，虽然生前穷困，但逝世后，他的画作激励了无数的人。而他并不是从小就学习绘画的，一开始做画商，然后做牧师，一直到他30岁以后才开始画画，然而他成功了。正因为他对绘画感兴趣，他才能承受常人难以想象的精神、经济上的折磨。获得诺贝尔物理学奖的华人丁肇中说："兴趣比天才重要。"可见，兴趣对人生事业的发展至关重要。

因此，高职大学生在择业过程中应充分对自己的兴趣做客观分析，既要顺应自己的心意，也要考虑社会的需要，尽可能避开自己厌恶或根本不感兴趣的职业，争取找到适合自己兴趣爱好的职业。

为便于大家根据自己的兴趣选择合适的职业，下面针对几种兴趣类型和职业的吻合做一简要介绍。

> 有研究资料表明，如果一个人对某种工作有兴趣，就能克服很多难以想象的困难，长时间保持高效率，并能发挥他全部才能的80%~90%；相反，对工作没有兴趣的人，面对困难很容易放弃，并且只能发挥其全部才能的20%~30%，也容易感到精力疲乏。

(1) 喜欢与具体事物（如工具、器具、仪表等）打交道，希望能很快看得见、摸得着自己的劳动产品，并从中得到满足，与之相应的是现实型职业，可以选择如制图、建筑、工程技术、机械维修、园林、手工制作等工作。

(2) 喜欢与人交往，乐意发动人、组织人、管理人，与人为善，助人为乐，与之相应的是社会型职业，可以选择做记者、销售人员、教师、行政管理人员、律师、医生、护士等。

(3) 爱做有规律的具体工作，喜欢循规蹈矩，习惯于在预先安排好的程序下工作的，与之相应的是常规型职业，可以选择做邮递员、图书管理员、档案管理员、办公室文书、统计人员等。

(4) 爱活动、爱竞争，喜欢挑战性强、风险大、报酬较多的工作，与之相应的是企业型职业，可以选择做企业管理人员、计算机从业人员、股市操盘手等。

(5) 喜欢自由自在，爱充分表现自己，标新立异，引人注目，与之相应的是艺术型职业，可以选择做模特、演艺明星、主持人、博主等。

(6) 喜欢抽象的创造性工作，爱动脑筋，喜欢独立思考，不人云亦云，不满足于现状，力求有所发现，有所发明，与之相应的是调研型职业，可以选择做社会调查、经济分析、各种科学研究和新产品开发等工作。

2. 气质与职业选择

气质是心理活动的强度、速度、灵活性与指向性等方面的一种稳定的心理特征。根据希波克拉底的性格分析理论，人的气质分为四种，即多血质、黏液质、胆汁质、抑郁质。每一种气质都有积极和消极的一面，并且对所从事的工作性质和效率有一定的影响，因此，不同气质类型的人从事的工作类型也有差别。

一般来说，多血质的人活泼好动，感受性低，耐受性较高，属于敏捷好动类型。这类人语言表达能力和感染力强，充满自信，善于交际，但办事多凭兴趣，注意力不稳定。这类人的职业选择比较广泛，外事工作、公关工作、服务人员、新闻工作者等都适合；而过于细致单调、环境过于安逸的工作不适合多血质的人。

胆汁质的人具有很强的可塑性和外向性，这类人通常表现为有理想，有抱负，有独立见解，反应迅速，行为果断，表里如一。一旦认准目标，就希望尽快实现，但若对工作失去信心，情绪会很快低落下去，易急躁，自制力较差。这类人适宜刺激性大、富于挑战的职业，如导游、节目主持人、推销员、模特、演员等，对长期安坐、不经常走动的细致工作很难胜任。

黏液质的人踏实稳重、自制沉静，属于安静内向型。这类人不易情绪化，比较刻板，灵活性不够；遇事谨慎，态度稳重，不易分心，善于忍耐；善于处理人际关系。这种人适合做管理、法律、财会、统计方面的工作，不适合做富于变化和挑战性大的工作。

抑郁质的人比较刻板，不够灵活，属于内向型。这类人情绪反应慢，但体验深刻，总是隐晦而不外露。他们富于想象力，聪明，观察力敏锐。在面对困难时，容易表现出胆小怕事、优柔寡断的性格，受到挫折后常心神不宁。这种类型的人适合做化验员、研究人员等，不适合做需要与各种人物打交道、变化多端、大量消耗体力和脑力的工作。

生活中，我们不难发现这样的现象：有人选择了教师的职业，可是性情暴烈、缺乏耐心；有人选择了记者的职业，但生性沉稳、反应迟缓；有人选择了保险推销的职业，却生性羞涩、沟通乏术。于是，原先理想的职业失去了原有的色彩。究其原因，并不是这些人能力低下，而是因为他们的气质与所从事的职业不相适应。可见，气质不仅会影响一个人职业的选择，而且可能直接影响具体工作的成败。因此，高职大学生在择业时，要结合自己的气质类型，扬长避短，有针对性地选择与自己气质相称的职业。

3. 性格与职业选择

> **情境聚焦**
>
> 威灵顿曾经被他的母亲认为是一个劣等生。在上学时，他被称为笨蛋、白痴、弱智，因为他什么也不懂，所以人们认为他什么都得从头学。他没有表现出任何的天赋，也没有表现出任何要参军的意愿。在他的父母和老师的眼里，他那勤奋和坚毅的性格特征是对他缺陷的唯一补偿。但是，在四十六岁那年，他战胜了"战无不胜"的拿破仑。

性格与气质不同，性格是指人较为稳定的态度与习惯化了的行为方式相结合形成的人格特征。性格决定命运，性格不仅影响人们的生活态度和行为方式，而且影响人们对职业的选择和适应。如果一个人能力不足，可通过后天培养提高，但一个人的性格如果与职业不匹配，要改变起来就很困难了。如果你选择了一个符合自己的个性、能力和兴趣的职业，你不但容易成功，而且工作过程本身常常就给你带来了很多满足。可以说，从事一个自己"胜任愉快"的职业，是一种幸运和幸福。

美国心理学家霍兰德根据个性特征与职业选择的关系，把人划分为六种个性类型，即现实型、研究型、艺术型、社会型、管理型、常规型，这六种不同个性的人在职业选择上有明显差异。

(1) 现实型。这种类型的人真诚坦率，较稳定，讲求实利，他们遵守规则，感情不丰富，不重视社交，缺乏洞察力，容易服从。他们一般具有机械方面的能力，乐于从事有明确要求、需要一定的技能技巧、能按一定程序进行操作的工作。

(2) 研究型。这种类型的人乐于从事现象的观察和分析工作。他们有较强的好奇心，思维复杂，有创见，有主见，但无纪律性，不切实际，易冲动，习惯于通过思考在思想中解决挑战，喜欢那些需要创造力的工作。生物学家、社会学家、数学家多属于这种类型。

(3) 艺术型。这种类型的人喜欢从事非系统的、自由的、要求有一定艺术素养的职业，即音乐、美术、文学、戏剧等方面的工作。他们想象力丰富，直觉强，易冲动，好独创。他们与研究型较类似，喜欢单独一个人活动，但他们又有强烈的自我表现欲望，往往情绪变化大，敏感。

(4) 社会型。这类人喜欢与人共处，乐于助人，善交际，易合作，责任感强。他们喜欢为他人提供信息，喜欢在秩序井然、制度化的工作环境中发展人际关系和做工作。其个性中较消极的一面是易独断专行，爱操纵别人。社会型的人适于从事护理、教学、销售、培训与开发等工作。

(5) 管理型。这种类型的人与社会型的人相似之处在于他也喜欢与人合作，主要区别在于管理型的人喜欢领导和控制他人，而不是帮助他人，其目的是达到特定的组织目标。这种类型的人自信，有雄心壮志，精力充沛、健谈，但他们缺乏从事精细工作的耐心，喜欢追求财富、权力、地位。

(6) 常规型。这种个性类型的人在事务性的职业中最为常见。他们易服从，自我控制能力强，想象力差，无灵活性。他们喜欢和数据型及数字型的事务打交道，喜欢明确的目标，不能接受模棱两可的指示，希望能精确地了解自己应该干什么。与管理型类似，他们比较重视物质财富和地位，愿意从事办公室、会计、出纳等工作。

4. 能力与职业选择

能力是指顺利完成某件事情所必须具备的心理特征。能力对人一生的职业道路的选择、事业的成败具有重要的作用。选择职业除了考虑自身兴趣爱好，还要看你是否能胜任这项工作。

> **情境聚焦**
>
> 毕业于某高职院校计算机信息管理专业的小罗和小熊是同班同学，在浙江省温州市举办的一次大型人才招聘会上，经过用人单位的当场面试考核，二人在众多本科生应聘的激烈竞争条件下，脱颖而出，双双被一家银行看中录用。
>
> 银行负责人在录用后对他们说："我看中你们三大优点，一是你们的计算机操作熟练，具有计算机系统操作中级等级证书，在现代银行业务来往中是不可缺少的一种技能，而一些本科财会专业的毕业生不具备熟练操作计算机这种优势；二是你们所学的专业是计算机信息管理，多次参加全省大学生计算机技能竞赛，取得良好成绩，三年来的各科成绩优良，基础扎实，正符合本银行的工作需要；三是你们都担任过学生干部，组织管理能力强，我们银行人手少，你们来正合适。"
>
> 想一想：请根据小罗和小熊求职成功的经验，认真思考作为高职院校学生的你应具备哪些职业能力？

能力分为一般能力和特殊能力。一般能力通常又称为智力，包括六大要素：注意能力、观察能力、思维能力、记忆能力、想象能力、操作能力。特殊能力是指从事某项专业活动的能力，也称为一个人的特长，如计算能力、动作协调能力、语言表达能力、空间判断能力等。

从事任何一种职业，要求从业人员既要有一般能力，又要有特殊能力。因此，高职大学生在择业时，必须考虑自身能力与职业的吻合问题。"天生我材必有用"，要找到适合自己的职业，我们首先应该自问："我究竟擅长什么样的能力？"然后找出发展自己能力的方向，并且有意识地补充自己不足的能力。

> **心灵悟语**
>
> 一个人职业和才能相不相当，相差很大，用经济眼光看起来，要是相当，不晓得增加多少效能，要是不相当，不晓得埋没了多少人才；就个人论起来，相当，不晓得有多少快乐，不相当，不晓得有多少怨苦。
>
> ——黄炎培

具备相应的职业能力对高职大学生来说至关重要。下面给大家介绍一些能力不同的人适合选择什么职业。

(1) 擅长动手：适合做制图、勘测、建筑、机械制造等工作。

(2) 擅长交际：适合当记者、推销员、教师、行政管理人员等。

(3) 擅长做整理：适合当文秘、图书管理员等。

(4) 热心，喜欢帮助人：适合当医生、律师、咨询师等。

(5) 领导与组织能力强：适合当行政人员、企业管理人员等。

(6) 善解人意：适合当心理医生、政治人物、人事管理人员等。

(7) 好奇心强，喜欢探究真相：适合从事科学研究、理论研究、探险工作等。

(8) 对数字敏感：适合做经济分析、社会调查等工作。

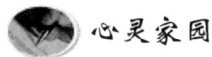

阅读与思考

在线学习 李彦宏：《命运掌握在自己手中》

测测你的职业额

下面这组测试题是心理学家精心设计的问题。你只要对每道题选择"是"或者"不是"，再看看后面的分析，你就可以知道自己的职业倾向和潜力在哪一方面了。测验的答案没有对与错之分，只是在看你的职业倾向。

1. 当你在看一本有关谋杀案的小说时，常常能在未看完之前便能猜出谁是凶手吗？
2. 你很少写错字、别字吗？
3. 你宁愿参加音乐会而不想待在家闲聊吗？
4. 墙上的画挂歪了，你会想着扶正吗？
5. 你宁愿读一些散文或小品而不想看小说吗？
6. 你常记得自己看过或听过的事吗？
7. 你宁愿少做几件事，但一定要做好，而不愿意多做几件事而马马虎虎地完成吗？
8. 你喜欢打牌或下棋吗？
9. 你对钱的使用与预算均有控制吗？
10. 你喜欢分析能使钟表、开关、马达发生效用的原因吗？
11. 你喜欢改变一下日常生活中的一些习惯，使自己有一些充裕的时间吗？
12. 闲暇时，你喜欢参加一些运动而不愿意看书吗？
13. 对你来说，数学很难吗？
14. 你喜欢和比你年轻的人在一起吗？
15. 你能列出5个你自认为够朋友的人吗？
16. 一般来说，对你可办到的事，你是乐于帮助别人而不是怕麻烦吗？
17. 你不喜欢太琐碎的工作？
18. 你看书看得快吗？
19. 你相信"小心谨慎，稳扎稳打"这句至理名言吗？
20. 你喜欢新朋友、新环境与新东西吗？

前10题是第一组，后10题是第二组，分别统计一下第一组与第二组各有几个"是"的答案，然后比较这两组答案。

小贴士 如果你第一组中的"是"比第二组中多，那么表明你是个精细的人，适宜从事具有耐心、谨慎与研究的琐碎工作，如医生、律师、机械师、修理人员、工程师、技术人员、编辑、科研人员、哲学研究人员等。如果你第二组的"是"比第一组的多，那么表明你是个广博的人，最大的长处是成功地和人交往，你喜欢有人来实现你的想法。适宜你的工作有人事、顾问、运动教练、驾驶员、服务员、演员、推销员、广告宣传策划者等。如果两组中的"是"大致相等，那就表明你不仅能处理琐碎的事，还能维持良好的人际关系。你适宜从事的工作有护士、教师、农业工作者、建筑工人、秘书、商人、美容师、艺术人员、讲师、培训师、图书管理员、政治家等。

10.2 高职大学生择业中常见不良心理

 心理认知

10.2.1 高职大学生择业常见心理冲突

1. 矛盾心理

高职大学生涉世尚浅，择业时盲目追求条件舒适、社会评价高、经济效益好的工作，很少考虑所定目标是否符合自身实际条件，是否有利于个人的发展，甚至不了解自己的气质、性格、能力、兴趣到底适合何种工作，在择业上与社会实际存在着一定差距，出现理想与现实之间的矛盾。

> **情境聚焦**
>
> 小王是计算机专业毕业的学生，在临近毕业的时候找到学校的心理辅导老师。看到其他同学都陆续找到工作，可他的单位还没落实，不禁长吁短叹起来。小王虽然是学计算机的，可他想去从事管理工作，说白了，就是想当官。他说："这年头，就是当官的有门路，吃得开。搞技术工作的，再牛都得听当官的。"所以他花了两个月的时间，为公务员考试备考。笔试顺利地通过了，在面试的时候，主考官问了一个如何处理单位矛盾的问题，小王是个心直口快的人，在同学交往中也不会绕弯子，就把自己的真实想法说出来，结果可想而知，小王被淘汰了。这次失败对他打击很大，不知道自己下一步该干什么。看着同寝室的同学有的找到了工作，正兴高采烈地展望未来，有的每天在外奔波找工作，他觉得自己孤单极了，不知该如何向父母交代。

2. 依赖心理

俗话说："在家靠父母，出门靠朋友。"很多高职大学生在当初高考填报志愿时就是由家长或老师做的主，在临近毕业时，又把就业的希望寄托在学校或家长身上。他们一方面希望找到满意的工作，可又不愿意凭自己的力量到处奔波，自己不主动出击求职择业，而是父母和亲朋好友出面四处奔波，到处找关系、托人情。怀着"车到山前必有路"的依赖观望心理，以致错过了不少就业机会。这些毕业生缺乏择业的主动性，依赖性过强，即使在别人的帮助下一时能找到职业，也难以适应今后竞争。此外还有些毕业生抱有等待心理。例如，分配工作一开始，用人单位的需求量大，可是有些毕业生就是不与用人单位签订协议，总认为还会有好单位在后头，结果是"过了这个村，没这个店"。

3. 攀比心理

有些高职大学生，尤其是成绩比较好的高职大学生在毕业前总要自觉不自觉地与其他同学攀比，他们总觉得自己在校期间成绩比其他同学好，荣誉比其他同学多，理所当然工作也应该比他们好，却不知用人单位并非以此作为评判人才的唯一标准。在这种攀比心理的驱使下,待遇不好的不去,地域不理想的不去。这种心态导致他们不能积极地对自己进行正确、客观、公正的分析,相互攀比,结果耽误了最佳的求职时间,使自己错过了许多择业的机会。

4. 自卑心理

一些性格比较内向,不善言辞,成绩一般的学生面对就业问题,容易产生自卑心理,主要表现为对自身的素质和就业竞争能力评价过低,不敢主动向用人单位推销自己,不敢主动参与就业竞争,在择业中缺乏自信心。他们不敢正视现实,对自己的长处估计得不够,缺乏竞争的勇气。有的毕业生由于心理负担过重,缺乏应试的临场经验和现场应变、自我控制能力,以致在求职过程中过于怯懦。尤其对一些自我意识发展不健全、性格内向或有生理缺陷的学生来说,强烈的自卑心理会成为他们择业乃至今后生活的最大障碍。

5. 从众心理

从众心理是在社会或群体的压力下个人放弃自己的意见而采取顺从行为的心理倾向。目前社会的一些不良价值观对高职大学生的影响很大,当社会对"经济价值体现"衡量"个人价值"持过分积极评价时,容易导致高职大学生忽视自身的个体特异性与自我的创造性,形成个人价值取向的从众心理。他们在求职时,缺乏独立的见解,不是从自己的实际情况做出切合实际的选择,而是人云亦云,见别人都往大城市、大单位挤,自己也跟着凑热闹;或者为了高待遇,纷纷挤向社会评价高的职业,甚至有人为此上当受骗,蒙受身心和经济上的巨大损失。

6. 茫然心理

一些高职大学生在毕业前不知道自己的求职方向,知道求职方向又不知道应该如何准备、如何参与就业,从而产生了茫然心理。这部分高职大学生往往对自身认知不足、对就业市场了解不足、准备不充分甚至临近毕业才开始思考就业问题,从而错过了好的工作机会。

心灵咖啡

求职应避免的三种心态:

1. 小毛驴的犹豫。小毛驴在干枯的草原上好不容易找到两堆草,却一再迟疑,不知该吃哪堆好,结果被活活饿死。求职切忌期望值过高,绝不可左顾右盼而坐失良机。

2. 志大才疏、眼高手低,大事做不来,小事不肯做。这种求职者最终只能是做梦娶媳妇——尽想好事。

3. 总想捡个大西瓜。求职者往往在择业时挑肥拣瘦,又想待遇好,又想不费劲,结果到头来竹篮打水一场空。

10.2.2 高职大学生职业选择的心理障碍

1. 自我认知失调

高职大学生的自我认知失调主要表现为不能正确地认识自我和评价自我。有的人自我评价过高，对个人的能力缺乏自知之明，对就业条件要求苛刻。在这种心理支配下，一些学生择业观念不正确，心理定位偏高，结果高不成低不就，迟迟不能落实单位。而有些高职大学生自我评价过低，没有认识到自己的优势，总觉得自己不如本科生，产生自怨自艾、自卑自贱的心理，尤其是在面试时，更是紧张得词不达意、语无伦次，表现大失水准，白白丧失机会。所以高职大学生在择业时，要客观地评价自己，面对复杂的就业市场，要把握自己的情绪，保持信心，正确地看待自己。

2. 焦虑

绝大多数高职大学生在择业过程中，都会产生程度不同的焦虑心理，这是在就业心理压力下所产生的一种不踏实感、失落感、危机感和迷惘感。有关研究表明，引起毕业生焦虑的问题主要有：能否找到理想的单位；用人单位是否会选中自己；屡屡被用人单位拒之门外怎么办；选中了却不能胜任工作怎么办；还有一些学生甚至为自己不知道毕业后到底该何去何从而焦虑。

> **情境聚焦**
>
> 小李在学校里，一直是个乐观开朗、精力充沛的小伙子，可临近毕业，他却像个热锅上的蚂蚁，烦躁不堪。高职院校即将毕业的他，不知跑了多少次人才市场，投递了多少简历，但都如石沉大海，没有了消息。小李越来越没有自信了，找不到自己的方向。我该投哪些领域的公司？我该应聘哪种职位？高职的学历，别人认可吗？无数的问号、无数的打击，让小李患上了求职焦虑症。

焦虑心理的一种特殊表现就是急躁。在工作未确定以前，很多高职大学生都有焦躁心理。他们希望在应聘现场一锤定音，埋怨用人单位优柔寡断；签约后一旦发现并不如意，又追悔莫及。尤其在规定时间内未能落实单位的毕业生，心理更为急躁。这种焦虑急躁心理如果不能得到及时缓解，就可能使高职大学生情绪紧张、心情烦躁、注意力不能集中，在学习上得过且过，应付了事，在生活中郁闷消沉，长吁短叹。有些高职大学生在屡遭失败后，甚至产生择业恐惧感，一提找工作就心理紧张。

3. 悲观怯懦

有的高职大学生求职时害怕自己说错话，害怕丢面子，害怕别人不高兴，在用人单位面前唯唯诺诺，缩手缩脚，谨小慎微。有些高职大学生渴望平等竞争，但真正机会到来时，却手忙脚乱，局促不安，结果不敢放开说话，该表达的没说清楚，不能充分发挥自己的才能和优势，以致错失良机，于是产生悲观失望的情绪，导致自我评价和自信心的下降。有的高职大学生遇到挫折后就一蹶不振，再也鼓不起勇气和信心去寻求另外的机会。

4. 消极冷漠

消极冷漠是遇到挫折后的一种错误的心理反应，是逃避现实、缺乏斗志的表现。有些高职大学生因在择业中受到挫折而感到无能为力、失去信心时，会出现听天由命、不思进取、情绪低落、情感淡漠、沮丧麻木等反应。他们决定放弃努力，任凭发落。这种心理表现是典型的回避矛盾，是与当今社会激烈的就业竞争不相适应的。

5. 拖延回避

有的高职大学生在面临就业时拖延回避，表现为用准备继续求学或者迟迟不开始投简历找工作等拖延时间，用自己还没有开始择业来拖延回避就业，最终错过好的就业机会。

6. 问题行为

问题行为是指违背社会行为规范的不良行为。毕业前夕一些高职大学生因某些需要不能满足或遇到强度较大的挫折感，加之平时缺乏应有的道德品质和个性修养，可能发生各种各样的问题行为。常见的有逃课、损坏东西、对抗、报复、迁怒于人、过度消费、进行不良交往、嗜酒、嗜烟等。问题行为的存在，不仅会影响高职大学生的顺利择业，还可能导致严重的违纪与违法行为。

7. 躯体化症状

躯体化症状是由于心理压力和生活方式发生变化导致的异常生理反应。毕业前的高职大学生，由于心理应激（指人在外来刺激下心理适应的强弱状态和能力）水平高、心理冲突强度大、挫折体验多，加之一部分高职大学生性格上本来就不十分健全，因此而导致某些躯体化症状，如头痛、头昏、血压不稳定、消化紊乱、胃溃疡、肌肉酸痛、心慌、口干、尿频、饮食障碍或睡眠障碍等。这些症状若不及时排除，则会危及高职大学生的身体和心理健康。

 心灵家园

阅读与思考

小雯，女，21岁，高职财会专业应届毕业生。

我现在已找好了工作，马上就要离校了。在别人眼里，我应该是快乐的，基本上没怎么费力就进了本市的这家不错的单位，也有很多同学祝贺我，但我一点也快乐不起来。他们不知道，去这家单位完全是我父母一手安排的结果。一开始我也想自己找工作，不想依靠父母，但我母亲一再说凭我现在的能力，自己根本就找不到好单位，而且，我去过人才市场，发现竞争太激烈，我也就退缩了，干脆全部由父母做主算了。我觉得从小到大，一直都是父母在为我安排。考大学，学财会专业，都是父母决定的，他们根本不听我的意见，也不管我喜不喜欢，总是说我年龄小，不懂事。我也知道这样不好，我不能一辈子都靠父母做主，但父母根本听不进去。有时候我也想：让他们做主，自己也挺轻松的。

小贴士 小雯对未来工作的"恐惧"心理，显然和她所处的家庭环境有着密不可分的关系。她明显地意识到社会工作中独立能力的重要性。但父母长期的大包大揽，使她的依赖心理长期存在，家庭的负面影响使得她缺少锻炼独立能力的环境和机会，她非常矛盾，一方面意识到了独立能力的重要性；另一方面依赖心理依然存在，而且表现出一定的习惯性。

高职大学生应具备的择业心态

某高职院校为第一届高职毕业生举办了专场招聘会。在招聘会上，有不少满怀希望而来，却垂头丧气而去的高职毕业生。招聘会上当场签订的唯一一份正式用人协议，就是机电专业的小张与中国石油化工集团有限公司一家下属公司签订的就业协议。小张的工作岗位是到一线从事化工设备的安装调试。

"高职相当于过去的大专,上了几年大学却去当工人,这也太不值得了呀。"有人这么问小张。

"我们高职大学生的培养方向就是具有一定理论水平的高级技术工人。现在就是本科生也有当工人的,我觉得没什么。"来自农村,在学校担任过学生会干部的小张坦然地回答。

小贴士 结合小张的经历,谈谈你自己今后在选择职业时应该具备什么样的心态。

10.3 高职大学生择业求职心理调适

心理认知

10.3.1 树立正确的择业观,进行职业生涯设计

1. 高职大学生应有的择业观

> 心灵悟语
>
> 在选择职业时,我们应该遵循的主要指针是人类的幸福和我们自身的完美。
>
> ——卡尔·马克思

择业观是高职大学生对于择业的目标和意义比较稳定的根本的看法与态度。树立正确的择业观的核心是要以社会需要为重,以社会利益为前提,教育高职大学生将职业理想建立在充分了解自己和社会的基础上,正确认识社会需要和个人价值的关系,把个人理想和价值的实现与国家利益紧密结合,认识到职业不仅是人们谋生的手段,更是人们服务社会的工具。

当我们遇到择业期望一时难以实现的情况时,不妨先改变一下择业意愿(标准),先争取及时就业。然后,或者在新的职业领域里培养兴趣,或者积极创造条件,积蓄力量,继续向自己向往的职业方向努力。总之,树立正确的择业观,可以在择业的道路上少走许多弯路,是高职大学生事业成功的起点。

2. 职业生涯设计

1)职业生涯设计的含义

职业生涯设计,是指个人发展与组织发展相结合,对决定一个人职业生涯的主客观因素进行分析、总结和测定,确定一个人的事业奋斗目标,并选择实现这一事业目标的职业,编制相应的工作、教育和培训的行动计划,对每一步骤的时间、顺序和方向作出合理的安排。

目前,高职大学生中择业盲从,缺乏职业规划的现象相当普遍,这对他们择业和长远发展会有不利的影响。"凡事预则立,不预则废。"进行职业生涯设计,应该引起高职大学生的重视。通过职业生涯设计,高职大学生在充分认识自己,客观分析环境的基础上,科学定位人生,正确选择职业,并运用恰当的方法,采取有效的措施,克服职业生涯中的困难和阻力,避免

> 心灵悟语
>
> 不管你预备走哪一条路,顶顶要紧的是先要为自己做好准备,你不能赤手空拳地开始你的行程,必须用知识把自己武装起来,必须锻炼出健壮的身体和足够的勇气。
>
> ——宋庆龄

人生陷阱，就有可能获得事业的成功。

2) 职业生涯设计的四个原则

(1) 择己所爱。考虑自己的特点，珍惜自己的兴趣，"爱一行，做一行"。

(2) 择己所长。尽可能发挥自己的能力优势。

(3) 择世所需。要分析社会需求，能够预测未来行业或职业发展方向。

(4) 择己所利。择业首先考虑的是自己预期收益个人幸福最大化。

10.3.2 求职前的心理准备

1. 正确的就业态度

高职大学生清醒把握自己的就业期望，理智设计自己未来的职业，保持平和的就业心态非常重要。找工作要注重自己能在这个职业中学习到什么，能知道自己将来到底想干什么。在我国现在的整个劳动力市场中，高职大学生在知识、技能、观念、信息等方面具有独特的优势，更需要的是脚踏实地，从培养自己的创新和创业能力的长期效应着想，不要斤斤计较于短期的报酬、岗位、职务等因素。通过对自己能力的培养与持续努力，通过调整就业策略、自主创业等方式重塑就业格局。

2. 自我心理调适

(1) 自我反省。"知人为聪，知己为明；知人不易，知己更难。"面对各种矛盾和冲突，首先要冷静思考，正确认识和评价自我。面对择业，除了客观分析就业环境外，更应当明确自己的职业定位。在对自己有了充分的认识后，理智、冷静地把主观愿望和客观条件结合起来，才能使自己在择业过程中处于主动的位置。

(2) 正视社会现实。人不可能脱离现实而独立存在。正视社会现实是高职生择业必备的健康心态之一。随着国家劳动制度的不断改革深化，社会将尽可能为高职大学生求职择业提供较好的环境，职业选择的机会将大大增加，这非常有利于高职大学生自身的发展和成才。但也要看到，由于目前我国的就业形势仍然存在供需矛盾，加之教育结构不合理，社会为大学生提供的工作岗位不可能使人人都满意。所以，要从实际出发，更新择业观念，面对人才市场，必须勇于竞争，以便被社会所认可和接受。

(3) 挑战自我，主动出击。有的高职大学生在求职过程中，顾虑重重，对自己的能力缺乏自信，不敢主动与用人单位联系，不敢独立进行求职活动。其实，每个人有很多潜能，尤其是青年人，但往往因为不自信而被自己找各种理由忽略和否定。所以，欲求职业先挑战自我，勇于尝试，不求一次成功但求积累经验，迈出第一步就是求职成功的开端。

(4) 转变非理性观念，调整情绪。设法将自己非理性观念转化为理性观念，就可以最大限度地减少非理性信念给我们的情绪带来的不良影响。如有的高职大学生认为找工作应该找很体面的管理工作，到生产第一线是很掉价的事。正是这些观念，使他们产生了不良情绪。如果能使这类想法得以纠正，适时调整认知结构，不良情绪就容易克服。

(5) 求助心理咨询。在择业过程中，高职毕业生可能会因各种原因而产生不良心理。在这种情况下，建议到心理门诊进行心理咨询与治疗，通过心理医生采用一定的心理咨询与治疗方法来矫正不良心理。

10.3.3 提早准备笔试

目前许多企业招聘都有笔试环节，笔试内容包含性格测试、专业知识、基础知识等多个方面，笔试一般有时间限制。毕业生应当提早准备，反复练习，才能在正式笔试时应付自如、减少紧张、焦虑情绪。

10.3.4 沉着应对面试

 情境聚焦

> 曾经有位机械工程设计专业的学生，到一家著名企业面试，这家公司在办公楼的13层，他坐上电梯紧张得连电梯显示都没注意，等旁边的人都走了，他才发现自己一直坐到了25层，然后又走楼梯，跑到13层，累得气喘吁吁去面试。面试官看他这匆匆忙忙的样子，就皱起了眉头，让他排到最后去。最终面试也失败了。

面试不仅能考核一个人的综合能力、业务水平，还可以使用人单位面对面地观察、了解应聘者的性格、气质以及是否具备从事某种工作的能力。因此，面试是择业时的重要环节，求职者应充分予以重视。

大多数高职毕业生经历的面试较少，面试时常常会不知所措，心中无数。为了面试时能从容不迫，毕业生在面试前应做好充分的准备。

1）面试的信息准备

一是了解行业、面试岗位以及用人单位的情况，增加招聘者对你的好感。二是了解同一批次竞争者的信息。了解此次应聘者的总人数，以及你准备应聘的职位的竞争人数和竞争者的基本情况，以明确自己的优势和劣势。

2）面试材料的综合准备

首先是个人简历、学位证书、学历证书、各种获奖证书、职业资格证书和学校推荐表等。各种材料的准备，一要实事求是，恰如其分；二要突出重点，强调个人的专长和特点；三要注意与岗位的匹配；四要文笔流畅，注意措辞。其次是面试问题准备。一方面对用人单位可能提出的问题作出预测，并进行模拟回答；另一方面是准备应试者在面试时要提出的问题。

3）面试的形象准备

人的服饰、仪表是一种无声的语言，体现着人的个性、情趣、修养等，同时也会影响用人单位对应试者的第一印象。因此，应试者在参加面试前，必须塑造自己的最佳形象，要更有自信，同时也能给对方留下良好的印象。需注意的是，面试不是选美，应试者着装应以整洁大方、朝气蓬勃为准则，避免夸张、暴露的服饰。

 心灵咖啡

> 在面试时如何保持平和心境？
> 第一，认真做好准备，并相信自己已做好准备。
> 第二，做了应对最坏结果的设想。
> 第三，应相信，此时谁能控制自己的紧张情绪，发挥最佳水平，谁就有可能是最后的赢家。

4）面试的心态准备

面试时，招聘者与求职者面对面地交流，每个应聘者都希望面试时能发挥自己的最佳水平。首先，应保持"平常心"。正确的面试心理应该是

自信、平静、谨慎、热情、积极，不患得患失，从而给自己充分发挥长处，展示才能，顺利地为所希望的效果提供一个好的心理状态。其次，不要为自己临场有些紧张而惊恐。适度的紧张有利于集中精力、活跃思维，如果自己实在无法控制紧张的情绪，可以开诚布公地告诉招聘者，求得他们的理解，制造轻松的应试环境。当然，对面试也不能抱无所谓的心态。因为这种心态往往会转化成一种消极行为，不去做任何努力，致使成功率降低。

5）面试技巧

应试者在整个面试过程中，通常是处在被动的地位。为了更好地进行"自我推销"，使自己在众多竞争者中脱颖而出，就必须讲求面试技巧。一般而言，面试技巧包括以下几个方面的内容。

(1) 面试礼仪。在日常社交中，应注重必要的礼仪。面试是比较正式的场合，求职者更应懂得讲究礼仪的重要性，否则，就会使对方觉得你缺乏修养。面试时要遵守时间，为表示诚意，可适当提前5~10分钟到达现场。如果万不得已迟到了，应向主考官说明情况，并表示歉意，请求对方谅解。衣着应整洁适当，不要给人不修边幅的感觉。举止要自信文雅，表情要自然，动作得体，切忌大大咧咧、左顾右盼，甚至跷起二郎腿、抠鼻孔、挖耳朵等不雅动作。要注意聆听对方的提问，回答问题时，口齿要清晰，声音要适度。尽量使用普通话，以免对方难以听懂。在面试中对主试人的问题要逐一回答，回答问题时要抓住重点、言简意赅、条理清楚。回答问题应有个人独到的见解和特色，如果遇到自己不知、不懂、不会的问题，回避闪烁、牵强附会、不懂装懂的做法均不可取，反而应该诚恳坦率地承认自己的不足，虚心向对方请教，反而会引起主试人的信任和好感。

(2) 面试语言运用技巧。据调查，大学生就业时有60%的人存在沟通障碍，这是大学生就业难的一个很大原因。对求职者来说，掌握语言表达的技巧非常重要。首先需要做到口齿清晰，语言流利，文雅得体。还要注意控制语速，忌用口头禅，更不能有不文明的语言。另外，语调恰当、音量适中也非常重要。谈话时要控制好音量和语气。同时语言表达要明确，停顿要分明，要注意说话的语气，不论在什么情况下，都应当避免用让对方感到不自然的语气说话，说话时要有礼貌，给主考官以愉快的感受。

在线学习　面试技巧、注意事项和实战经验典型案例

10.3.5　正确对待求职过程中的挫折

1. 自我安慰

在择业中遇到挫折是常有的事，当经过主观努力仍无法改变时，可适当地进行自我安慰，说服自己做适当让步，找一个自己可以接受的理由说服自己，让自己内心保持安宁，解除焦虑、抑郁、烦恼和失望情绪，这样有助于保持心理稳定。比如，可用"塞翁失马，焉知非福""亡羊补牢，未为晚也""退一步海阔天空"等话来做自我慰藉，排解烦恼。

2. 情绪转移

当不良情绪出现时，可以听听音乐，舒缓情绪，或参加体育运动，和朋友聊天，外出旅游，接受大自然的熏陶，参加自己有兴趣的娱乐活动等，使自己没有时间沉浸在因各种原因引起的不良情绪反应中，以求得心理平衡。

3. 适度宣泄

消除不良情绪最简单的方法莫过于"宣泄",切忌将不良情绪压在心底,可以向信任的朋友或师长倾诉你的忧愁、苦闷。在倾诉的过程中,不仅可以获得更多的情感支持和理解,还能得到正确认识和解决问题的新思路,增强克服困难的信心。另外也可以通过打球、游泳等运动量较大的活动,消除压抑心理,恢复心理平衡,但注意宣泄要适度,不能影响他人的生活。

 心灵家园

阅读与思考

2000 年,28 岁的罗永浩,在两次面试新东方试讲失败后,写了一封近万字的求职信给俞敏洪,也就是凭着这封信,俞敏洪给了他第三次试讲的机会,2001 年成为北京新东方学校的任课教师,从此改变了一生的命运。

小贴士 在网上自行查找阅读这封信,思考他是从哪些方面进行自荐的,打动俞敏洪的地方在哪里。

阅读与思考

一位老师在对毕业班学生做动员时讲:"每位同学都应该明白,毕业生作为一种人力资源最终将进入人才市场。在市场中,每个求职者都是平等的,谁赢谁输,谁胜谁汰,只是个体之间综合素质的竞争。表面上看,角逐是在市场上展开的,而实际上,这种竞争早在进入市场前的学习过程中就开始了。"

对上述一段话,你有什么感想?你有何打算?

小贴士 老师这番未雨绸缪的教诲的确是用心良苦。对于高职大学生来说,求职不仅仅是找一份工作,更是选择一个能帮助自己获取成功的机会。而面对市场无情的选择和残酷的淘汰,高职大学生倍感压力。特别是由于择业挫折产生的各种心理问题如不及时解决,就会影响到他们的顺利就业,影响到身心健康,甚至影响到整个人生。因此树立正确的择业观,合理进行职业生涯设计,并且学会自我心理调适,充分做好求职的准备是每个高职大学生的当务之急。

第 11 章 高职大学生常见心理障碍的预防与干预

> 人的生命是脆弱的，唯其脆弱而又能承担起苦难，更显出人的尊严。
> ——冉超凤

现代生活的快节奏，激发了人们的进取心，磨砺了人们的耐力和韧性，同时也使人们付出了高昂的心理代价。2020 年世界卫生组织报告，全世界约有近 10 亿人经受着精神障碍的折磨。世界上十种致残或使人失去劳动能力的主要疾病中，有五种是精神疾病。有心理学家认为，没有任何已知文明能使人类免受心理障碍的困扰。面对现实是战斗还是逃避？这个问题摆在我们面前。预防心理疾病是高职大学生健康成长的重要任务。本章从普及心理健康知识的视角，介绍一些常见心理障碍的表现、成因与预防，以期能帮助同学们学会识别心理疾病，进而学会预防和干预心理疾病；珍爱生命、悦纳自己，最终达到增进心理健康、提高生活质量的目的。

问题导入

1. 什么是心理障碍？怎样判断一个人是否有心理障碍？
2. 怎样与异性交往吗？怎样与异性建立良好的人际关系？
3. 怎样理解人格障碍可以优化为自我和社会都接受或赞许的生活方式？
4. 谈谈正常的抑郁和焦虑对我们的正向价值。
5. 在同学遭遇心理危机时，你觉得你可以为他做些什么？
6. 你是怎样认识和评价生命的？

11.1 常见心理障碍的识别

11.1.1 心理障碍的含义

心理障碍是指个体在认知、情感、意志、行为、个性等方面偏离正常，产生了变态或接近变态的行为。

1. 判断一个人有心理障碍的依据

(1) 根据当事人的主观体验。比如，当事人感到抑郁、焦虑、恐怖等。需要注意的是，由于精神分裂症患者不承认自己有病，故其经验不可取。

(2) 根据旁人的观察。如果当事人周围的人缺乏心理学知识，其观察容易主观、片面。专业工作者由于具有心理学知识、医学知识和技能以及临床经验，所以其判断容易客观、正确。

(3) 个体行为不被社会所接受。当然，同样的行为在不同的文化、风俗习惯和时间地点解释可能不同甚至相反。

(4) 与大多数人不一样。

(5) 症状符合医学诊断标准。

(6) 心理行为与年龄不吻合。

(7) 异常行为的严重程度与病程。并不是所有的异常行为都称得上心理障碍，只有当异常行为达到医学诊断标准规定的程度和经历的时间时，才构成心理障碍。

2. 心境与心境障碍

心境是指个体在较长时间内（数小时、数日）持续存在的情绪状态。心境的形成可以是某种外界刺激所引起的情绪反应的持续保持，也可以是自身躯体状况（疲劳、失眠、慢性疾病）的不自觉反映。心境具有弥散和广延的特点，一旦形成，个体在一段时间内，所有其他心理活动都或多或少带有这种心境的情绪色彩。在愉快的心境下，对某些不愉快的事可以一笑了之；在愤怒的心境下，一件小事可能引起勃然大怒。

心境障碍又称情感性精神障碍，是以显著而持久的情感或心境改变为基本表现，并伴有相应的认知和行为改变的一类心理疾病。例如，情绪高涨的躁狂症和情绪低落的抑郁症就是心理障碍。

11.1.2 高职大学生中常见心理障碍的防治

1. 抑郁障碍

1) 正常抑郁的积极作用

抑郁有悲观、忧伤、沮丧、无精打采、无兴趣、缺乏自信甚至绝望等情绪表现。在生活中，我们每个人都会遇到一些令人伤感的事，如亲人去世、失恋、良好人际关系的丧失等，这时我们可能会产生抑郁。抑郁本身的体验是不愉快的，但并不意味着它一定是异常的。也许它是对人体的一种保护。比如，在抑郁期间，个体对外界事物失去兴趣，借此可以避免再度受到伤害。正常抑郁与其情境相符，程度轻、时间短（一般不超过2周），随着不良刺激因素的消失而好转，不会严重影响心理功能和社会功能。

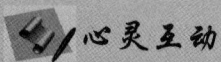

温和而短暂的抑郁是我们正常生活的一部分，是我们成长的驿站。勇敢而坦然地接受它吧。

正常抑郁的积极作用：从长期看有适应性的功能，可以使人面对一些平常试图避开的思考和感受。

2) 抑郁症及其表现

当出现"三低""三无""三自"现象（表 11-1），且连续持续两个星期或更长时间时，抑郁症就出现了。在发达国家和地区，年轻人已成为最易患抑郁症的人群。抑郁症是最严重的心理障碍之一。

表 11-1 抑郁症的"三低""三无""三自"症状

"三低"症状		情绪低落、思维迟缓、意志活动减退,其中以情绪低落为基本症状
"三无"症状	无望	对现在和未来感到没有信心、失望,甚至绝望
	无助	感到自己孤立无援,尽管周围的人都在给予他关心和帮助
	无用	感到自己的存在对自己、对家庭、对社会都没有任何价值
"三自"症状	自责	过分地责备自己,埋怨自己,夸大自己的错误和缺点
	自罪	毫无根据地认定自己有罪,应该受到相应的惩罚,由此出现自虐、自伤行为
	自杀	有自杀意念、主动采取以结束自己生命为目的的行为

3) 抑郁症的成因及防治

(1) 遗传影响。抑郁障碍的家族同病率是一般人群的 10~30 倍。因此,对有抑郁症家族史的学生,学校心理健康机构应密切关注和跟踪,班级辅导员要给予更多的关怀,同学们要给予更多的人际温暖。

(2) 神经递质失衡。神经递质是一种在神经细胞间传递信息的分子。现代脑生物化学研究表明,抑郁症与神经递质去甲肾上腺素(有调节情绪、维持睡眠状态的功能)和 5-羟色胺(有调节情绪、产生睡眠的功能)的含量有关。当人们处于抑郁状态时,去甲肾上腺素和 5-羟色胺的含量明显不足。治疗抑郁的药物会提高它们的含量。所以,一旦发现自己或身边的同学出现抑郁症状,务必告诉辅导员及其家长,并及时送其去正规的专业医院接受药物治疗。是否接受药物治疗,预期后果完全不同。

(3) 季节性抑郁症多发于深秋和冬季,这可能与秋冬季日照少有关。因此,同学们应多做一些户外活动。

(4) 心理社会因素。一些与学习、工作、亲密关系相关的严重负性事件,如学业不佳、失恋、被欺骗、新生入学体检被查出疾病、就业困难等往往构成抑郁障碍的致病因素。因此,在药物治疗的同时可以进行心理治疗和心理咨询,可望取得更佳的效果。抑郁障碍的心理治疗可以达到几个目的:减轻和缓解症状;恢复正常心理的社会和工作学习功能;预防复发;减少对药物的依赖;矫正不合理认知,提高行为应对能力、社会适应能力。

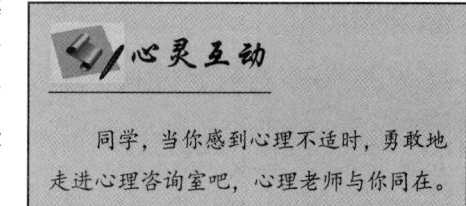

同学,当你感到心理不适时,勇敢地走进心理咨询室吧,心理老师与你同在。

2. 焦虑障碍

1) 焦虑的定义

焦虑是一种令人痛苦的担忧感,是预感到似乎将要发生某种不利情况而又难以应付而产生的内心紧张不安的情绪。

2) 焦虑的积极作用

焦虑虽然是一种痛苦的体验,但它具有重要的适应功能。

(1) 焦虑使人们警觉到潜在的内部或外部危险,就会采取有效措施对付危险,或者逃避,或者设法消除它。所以适当的焦虑在人们的生活中起着保护作用。

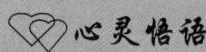

心灵悟语

人们几乎在人生的每一个十字路口都会遇到焦虑问题。

——罗洛·梅

(2)适度焦虑时行为的效能可能更好。焦虑发生时，相关器官产生兴奋，警觉增强，血液循环加速，代谢升高，为采取行动对付危险做出适当准备。

(3)焦虑帮助人们提高预见危险的能力，帮助人们不断调整自己的行为，学习应对不良情绪的方法和策略。

由上可见，焦虑并不都是有害的，适度的焦虑甚至是有益的。

3) 焦虑的表现

情境聚焦

小雨来自山村。刚进校时，质朴的她总担心自己不会与同学交往，第一次心理课后，就迫不及待地向老师讨教交友技巧。渐渐地同学堆里多了她的笑脸。大一上学期，她为制图考试发愁，担心过不了，结果顺利过关。刚进入大一下学期，她已为两年后的就业双眉紧锁。

焦虑障碍是以过分担忧为主要症状的一类心理状态。其主要特点如下。

(1)焦虑是一种情绪状态，基本的内心体验是担心害怕，如提心吊胆、忐忑不安，甚至极端惊恐或恐怖。

(2)焦虑情绪指向未来，意味着某种威胁或危险即将到来。

(3)焦虑情绪是不快的和痛苦的，有时可以有一种迫在眉睫或马上就要虚脱昏倒的感觉。

(4)实际上并没有任何威胁和危险，用合理的标准来衡量，诱发焦虑的事件与焦虑的严重程度不相称。

(5)在焦虑体验同时，有躯体不适感、精神运动性不安和自主神经系统功能紊乱。

有焦虑症状的人可能会对与其心理问题有关的某种刺激产生误解或反应过度，但在多数情况下，他们仍然可以从事日常工作，能正常地与人交往。

事实上许多正常的学生时不时也会担忧如人际交往、学习、恋爱、就业和家庭经济状况等问题。

4) 焦虑的成因及防治

(1)被压抑的心理冲突。个体内心有许多欲望力求通过现实的自我行为表现出来，而自我则遵循现实社会的行为规范将某些本我欲望压抑到潜意识中。但这些欲望并不因为压抑而消失，只是不为个体所知，从而导致了看起来毫无来由的无名焦虑。所以，当你感到莫名其妙的焦虑不安，请走进心理咨询室，在真诚接纳的良好气氛中，你会有一种心理上的信任感和安全感，使你能够无拘无束地表达自我和探索自我，从而认识自己真正的需要、动机和情感，找到这种冲突的真正根源，当你最终达到对自我的理解和接受，达到自我概念与经验的和谐时，焦虑就自然消除了。

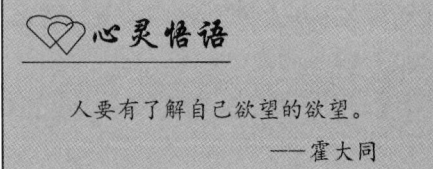

心灵悟语

人要有了解自己欲望的欲望。

——霍大同

(2)认知歪曲。其主要表现为"可能性夸大"和"灾难化思维"。可能性夸大是个体高估负性事件的发生率。灾难化思维是指个体认为将要发生的事难以忍受和不可控制，尽管实际上事件并不具有那样的灾难性。心理治疗中的认知行为综合疗法可以使焦虑的学生缓解或消除痛苦。比如，焦虑引起的肌肉紧张，可以采取渐进性肌肉放松法；对与焦虑相关的认知可以采取认知重建的方法。

(3) 不能找到有效的解决方式。焦虑症患者通常用一种泛泛的、模糊的、灾难化的思维看待问题。所以，第一步，把问题明确化；第二步，把问题分解为多个可以掌控的小问题；第三步，找到尽可能多的问题解决办法；第四步，评估每一个解决办法的利弊，确定最可行的办法；第五步，付诸行动。

(4) 时间管理不当。有的学生不会合理安排时间，平时松松垮垮，期末紧紧张张，或大一、大二放心耍，临到毕业瞎着急。我们在心理咨询中发现，每到期末和毕业之际，因考试焦虑和就业焦虑前来咨询的学生数明显增加。因此，学会时间管理和任务设定的技巧，可以帮助同学们把注意力集中于努力完成当前的任务，而不是担忧未来没有完成的任务。

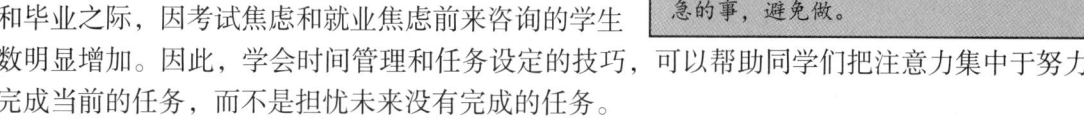

心灵互动

合理安排时间并遵守日程安排，既有利于完成任务，又有利于心理健康。给同学们的建议：

重要而紧急的事，马上做；重要而不紧急的事，平时着手踏实做；不重要而紧急的事，抓紧时间做；不重要不紧急的事，避免做。

(5) 社会经验不足以应付危机。适当多参加社会活动，在实践中逐步获得适应和应对的能力。

3. 强迫障碍

1) 强迫症的含义

强迫症是以反复出现的强迫观念和强迫行为为主要特征的神经精神疾病，其特点是有意识的强迫和反强迫并存。强迫观念是指一些毫无意义，甚至违背自己意愿的刻板观念或冲动反复侵入患者的日常生活。患者虽体验到这些想法或冲动是来源于自身，极力抵抗，但始终无法控制。两者强烈的冲突使其感到巨大的焦虑和痛苦，进而影响学习、工作甚至生活起居。强迫行为是为了阻止或降低焦虑和痛苦而反复出现的刻板行为。

近年统计数据提示，强迫症的发病率在不断攀升。世界卫生组织发现，强迫症已成为 15～44 岁中青年人群中造成疾病负担最重的 20 种疾病之一。

2) 强迫症的成因

(1) 社会心理因素。遭受过不良生活事件，尤其是在早年；望子成龙的传统文化氛围，父母都期望孩子能成为国家栋梁，苛求子女；人际关系紧张；学习工作受挫等。患者内心所经历的冲突、焦虑，通过强迫性的症状表达出来。

(2) 性格特征。强迫症患者的性格一般表现为拘谨、节俭、犹豫、谨慎细心、过分注意细节、责任感过强、凡事要求十全十美、好思索、刻板和缺乏灵活性等。

(3) 精神因素。凡能造成长期思想紧张、焦虑不安的社会心理因素或带来沉重精神打击的意外事故均是强迫症的诱发因素。

(4) 与脑内神经递质分泌失衡有着莫大的联系。在神经-内分泌方面也存在功能紊乱，造成如 5-羟色胺、多巴胺等神经递质失衡，无法正常发挥其生理功能。

3) 强迫症的防治

作者在长期的心理咨询工作中发现，高职院校学生中罹患强迫症的主要原因是上述前三个。因此，该病的防治如下。

(1)营造宽松而包容的家庭教育氛围。父母一定要对孩子有一个客观的较为全面的评估；对子女的期望不要过高，以致超过他们的能力范围；注重相互间的沟通，不苛求；为孩子构建一个稳定、安全、压力适度、快乐成长的生活环境，促进其构建健全的人格。

(2)针对性格特征，改变认知和行为。真实的世界并非十全十美，绝非所有的事物都是确定的和可控的。也非儿时童话所言，历尽艰辛从此过上幸福生活。其实，今天的世界充满了不确定。当患者面对生活时，必须学会容忍不确定和焦虑；鼓励患者用成人的态度重新审视自己的情感和行为，用成人的方式思考、行事。

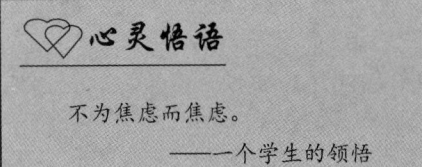

不为焦虑而焦虑。
——一个学生的领悟

(3)针对脑内神经递质分泌失衡，去正规的专业医院就医，进行药物治疗。

(4)寻求心理帮助，心理咨询师通过倾听，帮助来访学生发现并分析内心的矛盾和冲突，推动其解决问题，增加其适应环境的能力。

4. 社交恐惧障碍

1) 社交恐惧的含义

社交恐惧是指对一种或多种人际处境，存在持久的强烈恐惧和回避行为。

情境聚焦

小江学习努力，成绩良好。他身材瘦小，性格内向，不善交际，给人的印象是终日目光焦灼，眉头紧锁。毕业临近，他深知面试的重要性，但几次去面试，已到面试现场都因害怕而最终放弃。与心理老师谈及一次面试，说自己当时浑身冒汗，双脚发抖。在心理老师的辅导下，小江渐渐尝试改变自己。几年后的小江已是一个公司的部门经理，能独当一面了。

2) 社交恐惧的表现

社交恐惧最常见的是害怕在公共场合和陌生场合说话，害怕在自认为重要的场合或重要的人物面前说话。在与他人交往时，会出现严重的胆怯、恐惧、窘迫。由于害怕自己感到窘迫或使自己丢脸，许多社交恐惧者会不遗余力地避免在他人面前做出某种行为。害怕自己会脸红，或者手会颤抖，害怕他人会注意到他们的焦虑并且认为他们不适合社交。

3) 社交恐惧的危害

使人变得不自信，迫使其不得不缩小自己的活动范围，严重影响工作和人际关系。

4) 社交恐惧的成因

(1)交往动机。即想在别人心目中留下良好的印象。当一个人希望在别人心目中留下某种特殊的印象时，就可能会感到紧张不安甚至恐惧。如果不在乎别人怎样看自己，就不会紧张害怕了。决定动机的因素有两个：处境和人格。处境是指交往的对象和情境。例如，带着强烈动机去见一个对自己很重要的人物，就容易紧张。可见，抱着特定动机的某种处境往往是紧张和害怕的一个诱因。

(2)人格特点。如果一个人有完美主义倾向，特好面子，特重视自己在别人心目中的形象，那么这种人就容易患社交恐惧。

(3)不合理的负性信念。社交恐惧者往往认为自己很难被别人接受，认为别人的内心对自己持批评态度,如"别人会讨厌我说的话""我总是说不好"等。

(4)父母早期教养方式不当。父母往往对子女缺乏温暖、理解、信任和鼓励,而有较多的拒绝、惩罚、干涉和过度保护。

5)社交恐惧的防治

(1)懂得人际交往是一个过程。"路遥知马力,日久见人心。"急于留下良好印象的交往动机可能反而妨碍自己的正常表达,结果与交往初衷相去甚远。即使是面试也需平常心对待。以平等的心态与自己认为的重要人物交往,宠辱不惊。

(2)顺其自然,为所当为。对于自己社交恐惧引起的胆怯、紧张或脸红等症状,不把它当回事,而是要带着胆怯、紧张或脸红,像正常人一样交往,症状就会在不知不觉中消失。

(3)多参加社交活动,增长见识。

(4)寻求心理帮助,心理咨询师通过倾听,帮助来访学生改变认知,通过模拟情境、角色扮演等方法推动其解决问题,增加其适应环境的能力。

 心灵家园

焦虑的放松训练

当我们感到焦虑不安又难以明确焦虑的对象和情境时,可采用放松训练的方法。通过躯体放松降低躯体和心理上的不适感,阻止焦虑反应的恶性循环。

1. 呼吸法

这是一种快速的放松法,且可应用于让你感到焦虑和愤怒的几乎所有情境。

具体的要点:

(1)通过鼻子吸气,让你的肺部鼓起来,这意味着你用全肺呼吸。尽量使上胸部活动最少,保持缓慢地吸气。

(2)屏住呼吸2~3秒。

(3)缓慢、均匀地将气从鼻子完全呼出。

(4)呼气时,让你的双肩和下颌下垂,使你的双手和双臂感到放松。

2. 渐进性肌肉放松

渐进性肌肉放松是目前一种良好的放松术。它通过全身主要肌肉收缩—放松的反复交替训练,使人体验到紧张和放松的不同感觉,从而更好地认识紧张反应,并对此进行放松,最后达到身心放松的目的。这种放松训练不仅能够影响肌肉骨骼系统,还能使大脑皮层处于较低的唤醒水平,并且能够对身体各个器官的功能起到调整作用。

在这种放松训练的每一个步骤中,最基本的动作是:紧张你的肌肉,注意这种紧张的感觉。保持这种紧张感3~5秒,然后放松10~15秒。最后,体验放松时肌肉的感觉。渐进性肌肉放松要求对全身肌肉进行放松。放松的程序如下。

(1)足部:把脚趾向后伸,收紧足部的肌肉;然后放松。重复。

(2)腿部:伸直你的腿,跷起脚趾指向你的脸;然后放松,弯起你的腿。重复。

(3)腹部:向里向上收紧腹部肌肉(好像你的腹部正要受一拳);然后放松。重复。

(4)背部:拱起背部;放松。重复。

(5)肩与脖子:尽可能耸起你的双肩(向上、向内),头部向后压;放松。重复。

(6) 手臂部：伸出双臂、双手，绷紧手臂肌肉，放松，弯起手臂。重复。

(7) 脸部：张紧前额和脸颊。皱起前额，皱起眉头，咬紧牙关；放松。重复。

(8) 全身：张紧全身肌肉(足、腿、腹部、背部、肩颈部、手臂和脸)。保持全身紧张几分钟；然后放松。重复。

小贴士　做完后，若仍感到紧张，可重复一次。如果是仅一部分身体还感到紧张，可重复此部分的练习。当你完成这一练习，且感到放松时，应休息一小会儿时间，放松你的心理。可想象一些让你最感舒适、宁静的情景。此时要注意呼吸，节奏缓慢，从鼻子深深地吸气，慢慢地呼出来。持续1~2分钟后，睁开双眼。起身时，动作要缓慢、轻柔。

3. 简单放松术

简单放松术比前一种方法更为简短，通过练习，你能够轻松地达到放松状态。练习这一放松方法时，首先应该想象出一个让你心情平静和放松的诱导物，用于训练过程。常用的诱导物有：能让你放松的声音或语句(如听大海的浪涛声，或默念"放松，放松……")；或是优美的特殊东西(也许是一幅你喜欢的画)；或是能让你平静的情景(如乡下某个幽静的地方，或海滨的沙滩)。

练习时，做到以下几点有助于放松。

(1) 闭上眼睛以一个舒适的姿势坐着，想象你的身体逐渐变得发沉和放松。

(2) 用鼻子吸气，并把注意力集中于你的吸气过程。呼气时，注意心理感受，且呼吸要自然、放松。

(3) 不要担心自己能否掌握这一方法，按照自己的节奏让自己紧张和放松。练习时，分散注意力的念头可能会进入你的脑海里，对此不必担忧，也不要沉溺于这些念头，只要继续注意你的心理感受和呼吸即可。

(4) 练习持续的时间就是你能感到放松的时间。

小贴士　这一过程有的需要2分钟，有的需要20分钟，结束练习的判断标准是你感到放松了。当你完成练习后，闭上眼睛静静地坐一会儿，然后睁开双眼。站起身体时，动作不要太快、太猛烈。

在线学习　社交恐惧的脱敏训练

11.2　高职大学生常见人格障碍

 心理认知

11.2.1　人格障碍

1. 人格障碍的含义

人格又称个性，是指一个人经常表现出来的稳定的个性心理特征总和。

所谓人格障碍是指明显偏离正常人格，表现为个人生活风格和人际关系的、与社会相悖

的、适应不良的情绪和行为反应方式。其特点是持久而牢固。人格障碍因其显著偏离一定的文化背景和认知方式,因而造成社会适应不良,从而使人格障碍者常常感到不同程度的苦恼,同时也使周围的人不愉快。

人格障碍一般始于童年或青少年,可持续到成年或终生。

2. 人格障碍的成因

个体幼年时期所处的不良家庭环境和不良社会环境。如有过分懦弱的母亲与过分严害的父亲,或过分强悍的母亲与女人气很明显的父亲;父母的溺爱或虐待、遗弃;父母一方或双方均死亡;父母离异,长期分居两地,外出务工使其子女长期跟单亲生活或成为留守儿童;不良玩伴的影响;不良的学校教育;不良的周边环境以及不良影视文艺作品的影响等均与人格发育不良和人格障碍的发生有关。

3. 常见人格障碍的类型

1) 偏执型人格障碍的表现

(1) 固执死板。个体表现出特别的固执,有时可以固执到令人难以接受的程度。争强好斗,在任何时候都坚持自己的固有观点,容易与别人争执,强词夺理,很难接受别人的建议或意见,即使是坚持自己的主张会对自己不利也不放弃,"一条路走到黑"。

(2) 敏感多疑。总是认为别人存心不良,容易将别人的中性或友好行为误解为敌意或轻视。过度地防卫,对周围的人群,甚至对家人也具有强烈的戒心,很难对别人给予信任。

(3) 从温和的评论与普通的事件中,能看出羞辱与威胁自己的意向。

(4) 对于侮辱与伤害自己的言行,决不宽恕,并耿耿于怀。

(5) 过多关注权力、等级,对个人权力的执意追求。缺少同情心,易对弱者表示轻蔑。

(6) 过分自负和以自我为中心的倾向,总是不愿对自己的行为和态度承担责任,常将责任推诿给别人;总感觉受压制,于是告状上访,不达目的不肯罢休。

(7) 总是不自觉地时刻警惕来自周围对自己的"嫉妒",或时刻警惕别人对自己能力体现的"阻挠",最终表现出与周围人群的不知不觉的对立。

(8) 无端自卑,对挫折和遭遇过分敏感。容易感到委屈、挫折、被歧视、遭冷遇,常常与人争吵,并伺机报复。

温馨提醒

属偏执型人格的同学在为人处世方面要注意谦虚灵活些,心胸开阔些,相信并尊重别人而不要过分强求别人尊重自己;小事随便些,不要太较真,学会从多角度、多方面看问题,学会换位思考,改变思维习惯的偏颇性。另一方面,对待偏执型人格障碍的同学,我们应注意尊重他,不去与他争论,多解释,打消疑虑,防止发生成见;一旦产生成见,不去进一步争论,以免火上浇油,采取息事宁人的态度,待其成见自然消除;在处理与之有关的事时应当直率,因为他们对于逃避非常敏感,最好是耐心倾听他们的指责和抱怨;与他们建立信任关系,使其在人际交往中渐渐修正自己的歪曲认知,懂得并不是所有的人都是不可信任的。

2)分裂样人格障碍的表现

分裂样人格障碍标准

至少应符合以下情况的三条：
①明显内向，与家庭和社会疏远，除生活或工作必须接触的人外，基本不与他人主动交往，缺少知心朋友，过分沉湎于幻想和内省；②情绪冷淡，甚至不通人情，不能表达对他人的关心及愤怒；③无论对表扬或批评都无动于衷；④缺乏愉快感；⑤缺乏亲密、信任的人际关系；⑥在遵循社会规范方面存在困难，导致行为怪异；⑦对与他人之间的活动不感兴趣。

分裂样人格特征很突出的人很难维持作为正常人的生活，而程度较轻者虽然在社交、求偶以及情感生活方面有明显的问题，但其工作可以保持正常。由于兴趣爱好少、交往少、不为周围环境的变化所吸引，故而能够忍受寂寞和坚持长时间地干某项工作，有的人甚至可以在某方面取得高于别人的成就。社会隔绝、情感疏远的特点，使他们往往投入较多的精力在与人无关的兴趣方面。如果在工作方面与社会接触很少，他们会表现得相当成功。

分裂样人格障碍者的主要问题是情感平淡，可以给他们指出社会关系之于人生的意义，鼓励他们发展对社会关系的兴趣，积极参加社会活动，在活动中学会表达情感和情绪。

3)表演型人格障碍及其表现

表演型人格障碍又称癔症型人格障碍，多见于25岁以下的女性。其主要特点是过分的情绪化、行为富于表演色彩和夸大色彩、过分地以自我为中心和过分富于幻想等。经常表现出以下特征。

(1)善变、做作、喜欢别人的注意与夸奖。在群体中以各种方式突出自己，渴望成为群体注意的中心；如自己不是人们注意的中心，就感到不舒服。常有任性的表现。

(2)持续用外表吸引他人注意，举止轻浮，为了寻求别人的夸奖，挑逗异性(非性挑逗)。

(3)情感表达肤浅，脆弱、易变、不考虑别人的感受；很快与别人熟悉，但很难深交。

(4)情绪表达显得戏剧化、舞台化。情绪变化无常，即使刺激轻微，也易激动。

(5)人际关系肤浅，表面上热情聪明，令人心动，实际上不顾他人的需要与利益。

(6)只有投其所好，才能合其心意，并表现出欣喜若狂。

(7)易受暗示，容易被他人和环境所影响。

(8)认为与别人的关系比实际的更亲密一些。

表演型人格障碍者要有意识地控制情绪变化，遇事多冷静，不可任性让感情自由发泄。办事要有主见，有理智，多讲道理，服从事实而不是自己的情感。对待他们，既不能无原则迁就，又不宜过于冷淡。要多鼓励表扬和帮助。对不正确的主张和做法要多解释。避免争吵，创造平静而有规律的生活，减少情感冲动的机会。利用易受暗示的特点，向积极的方面引导。

4. 如何看待人格障碍

尽管人格障碍的类型比较复杂，但也有一些共同的特点。

(1)人格障碍是在没有意识障碍、记忆力和智力活动无明显缺陷的情况下出现的情感与行为活动的明显障碍。因此，有人格障碍的人一般意识清醒，认知能力保持完整；情绪极不稳定，或对人感情淡薄甚至冷酷无情；行为活动障碍表现为极易冲动，受偶然动机和本能欲望支配；缺乏目的性、计划性，自制力差；常常与周围的人甚至亲人发生冲突，人际关系差。

(2) 一般能正常处理自己的日常生活和工作，能理解自己的行为后果。但由于对自己的人格缺陷缺乏自知力，很难从错误中、从过去的生活经验中吸取教训，加以纠正。因此，不能很好地适应周围的社会环境。

(3) 人格障碍具有稳定性，一旦形成就不易改变，且治疗困难。

(4) 人格障碍不是精神疾病，人格障碍者意识清醒，认识良好，由于行为不适应社会，会给周围的人带来一定的麻烦和痛苦。

5. 人格障碍的治疗

(1) 人格障碍治疗的手段。心理治疗和心理咨询广泛用于人格障碍。

(2) 人格障碍治疗的目标。第一，人格障碍的心理治疗与咨询的目标是在心理治疗和心理咨询过程中，通过对最易产生冲突情境的剖析、行为方式的指导、适应环境能力的训练、人际关系的调整和改善、如何发挥优点和特长、选择适当职业的建议等具体方式，帮助有人格障碍的学生寻求到一种与自己的人格特征冲突较小的生活途径，以便减少由于与社会环境的冲突所产生的痛苦。第二，对日常不当行为的纠正。例如，经常性逃课、斗殴、酗酒等要及时而恰当地处理。如此这样，随着时间的推移，人格的某些异常心理和行为就会得到一定的、良好的修饰。

(3) 人格障碍的心理治疗与咨询的切入点因人格障碍的类型而异，因人而异。例如，分裂样人格障碍患者的主要问题是对周围环境缺乏正常的情感，应针对其情感平淡问题，鼓励他们发展对社会关系的兴趣，向他们指出社会关系的价值，甚至有时教他们做出各种情感反应，帮助他们体会别人的情感，进行社会交往技巧的训练；对焦虑型人格障碍治疗应该主要针对认知方面的缺乏自信和在工作及社交中的害怕进行相应的心理治疗；对于表演型人格障碍的治疗则应针对人格中的以自我为中心的问题。

11.2.2 性偏好障碍及其防治

1. 性偏好障碍的含义

(1) 性偏好障碍的定义。性偏好障碍是指性心理和性行为明显偏离正常，并将这种偏离作为唯一的或主要的获得性兴奋、性满足的方式。

(2) 性偏好障碍的特点。性行为与社会普遍接受的观念不一致；在性行为中可能对他人造成伤害；有自我的痛苦体验，这种痛苦或是来自社会的态度，或是自己的性渴求和道德准则之间的冲突，或是知道自己要对他人造成某种伤害。

(3) 性偏好障碍者的人格特点。性偏好障碍者的大多数不是性欲亢进，其中大多数人性欲低下，甚至不能进行正常的性生活。这类人并非都是道德败坏，其中大多数人社会适应良好，工作尽责、内向、害羞、文雅，有正常的伦理道德观念。对于某些性偏好行为触犯了社会规范，大多都有愧疚之心。

(4) 性偏好障碍者的责任担当。性偏好障碍者对自己寻求满足性欲的方式具有辨认能力，但控制能力较弱。因此，法律评定具有完全责任能力。

(5) 性偏好障碍的类型有恋物症、暴露症、窥阴症、摩擦症。

2. 性偏好障碍的成因

(1) 童年游戏时可能有愉快的性体验，并固结在无意识中。成年后当遇到精神创伤或性压抑而无法对付时，就不自觉地用儿童的取乐方式来排除成年人的烦恼或发泄成年人的性欲。

(2)从小缺乏塑造正常性行为和性观念的家庭环境。

(3)缺乏自尊。

(4)人际关系缺陷，无法成功地与成年人建立亲密的情感联系。他们常常很孤独，缺乏安全感，与他人隔离。同时也缺乏与异性交往必要的社交技巧。正常性行为模式受到抑制，异常性行为模式就得到加强。

3. 性偏好障碍的治疗

(1)心理治疗与心理咨询。①鼓励性偏好障碍者接受心理咨询和治疗。咨询中要让其充分表达自己的感受，帮助他们明确性行为给自己带来的问题，以及如何去解决这些问题。②引导其认识到行为的不妥。③社交技能培训。性偏好障碍者往往缺乏与人交往的能力，尤其缺乏与异性交往的能力，因此有必要给予社交技能训练。④鼓励正常的异性关系。通过心理治疗，帮助他们处理那些妨碍与异性建立关系的焦虑和抑郁情绪，逐步与异性接触，并建立正常的异性关系。

(2)离开容易引起异常性行为的场所。

(3)了解成年人对自己行为的看法。

(4)法律的惩戒。例如，恋物症者病态行为出现的频率很高，经常违反社会常规和法律，法律制裁可以加强他们控制自己行为的动机。

心灵家园

了解自己的社交状况

几乎所有的人格障碍者和性偏好障碍者都存在人际交往和人际关系问题。了解自己的社交状态，检查自己的社交技巧，问自己下面这组问题，或许对你有帮助。这些问题与同他人相处的一般能力有关。对问题的回答请尽可能坦率、客观，即便这种回答不令你满意，也不要感到内疚，这些问题只是帮助你反省自我。

1. 我在社交上是成功的吗？人们是否很高兴见到我？是否有人一直回避我？

2. 我与哪种人相处得好？我与大多数人相处得好，还是与特定的几种人相处得好？我与同我相像的人相处得好，还是与我不相像的人相处得好？与自己平级的人相处得好，还是与上级或下级相处得好？与两种性别的人都相处得好，还是只与一种性别的人相处得好？

3. 我与哪种人相处得不好？是否有一特定种类的人总是与我闹别扭？他们有什么特点使事情难办？

4. 是什么阻止我与某些人良好相处？

5. 有人特别不喜欢我吗？如果有，他们是谁？为什么他们不喜欢我？他们是持之有据，还是神经过敏？他们的反感让我伤脑筋吗？

6. 在我的生活中有真正理解我的人吗？理解我生活的目标和我之所以为我的原因吗？像理解我的优点一样理解我的缺点吗？

7. 在我的生活中有真正接受我的人吗？如果他们不接受我，为什么？

8. 我有什么特别的行为或怪癖使别人不喜欢吗？如果有，这些东西对我有多重要？值得为此而使别人不喜欢我吗?我能改变它们吗?

9. 我喜怒无常吗?人们是否觉得我不可预测或反复无常?

10. 我在生活中有真正亲密的人吗?我只和家里人亲密吗?我有私人朋友吗?如果我与谁都不亲密,那是为什么?

11. 我准备向他人学习吗?我是否觉得我通常是正确的?或者我可以客观地看待问题?当我错了的时候,我能够承认吗?我能够接受一些关于我自己令人讨厌的地方吗?我能够妥协吗?

12. 我能够原谅别人吗?如果不能,那么为什么?我是否暗自欣赏自己的愤怒或惩罚别人时的那种感觉?

13. 我容易跟别人发脾气吗?生气有时是有理由的,可是生气是否一定要发作呢?发脾气对我有帮助吗?过后我感觉如何?

14. 我是否总想寻求别人行为背后隐藏的动机?我是先入为主还是力求客观?

15. 最后,如果我必须选择一个最好的朋友,我会选择我自己吗?

给人格障碍者的建议

顺其自然　无为而"治"

人格障碍一经形成,便很难改变,与其为此烦恼,倒不如顺其自然,因势利导,尽可能地将人格障碍转变成一种能够适应社会的独特的生活方式。

小贴士　偏执型人格障碍可以转变为偏执型人格的生活方式:独立、不随波逐流;在原则性问题上坚持自己正确的观点;与他人发生分歧时,不妨质疑一下自己的想法;保持对新思想和新潮流的敏感性,对现实持批判态度;警惕性高,不轻易上当;执着于正确而可行的目标,在追求目标的过程中享受人生乐趣。

小贴士　依赖型人格障碍可以转变为依赖型人格的生活方式:礼貌、令人愉快、关心他人,尊重权威和其他人的意见,对朋友和家庭非常负责,不喜欢单独一人,愿意在团队工作中处于从属地位。

小贴士　强迫型人格障碍可以转变为强迫型人格的生活方式:节俭、谨慎、讲究秩序和整洁,道德的原则性很强,对于能够把工作做好感到很自豪,在做出决定之前认真地权衡各种可能性。

小贴士　分裂样人格障碍可以转变为强迫型人格的生活方式:简约的物质生活,不为周遭的物质世界动心;富于思考,于独处中常与自己心灵对话;坚持不懈地工作,不经意间享受工作的成功。

小贴士　表演型人格障碍可以转变为表演型人格的生活方式:注重外表;热情大方,善于与陌生人打交道,常给人留下良好的第一印象;朋友多,也能听他人的劝告;在群体活动中善于制造欢乐气氛,并因为自己的出色表现而满足。

11.3 珍视生命，快乐成长

 心理认知

生命源于偶然，怀着对神秘而又神圣生命的企盼和憧憬，父母把我们带到了世间。父母的辛劳融进我们成长的年轮，于是我们长大了，开始思考"生命"这样凝重的话题。是的，生命之于每个个体都是一个偶然，然而每个个体又不得不最终担当起这偶然而至的生命。一个人该如何为日常存在的生命注入意义，从而使生物层面的生命真正转化为社会层面的角色生命？如何承担和消化外在的和内心的风暴，锤炼自己的心志，自我筹划，为自己拓展一方可以安身立命的诗意居所？

1. 认识生命

1) 生命的含义

从生物学角度看，生命就是生物所具有的活动能力。人的生命超越了纯粹的自然，人具有双重生命。从自然属性看，人的生命与动物相同，是自然给予的，遵循生物体的运行机理和规律，有生有死，是有限的生命，非人的意志和意识所能支配。每个人呱呱落地，都是一个自然的生命体，没有太大的差异。从社会属性看，人的生命已经超越了自然生命的有限性，获得了自我创造、自我规定的自为性。从这个意义上说，人成为自己生命的主宰，能够自主地支配自己的生命活动。这就是人的生命的本质。

2) 人的生命特性

(1) 生命的全面性。人的生命是一个自然生命和精神生命的双重存在，是一个身心和谐的统一体。若舍弃了有价值的精神生命，人就降低为只具有本能的动物，若舍弃了自然生命，精神生命就失去了载体。人的生命是一个不可分裂的整体，具有发展的全面性。

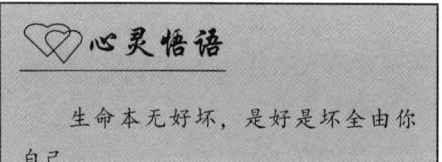

生命本无好坏，是好是坏全由你自己。

(2) 生命的自由性。人生命中的精神成分使人能够摆脱本能的束缚，支配自己的意志，使生命永不停滞地自我超越和自我发展，成为自己想成为的人。

(3) 生命的创造性。人是现实的产物，环境制约着人，但人不会满足于现实，要改变现实。人通过对现实自我和现实世界的积极扬弃，重构新的自我和新的世界，这就是人的创造性。

(4) 生命的独特性。世上没有两片相同的绿叶，也没有两个相同的人。每个人都是独一无二的，都能够按照自己的意志、目的，决定自己的行为方式，实现自我追求的人生目标。

2. 敬畏生命

人是自然生命和精神生命的统一体，自然生命是精神生命的载体，精神生命是自然生命的灵魂，舍去二者中的任何一个，生命都是不完整的。

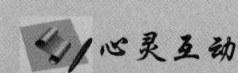

生命诚可贵，爱情价更高，若为自由故，两者皆可抛。你如何看待裴多菲的诗？

3. 珍惜生命

世上对生命的最大的蔑视，莫过于杀戮生命。有的青年学生生命意识缺失，不懂得生命的宝贵，因为一点事情不顺心，而放弃了年轻的生命；有的遇到外界压力，就失去了生命的承受力，毁灭自己的生命。人间最宝贵的东西是什么？是生命。因为生命对每个人来说只有一次；因为生命是单程列车，一去不复返；因为生命是有限的，不能万寿无疆。我们要珍惜自己的生命，也珍惜别人的生命。

4. 尊重生命

学会尊重，学会关爱，学会宽容，学会共同生活。人是一种群居性的动物，个人必然处在社会关系之中，生命的存在从相互关爱中实现其价值，并在关爱他人之中，提升自我生命的价值。另外，培养自身的人文关怀、社会关怀，学会接纳他人，欣赏他人，与他人、与世界共融共存；善待自然界的一切生命，追求天人合一。

5. 发展生命

发展生命就是不断地创造自我、确定自我，又不断地否定自我、超越自我。超越是人的生命发展的动力，是每一个灵魂深处永远跳跃不灭的火花。正是超越，才使人生活在现实之中，又不满足于现实，在超越中实现理想的追求。

6. 享受生命

生命在时间中流淌，时间就是生命。时间分为过去、现在和未来。人经历过去，活在现在，盼望未来。过去不复重来，未来还只是一种理想和可能，而现在包含了过去，充满了未来。享受生命就是要立足现在，活在当下，享受生命就是要重视过程。生命的结果因为理想而灿烂，总是令年轻人向往。尤其是在生活快速运转的今天，几乎没有时间给人大器晚成的机会，这就更使年轻人不断地缩短一个个成功的期限，仿佛人生就是一串果实。他们因为急功近利而焦虑。其实细想起来，一个过程往往几个结果，或好或坏，结果较之过程，更难被我们掌控。谋事在人，成事在天。

7. 感恩生命

对于过去，我们应该满足、感恩；对于现在，我们应该快乐、充实；对于将来，我们应该乐观、盼望。

心灵家园

怎样才能更快乐

这是一些基于科学研究的建议，用于改善你的心境，提高你对生活的满意度。

1. 管理好你的时间

快乐的人总感到能驾驭自己的生活，通常从合理支配他们的时间中得到帮助。管理自己的时间有助于个人确立目标，并把总目标分解为每天的工作。尽管我们经常高估了我们某一天能完成的工作量(这使我们灰心)，但我们也总是低估我们一年中能完成的很多任务，只要你每天都取得一点进步，长期坚持下来就会有不小的收获。

2. 表现得快乐

有时，我们的行为表现能影响我们的心理感受。做一个微笑的表情，人们会感觉更好；而当他们皱着眉头，整个世界似乎都阴沉下来。所以要面带笑容，讲话时要显得充满自信，乐观而开朗。通过这些动作可以引发愉快的情绪。

3. 寻求能施展你才华的工作和娱乐方式

快乐的人常常处于一种被称为"畅态"的境界中（指热衷并沉醉于具有挑战性的任务）。通常，比起园艺、社交、文艺等活动，昂贵奢侈的娱乐方式并不能提供更多的"畅态"体验。

4. 参加运动

大量的研究表明，有氧运动不仅能促进健康和储备能量，它也是一种矫正轻度抑郁和焦虑的方法。

5. 保证足够的睡眠

快乐的人积极乐观、充满活力，但他们也要留出时间来补充睡眠和享受独处。睡眠不足会导致人身体疲惫、警觉性降低、心情忧郁。

6. 重视亲密的人际关系

与那些深切关心你的人保持亲密的友谊可以帮助你度过困难时期。信任别人对心灵和身体都是有益的。培养亲密关系的方法是：不要认为别人对你亲密友好是理所应当的，对待好朋友也要像对待其他人一样友善，要肯定他们，和他们一起玩耍，一起分享。

7. 关注自我以外的人和事

帮助那些需要帮助的人。快乐会增加助人行为（好心情做好事），而做了好事也会感觉心情好。

8. 心存感激

心存感激的人，每天都会回味他们生活的积极方面（健康、朋友、家庭、自由、教育、意义及自然环境等），体验着很高的幸福感。

9. 培养精神自我

对于很多人来说，信仰提供了一个支持系统，一个关注自身之外的理由，一种追求目标和希望的意义。

美文欣赏

在线学习　罗素：《我为何而生》

给自己的优势打分

对下列个人优势进行评估，分值是1~10分：

1. 智慧与知识：好奇心、对学习的热爱、敏锐的判断力和开放的思想、创造力、个人见解。
2. 勇气：勇敢、勤奋和恒心、正直和诚实、富于活力、热情。
3. 爱：友善、亲密的依恋、社会智力。
4. 正义：公民意识和团队精神、公平和平等、领导能力。
5. 自制：谦逊、自我控制、谨慎、宽容和仁慈。
6. 卓越：审美能力、感恩的心、希望和乐观、风趣和幽默、灵性和意志。

小贴士　无论得分多少，都一路笑着唱着前行。

参 考 文 献

侯玉波, 2018. 社会心理学. 4 版. 北京: 北京大学出版社
胡珍, 刘嘉, 2019. 恋爱·婚姻·家庭——大学生性教育教材. 2 版. 北京: 科学出版社
黄启团, 2022. 亲密关系. 成都: 四川文艺出版社
黄希庭, 郑涌, 2020. 大学生心理健康教育. 3 版. 上海: 华东师范大学出版社
李世佳, 2021. 压力心理学: 从大脑、个人成长到心理健康. 上海: 上海教育出版社
刘翔平, 2010. 当代积极心理学. 北京: 中国轻工业出版社
PETERSON C, 2010. 打开积极心理学之门. 侯玉波, 王飞, 等译. 北京: 机械工业出版社
ROSENBERG MB, 2021. 梁欣琢译. 非暴力沟通实践篇. 南京: 江苏人民出版社
SHAFFER DR, KIPP K, 2016. 发展心理学. 9 版. 邹泓, 等译. 北京: 中国轻工业出版社
孙武令, 2015. 大学生职业生涯规划与心理健康教育. 济南: 山东人民出版社
WILLMANN HG, 2018. 冯博译. 意志力心理学: 如何成为一个自控而专注的人. 北京: 中国人民大学出版社
王建平, 张宁, 王玉龙, 等, 2018. 变态心理学. 3 版. 北京: 中国人民大学出版社
熊璟, 2014. 大学生心理健康导论. 广州: 世界图书广东出版公司
杨雪梅, 朱建军, 2012. 大学生心理咨询与治疗案例解析. 北京: 中央编译出版社
约翰·D·布兰思福特, 等, 2013. 程可拉, 孙亚玲, 王旭卿等译. 人是如何学习的: 大脑、心理、经验及学校. 上海: 华东师范大学出版社
赵小明, 2017. 互联网心理学. 北京: 经济管理出版社
郑日昌, 2019. 沟通心理学. 北京: 北京师范大学出版社
郑雪, 2017. 人格心理学. 广州: 暨南大学出版社